高等学校旅游管理类专业系列教材

数字文旅概论

主编　余意峰　邱海莲

中国教育出版传媒集团
高等教育出版社·北京

内容简介

本书围绕数字文旅融合发展新业态、新模式、新产品和新场景，构建以旅游管理学科为核心、信息技术为支撑，多学科交叉融合的逻辑框架与知识体系。

本书分为四篇，分别为绪论、数字文旅策划、数字文旅管理和数字文旅营销。篇中各章节通过“学习目标”“案例导入”进行教学引导，通过“章节案例”“本章小结”和“课后练习与实践”等环节进行教学回顾，案例前沿丰富，理论深入浅出、互动性强，便于教师组织授课和学生自学。

本书适合高等院校旅游管理类专业及相关专业作为教材使用，也适合从事文旅产业管理工作的人员作为参考书使用。

图书在版编目（CIP）数据

数字文旅概论 / 余意峰，邱海莲主编. -- 北京 : 高等教育出版社，2025. 7. -- ISBN 978-7-04-065053-2

Ⅰ. G124；F592. 3

中国国家版本馆CIP数据核字第20250UQ083号

数字文旅概论
SHUZI WENLV GAILUN

策划编辑 姚建婷　责任编辑 宋志伟　封面设计 张　志　版式设计 马　云
责任绘图 马天驰　责任校对 马鑫蕊　责任印制 刘弘远

出版发行	高等教育出版社	网　　址	http://www.hep.edu.cn
社　　址	北京市西城区德外大街4号		http://www.hep.com.cn
邮政编码	100120	网上订购	http://www.hepmall.com.cn
印　　刷	北京宏伟双华印刷有限公司		http://www.hepmall.com
开　　本	787mm×1092mm　1/16		http://www.hepmall.cn
印　　张	15.25		
字　　数	280千字	版　　次	2025年 7月第 1 版
购书热线	010-58581118	印　　次	2025年 7月第 1 次印刷
咨询电话	400-810-0598	定　　价	44.70元

本书如有缺页、倒页、脱页等质量问题，请到所购图书销售部门联系调换

物 料 号　65053-00

前言

随着大数据、云计算、人工智能、物联网、区块链、5G等数字技术的发展和“数字中国”战略的推进，数字技术与文旅产业持续深度融合，催生了诸多文旅体验新场景和文旅产业新形态。同时，数字化时代的文旅产业也对旅游教育提出了新的更高的需求，未来的数字文旅产业需要拥有深厚人文素养、具备跨学科知识体系、掌握数字化技术与文旅产业创新应用能力的交叉融通型人才。

本书的编写立足数字时代文旅产业发展需求和高等教育人才培养需要，从数字文旅的基础理论出发，结合文旅产业发展规律，构建了数字文旅的知识结构体系。全书共分为四篇，第一篇为绪论，包括第一、二章，重点阐述了数字文旅发展的背景，提出了数字文旅的概念、构成要素、特征及其表现形式，探讨了数字文旅的未来发展趋势与应用场景；第二篇为数字文旅策划，涵盖第三、四章，系统地阐述数字文旅策划的理论和实务；第三篇是数字文旅管理，包括第五、六、七章，分析了文旅产业数字技术应用、文旅企业数字化管理以及文旅企业如何进行智能化服务；第四篇是数字文旅营销，包括第八、九章，分析了数字文旅市场、消费者和产品的特点，提出数字时代的营销策略。

数字文旅的发展既有其基础理论性，又有其实践先导性。因此，在教学内容的设计上，本书的特点与创新主要体现在以下方面：

(1) 立足理论，构筑根基。本书开篇即对数字文旅的基础理论进行了系统阐述，详细解释了数字文旅的概念、构成要素、核心特征及其应用场景。这一部分内容不仅为学生提供了扎实的理论根基，还有助于学生深入理解数字文旅的本质和发展规律。

(2) 关注需求，与时俱进。在数字技术日新月异的今天，本书系统梳理并回顾了数字文旅领域的研究成果，力求引入数字文旅领域的最新成果及经典著作供读者参考。同时紧跟技术发展趋势，深度结合行业需求，介绍了最新的数字文旅技术和应用案例。通过对这些前沿知识的介绍，帮助学生了解行业动态，掌握数字文旅领域的最新发展。

(3) 案例丰富，注重实践。本书结合当前数字文旅最新的发展实践，通过大量实际案例的分析和讨论，帮助读者深入理解数字文旅的策划、管理和营销过程。这些案例不仅涵盖了不同领域和不同类型的数字文旅项目，还涉及项目实施过程中的各种问题和挑战。同时，本书还在每个章节的最后设计了问答题目，以供学生在实践项目中更多地理解和应用所学的相关理论知识。

本书是在团队共同参与和努力之下完成的。湖北大学余意峰教授负责全书的统筹策划以及大纲的构建,并与邱海莲副教授共同完成全书的修改完善和统稿工作。其中,第一章由余意峰教授负责编写,第二章和第五章由深大智能集团智慧旅游研究院高级工程师陈晓华负责编写,第三章由李俊辰博士和邱海莲副教授共同编写,第四章由袁梦博士负责编写,第六章由汪凡博士负责编写,第七章由邱海莲副教授负责编写,第八章由许力飞博士负责编写,第九章由刘娟博士负责编写。另外,博士研究生龚晶等参与了资料收集整理工作和部分章节初稿的编写,翁李胜特任研究员和刘春燕博士对书稿提出了宝贵修改意见。特别感谢高等教育出版社的编辑同志认真负责的态度以及在成稿期间提出的宝贵意见和建议。

囿于编者知识水平和能力,书中如果存在疏漏或不足之处,恳请专家和读者原谅并赐正。

编者

2024 年 5 月于沙湖琴园

目录

第四篇　数字文旅营销

第一篇　绪论

第一章　数字文旅内涵与发展背景

学习目标

1. 掌握数字文旅的内涵、要素及产业特点。

2. 了解数字文旅形成的客观条件和发展阶段。

3. 理解数字文旅的未来机遇、挑战和影响。

1. 数字文旅是数字强国战略的重要组成部分。作为多层次内涵的产业设计，数字文旅从宏观产业治理到微观服务优化，全面推动文旅产业融合和高质量发展。

2. 数字文旅中的文化元素可以用来弘扬和传播传统文化，通过数字化技术，使传统文化以更现代、更吸引人的方式呈现给大众，增强民族文化自信心。

案例导入

将故宫文物“搬运”出来

第一节　数字文旅的内涵与外延

一、数字文旅的内涵

数字文旅是数字技术与文化、旅游产业自然融合的产物。这一融合包含两个层面：第一个层面是文化和旅游的融合。2018年文化和旅游部的正式组建是文旅融合的重要标志。习近平总书记强调，"文化产业和旅游产业密不可分，要坚持以文塑旅、以旅彰文，推动文化和旅游融合发展，让人们在领略自然之美中感悟文化之美、陶冶心灵之美。在此之前，文化旅游只是众多旅游产品类型中的一种。"[①] 2018年"文旅融合"战略提出后，文化和旅游业的融合进入新阶段，从市场驱动的双向融合，迈入自上而下与自下而上相结合的一体化发展。文旅融合的结果不仅仅是文化旅游，而是文化的价值内涵渗透到旅游的方方面面。本书中使用"文旅"这一概念来表示"文旅融合"新阶段之后的旅游业形态。第二个层面是数字技术与文旅的融合。新一轮科技革命和产业变革深入发展，以科技创新塑造文旅融合发展新动能新优势是大势所趋。本书内容主要围绕数字文旅的第二个融合层面展开，即数字技术如何丰富文旅产品内容设计、提升文旅消费体验、赋能文旅产业高质量发展。

（一）数字化的内涵

数字化是指将信息、数据、图像、声音、视频等非物质性的内容转化为数字化的形式，以便在计算机或数字设备上存储、处理、传输和展示。在数字化的过程中，原始的模拟信号经过采样、量化和编码等步骤，转化为离散的数字信号。这些数字信号可以用二进制数来表示，例如用0和1表示开、关状态。数字化使得信息可以用数字形式存储在计算机的内存中，以便进行高效的处理和运算。

数字化技术的广泛应用在现代社会中无处不在。从数字化的文档处理、媒体传播、通信技术，到数字化的生产制造、医疗诊断、金融交易等，数字化已经深入各个行业和领域，极大地提高了信息处理和传输的效率，推动了科技和经济的发展。

（二）数字文旅的定义

目前对于数字文旅的概念还没有统一的认识。学术界从不同的角度对"数字文旅"进行了剖析和研究。徐菲菲等（2021）认为"数字文旅是一种以文旅消费需求为中心，以互联网为载体，将数字技术和信息通信技术应用于文旅产业各个环节的新产业形态，其本质是将数字技术与文旅产业进行深度融合，实现新一代沉浸式、体验型文化旅游消费"。唐贵彦（2023）认为"数字文旅是一种以互联网技术为依托，以场景创新为导向，推动文化和旅游产业融合创新发展的一种新的产业形式，其本质是数字技术和文化旅游产业的深度融合。利用数字技术对文旅产业进行全方位、多角度、全链条的改造过程，旨在打破文化和旅游产业的边界，实现文旅产业深度融合发展”。中国旅游研究院将数字文旅定义为“数字技术促进文化和旅游融合形成的数字文旅产品的总和，是以文化和市场数据为纽带所形成的数据驱动型创新体系和新型发展模式，具有‘数据开放’和‘市场主导’的基本特征。广义范畴的数字文旅包含数字技术应用于文旅产业‘吃住行游购娱’服务的各个环节，涉及技术、数据、产品等要素”。

① 《习近平谈治国理政》(第四卷)，外文出版社 2022 年版，第 311 页。

参照现有的较具有代表性的数字文旅定义，依据数字技术、文旅产业发展的客观实际，本教材认为数字文旅这一概念包含了两层含义：第一层含义是指数字技术为文旅产业赋能，从对内管理和对外营销两个方面，产生新型数字文旅产品、服务和业态，支持公共服务和文旅企业降低成本、提高效率，从而促进文旅产业高质量发展。这一视角认为数字文旅属于数字经济的组成部分，满足数字经济的特征。第二层含义是指数字产品与文旅产业的融合，数字产品转化为旅游吸引物，实现旅游场景的数实融合。这一视角突出文旅产业的特殊性，数字资源本身可以转化为具有沉浸式、体验型、场景化特征的旅游吸引物。

二、数字文旅的要素

（一）“技术”是数字文旅的基础

数字技术在文化和旅游产业的各个环节都起到了核心作用。信息技术、数字技术、人工智能、大数据、云计算等，特别是以 5G 为代表的最新数字科技，解决了文化资源和旅游市场的有效连接问题，催生若干文化、旅游等领域的创新企业和产品。例如，虚拟现实（VR）和增强现实（AR）等技术为文化和旅游消费提供了全新的体验方式，通过 VR 技术，文旅消费者在家中就能够“亲临”远方的旅游景点。通过 AR 技术，文旅消费者在实地游览文旅场所时，可以获取丰富的历史、文化故事等增强信息。再如，现代化的数据采集技术（如物联网、位置服务等）能够获取大量的实时文旅数据，如文旅消费者的行为习惯、喜好、流量等。大数据分析技术则可以对这些数据进行深度挖掘和分析，以便更好地了解文旅消费者的需求，优化文旅产品和服务。

技术在数字文旅中的角色是无可替代的，技术的迭代与更新会进一步推动数字化运用，因此技术是数字文旅的基础和关键推动力。

（二）“数据”是数字文旅的资源

数据为数字文旅产品的生产提供资源支撑。数据包括文字、图形、图像、音频、视频、动画、动漫、虚拟现实等形式，这些数据可能来源于文旅消费者的搜索历史、行为习惯、位置信息、购买记录等。通过收集和分析这些数据，文旅企业可以更深入地了解文旅消费者的需求和偏好，进而定制出更符合文旅消费者个性化需求的产品和服务。此外，数据还可以用于预测文旅趋势，帮助企业进行决策和规划。例如，通过分析文旅消费者的行为数据，可以预测某个景点在未来的流量走势，从而更好地安排运营资源。数据还可以用于优化文旅体验，如通过数据分析优化旅游路线，减少旅游拥堵等。

(三)“智能自动化”是数字文旅的工具

虽然以新一代信息通信技术为基础的数字技术类别众多，但技术在文旅产业领域实现应用价值却是多种技术整合运用的结果。其中，“智能自动化”作为多种技术的集合概念，是数字文旅产业实现效率赋能的工具。

智能自动化技术是人工智能、物联网和机器人三类技术的深度融合。智能自动化能够在文旅产业治理、企业决策和服务一线三个层面自动地执行机械化、程序化任务，如线下场景的机械化服务操作(物流配送、清洁打扫、安全保卫等)，以及线上场景的数据收集与分析、辅助决策。图 1-1 展示了智能自动化的技术范畴。

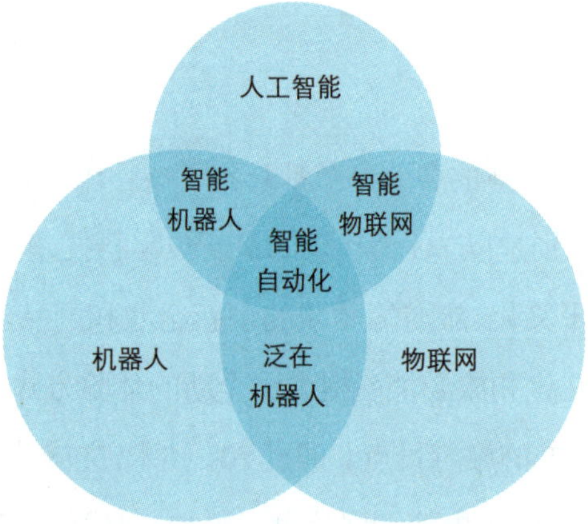

图 1-1　智能自动化的技术范畴

智能自动化的特征表现为内在属性和外在属性两个层次。内在属性关注如何提升技术本身的性能(如机械运动的自由度、机器识别的可靠性、深度学习模型构建等)，属于计算机和机械工程等自然科学范畴。外在属性关注技术在管理运营场景中展现出的外在表现、功用、性质和特征，属于管理科学研究范畴。

(四)“创意产品”是数字文旅的核心

数字文旅产品注重创意、艺术、沉浸感和场景化，具有数字艺术的特质，是艺术、文化与科技融合的产物。通过对自然、文化、建筑、艺术作品等资源的数字化处理、分析、表达输出后所形成的结果，就产生了数字文化产品，诸如数字绘画、数字雕塑、数字音乐、数字动漫、数字游戏、数字影视和数字文创产品等。通过科技、数据加持赋能，传统文旅产业创造大量新的文旅业态，满足文旅消费者和不断变化的市场需求。

在信息化、网络化的背景下，文旅产品不再仅限于传统的旅游行程和门票，而更多的是创新和体验型的产品。例如，结合 VR 技术的虚拟文旅体验、结合 AR 技术的增强现实导游、结合 AI 的智能推荐文旅路线等。这些创新产品可以提供更丰富、更个性化的文旅体验，满足文旅消费者对高品质文旅体验的需求。此外，创意产品还可以帮助文旅企业区分竞争，实现品牌提升和价值提升。例如，一个有创意的文旅产品不仅可以吸引更多的文旅消费者，还可以提高消费者的口碑传播，提升文旅企业的品牌形象。

（五）“文旅消费者”是数字文旅的主体

“文旅消费者”是文旅产业的消费主体、服务主体。文旅产业覆盖面广，不同细分行业领域在实际场景中会使用不同的消费主体称谓，如旅游者、顾客、访客、参观者、观众等等，而在线旅游领域（如携程、途家、美团等）无论预订酒店、购买机票还是预约景区门票，都是近似的交易行为。一般文献中使用消费者来概括这一类行为主体。本教材为体现文旅特色使用“文旅消费者”的概念指代文旅产业各个服务消费场景中的消费主体。

文旅消费者的行为、需求和反馈决定了数字文旅产品和服务的形式和质量，是推动数字文旅发展的关键力量。文旅消费者的主体地位主要表现在以下方面：

(1) 需求驱动。文旅消费者的需求是数字文旅产品和服务的出发点和归宿。文旅消费者对更高效的文旅规划、更丰富的文旅信息、更个性化的文旅体验等需求，推动了相关技术的升级以及文旅产品的发展。

(2) 数据提供。文旅消费者的行为数据是数字文旅发展的重要资源。通过分析这些数据，文旅企业可以了解文旅消费者的需求和行为，优化产品和服务，提升文旅消费者满意度。

(3) 反馈与互动。文旅消费者的反馈和互动是持续优化数字文旅的重要手段。通过文旅消费者的反馈，文旅企业可以优化改进产品，推动业态发展，提升服务质量。而文旅消费者与平台或者其他文旅消费者的互动，既可以丰富文旅体验，也可以提升文旅消费者的满意度和忠诚度。

(4) 口碑传播。满意的文旅消费者会通过口碑传播，推动更多的人使用数字文旅的产品和服务，从而推动数字文旅的发展。

三、数字文旅的特征

数字文旅区别于传统旅游模式的基本特征主要表现在以下方面：

（一）基础设施的现代化

这是指以新发展理念为引领，以技术创新为驱动，以信息网络为基础，面向高质量发展需要，提供数字转型、智能升级、融合创新等服务的数字文旅基础设施体系。一是信息基础设施，指基于新一代信息技术演化生成的基础设施，如文旅大数据中心等。二是融合基础设施，指深度应用互联网、大数据、人工智能等技术，支撑文旅产业传统基础设施转型升级，进而形成的文旅产业融合基础设施，如数字博物馆等。三是创新基础设施，指支撑科学研究、技术开发、产品研制的具有公益属性的基础设施，如智慧文创产业园等。

（二）信息服务的泛在化

数字文旅借助物联网技术，通过各种平台和系统的感知体系获得食、住、行、游、购、娱等方面的文旅信息，综合运用各类文旅信息网站，使文旅消费者能够在任何时间、任何地点通过移动智能终端及时且准确地获取信息，使旅游者获得智慧化的旅游体验，为文旅消费者的导航、游览、购物、支付提供方便。

（三）经营管理的协同化

数字文旅需要文旅企业内部各部门与交通、气象、卫生、安全、环境等外部部门之间通过数字化平台和系统进行协调与配合，整合利用各种社会资源，及时共享与交换各种信息，为文旅消费者提供更全面、更贴心、更及时的服务。部门之间通过信息共享与应用协同有效配置资源，提高快速响应与应急管理能力。例如，文旅场所通过构建数字安防系统、文旅场所智慧管理平台，可使文旅经营和管理更加科学、有效。

（四）产业发展的集约化

数字文旅将借助信息技术对传统文旅产业进行改进和创新，全面整合文旅资源和文旅产业链条，创造产业发展的新模式和新形态；推动传统文旅营销向数字化营销转变，实现精准有效互联网营销；提高文旅产业链运作效率，促进文旅产业结构的数字化转型；推动文旅产业实现由传统服务业向现代服务业转变，实现由粗放式发展向集约化发展转变。

四、数字文旅的表现形式

数字文旅通过利用数字化技术，对文旅资源进行数字化处理和创新，进而提供更加丰富、便捷和个性化的文旅体验。具体来说，数字文旅表现为以下方面：

（一）数字化的资源利用

数字文旅首先涉及对文化资源的数字化处理，包括文化遗产的数字化保护、数字化复原、数字化展示等。通过数字化技术处理后可以永久保存，方便获取，并能够以多种形式（如文字、图片、视频、三维模型等）呈现，甚至可以通过虚拟现实（VR）、增强现实（AR）等技术提供仿真的体验。

1. 永久保存

数字化技术可以将文化资源永久保存下来，防止因时间、环境等因素导致的损失和破坏。例如，敦煌莫高窟饱受光照褪色、壁画酥碱等问题的困扰，想要莫高窟壁画保存更久，除强化物理保护以外，莫高窟还开展“数字敦煌”项目，构建敦煌石窟数字档案，以便永久保存。

2. 方便获取

通过互联网，文旅消费者可以随时随地访问和获取各类数字化的文旅资源，无须受到地域、时间等因素的限制。例如，故宫博物院建设的云游故宫网络平台，使访问者可以随时随地利用网络平台对面积广达 72 万平方米的故宫进行全景游览。

3. 丰富体验

数字化文化资源可以以多种形式呈现，如文字、图片、视频、三维模型等，还可以通过虚拟现实（VR）、增强现实（AR）等技术增强仿真效果，极大地丰富了文旅消费者的体验。

4. 信息多元

数字化文化资源通常会附带详细的解说信息，如历史背景、艺术价值等，帮助人们更深入地理解和欣赏文化资源。

5. 强化互动

通过打造具有互动性的数字文化旅游产品，如在线展览、文化游戏、元宇宙景区等，使文旅消费者沉浸式参与到文旅活动中来，通过互动提升文旅消费者的游览体验。例如，张家界国家森林公园打造的高清景区元宇宙体验馆，为文旅消费者打造出有故事、有场景、有内容、有创意、有温度的元宇宙游览体验空间，让文旅消费者能够在虚拟世界中畅游山水。

【同步案例：让莫高窟“青春永驻”】

对于敦煌石窟保护，有着众多不可忽视的客观困难——光照褪色、壁画酥碱问题、进入洞窟参观旅游者呼出的热气和湿气……想要莫高窟壁画“青春永驻”，数字化保存是一种颇为重要的手段。

经过与国内外高校和科研院所合作，敦煌研究院形成了一整套适合敦煌石窟数字化保护的关键技术和工作流程，全面开展了“数字敦煌”项目。该项目通过以摄影与计算机技术相结合的壁画二维图像数字化技术、以激光扫描为主的洞窟结构和雕塑三维重建技术、以遥感测绘和倾斜摄影为主的大遗址三维重建技术，实现了石窟二维信息和三维数据的采集与加工，形成了完整的敦煌石窟数字档案，并进行永久存储。

敦煌研究院保护研究部部长吴健介绍说：“经过30年的发展，截至2021年底，‘数字敦煌’项目已经完成敦煌石窟268个洞窟的数字化采集，164个洞窟的图像处理，45身彩塑、146个洞窟、7处大遗址的三维重建，162个洞窟的全景漫游节目制作，5万余张历史档案底片的数字化扫描，建立了超过百人的数字化专业技术团队。”

在这一过程中不断总结、提炼经验，敦煌研究院制定出石窟寺数字化全流程的国家行业标准和规范，引领石窟寺数字化行业发展，形成了一整套科学的数字化工作理念、程序和方法。吴健表示，敦煌研究院不仅为莫高窟和甘肃省文保工作提供数字化支撑，还在新疆、西藏、山东、河北、山西等7省市14家文博单位进行了数字化技术支持和工程实施。

资料来源：让莫高窟“青春永驻”. 人民日报海外版，2022-07-20(07).

（二）数据驱动的运营决策

站在企业管理的层面，通过文旅相关的数据（如文旅消费者行为数据、市场数据、文旅场所数据等）获取、数据分析和数据运用，文旅企业可以提高运营决策质量。通过对线上信息查询、旅游流等文旅数据的动态分析，文旅企业和管理部门可以实时掌握文旅市场的动态，预测文旅产业趋势，优化文旅规划和管理。数据分析对促进产业链内部的资源整合、产品优化和收益增长都将产生深远的影响。

1. 项目规划

通过分析各种文旅数据，如文旅消费者数量、旅游路线合理性、旅游季节波动等，文旅管理部门可以更科学地进行项目规划，如确定开发的景点、规划的路线、安排的活动等。

2. 产品优化

通过收集和分析文旅消费者的反馈数据和行为数据，企业可以了解文旅消费者的需求和满意度，从而优化文旅产品和服务，提升文旅消费者的体验。此外，数据也可以用来驱动产品创新，如开发新的文旅产品和服务。

3. 市场营销

通过分析市场数据和文旅消费者行为数据，文旅企业可以制定更有效的营销策略。例如，通过分析文旅消费者的行为数据和兴趣数据，文旅企业可以进行精准营销，向文旅消费者推送他们可能感兴趣的文旅产品和服务。此外，数据也可以用来评估营销活动的效果，以优化营销策略。

4. 风险管理

通过分析历史数据和实时数据，文旅管理部门可以预测和管理各种文旅风险，如人流量过大、天气变化、文旅市场波动等，以保障文旅产业稳定运行。

5. 策略制定

通过对大量数据的深度挖掘和分析，文旅企业和管理部门可以洞察市场趋势，为决策者提供实时的、基于数据的决策建议，以提高决策的速度和精确度。

（三）智能化的文旅服务

在一线服务层面，数字文旅通过现代信息技术（如人工智能、大数据、物联网和云计算等）的广泛运用，为文旅消费者提供更智能、更高效、更个性化的服务。数字技术可以消除信息不对称导致的供求时空错位问题，实现要素、产品与服务的供给与需求精准衔接。数字文旅利用信息技术，尤其是互联网、大数据和人工智能等技术，可以获取到大量的用户需求信息和市场供应信息，这样就能有效地实现智能推荐、智能导航和智能问答等服务的精准对接。

1. 智能推荐

采用大数据技术和人工智能技术，通过分析文旅消费者的行为数据与偏好，数字文旅系统智能推荐适合该消费者的目的地、行程、酒店、机票、景点等，针对每一位消费者提供个性化的旅游服务。例如，某 OTA 平台依托大数据模型，构建行程口碑榜，将文旅消费者一次出行的决策时长从 9 小时缩短至 6.6 小时。

2. 智能导航

基于 GPS 和地理信息系统（GIS），智能导航服务掌握并利用用户的认知语境，模拟人类的思维方式，通过推理分析等方法引导用户定位其信息需求。智能导航系统可以为文旅消费者提供实时的路线规划和导航，帮助他们更方便地找到目的地。

3. 智能问答

智能问答利用人工智能等技术实现虚拟客服，虚拟客服通过快速、精准地识别访客身份，并自动分析访客历史问题，根据上下文语义语境智能给出服务方案。虚拟客服不仅可以提供 24 小时的咨询服务，快速解答问题，还可通过对企业资料的自主学习和能训练，不断完善自己的知识库体系，提高回答准确率。

(四)“互联网 +”的体验模式

从文旅消费者层面，基于数字技术的“互联网 +”极大地增强了文旅消费的自主性，从而改善了消费者体验。互联网 + 文旅模式是将互联网技术与文旅产业相结合，形成新的文旅业态。在数字文旅中，这一模式主要体现在以下几个方面。

1. 信息获取

在传统模式下，文旅消费者主要通过旅行社、导游或印刷的文旅指南获取文旅信息。而在互联网 + 文旅模式下，文旅消费者可以通过搜索引擎、文旅网站、社交媒体等在线平台随时随地获取文旅信息。

2. 产品预订

互联网 + 文旅模式使得文旅消费者可以在线预订酒店、机票、文旅场所门票等，大大提高了预订的效率和便捷性。同时，各类 OTA 在线平台价格相对透明，文旅消费者可以随时了解市场价格变化情况，以更好地决策。

3. 社交分享

文旅消费者可以通过社交媒体分享自己的旅游照片和心得，获取他人的文旅消费建议，形成社区互动，丰富文旅体验。通过社交媒体，文旅消费者可以与其他消费者、文旅企业、旅游目的地实时互动。

第二节 数字文旅的发展背景

一、数字文旅形成的客观条件

数字文旅的演进和发展是由技术、市场和政策等多方面作用，共同推进的结果。

(一) 技术进步引领

随着文化和旅游产业不断发展、进步，新技术的应用力度不断增强，诸如云计算、大数据分析、人工智能应用、增强现实(AR)、虚拟现实(VR)等技术，正在推动文旅产业的转型升级、智慧管理和社会创新。与此同时，文旅消费者、文旅企业、管理部门对于数字文旅应用多样化、个性化、定制化的需求也在倒逼数字文旅技术的发展。随着新技术的智能化、个性化和定制化，文旅消费者的出行、文旅企业的决策，以及文旅管理部门的监管都将更加便捷和高效。

【同步案例 :5G 让景区更智慧】

中国旅游研究院发布《全国智慧旅游发展报告 2023》显示，近年来，中国智慧旅游发展的网络与通信基础设施日臻完善。截至 2023 年，已有 3 382 个 4A 和 5A 级景区实现了 5G 网络覆盖，占 4A 级和 5A 级景区总数的 89%。在浙江省的良渚遗址 5G+ 智慧旅游试点项目中，通过“良渚文化 VR 课堂”等新型教学模式，青少年在课堂上就可以同步参与良渚文化的远程教学互动。良渚古城数智体验馆还包括“神王之国”3D 宣传片、“人水家园”50 米数字长卷、5G+VR 的“郊野渔猎”和 5G+AR 的“瑶山祭祀”互动式场景等人机交互应用。良渚遗址景区的数字技术应用是当前各类文化景区尝试旅游体验创新的一个典型代表，数字技术的发展为文化和旅游产业的创新带来了无限的想象空间。

资料来源：作者根据网络资料整理。

（二）市场需求推动

市场需求是产业发展的内生动力。一方面，文旅活动随着人民生活水平的提高日益成为“刚需品”，2024 年我国文旅产业迅速回暖证明了其强大的生命力及旺盛的市场需求。另一方面，数字技术的普及培育了新一代文旅消费者的消费习惯，文旅产品的数字化创新反映了文旅市场对服务和体验产品的数字化、智能化需求日益强烈。文旅需求已从单向的输出、接收，转变为双向的交互，文旅消费者对参与感和沉浸体验的重视度提升。文旅深入融合的大趋势下，更需要数字科技作为载体，对传统景区和文博场所等场景做出全新的、多元的诠释。

（三）政府政策支持

文旅数字化是我国建设数字强国战略的重要组成部分。从 2017 年起，随着“数字经济”纳入党的十九大报告，我国各经济产业便开启了数字产业化，数字强国的战略目标成为新的使命。2019 年，国务院印发《关于进一步激发文化和旅游消费潜力的意见》提出“发展基于 5G、超高清、增强现实、虚拟现实、人工智能等技术的新一代沉浸式体验型文化和旅游消费内容”等政策措施。同年，科技部与其他六部门联合印发的《关于促进文化和科技深度融合的指导意见》，要求各产业对相关文化成果的网络化和智能化进行强化。2020 年 11 月，文化和旅游部等 10 部门发布《关于深化“互联网 + 旅游”推动旅游业高质量发展的意见》明确提出了新阶段智慧旅游的产业数字化和消费场景化的战略导向。2021 年 6 月，文化和旅游部印发《“十四五”文化和旅游发展规划》，继续将推进文化和旅游融合发展作为重点任务之一，提出要顺应数字化、网络化、智能化发展趋势，建设一批国家文化产业和旅游产业融合发展示范区。2021年12月，中央网络安全和信息化委员会颁布《“十四五”国家信息化规划》，要求实施文化产业数字化战略，促进文化产业与新一代信息技术相互融合，发展基于5G、超高清、增强现实、虚拟现实、人工智能等技术的新一代沉浸式体验文化产品服务。2022年5月，中共中央办公厅、国务院办公厅印发了《关于推进实施国家文化数字化战略的意见》，提出集成全息呈现、数字孪生、多语言交互等新型体验技术，大力发展线上线下一体化、在线在场相结合的数字化文化新体验，其中，文旅数字化是最重要的组成部分。政府的政策支持对于推动数字文旅的发展起到了关键性的作用。一连串政策意见的密集出台表明，基于产业发展和人民日益增长的高层次文化和旅游需要，国家高度重视文旅融合发展，文旅数字化已经从部门层面正式上升到国家层面，走向国家战略的新高地。

二、数字文旅的演进阶段[①]

中国文旅数字化先后经历了以数字化接入为代表的数字化萌芽阶段、以数字化建设为代表的数字化发展阶段、以数字化决策为代表的数字化加速阶段和数字化融合阶段。在经历了不同阶段的发展以后，中国文旅数字化也由缓慢发展向高速发展转变。

1. 数字化萌芽阶段(1980年—1996年)：数字化接入

自20世纪80年代开始，随着信息技术逐渐在各个经济部门尝试应用，旅游相关的政府部门、企业、景区管理部门都分别进行了数字化接入的前期尝试。这个阶段，涉及旅游管理方面的数据统计、组织，以及旅游数字化建设的规划和设计，重点在于建立基础数据库和专题数据库。此外，旅游相关票务预订、旅游信息分类提供、旅游数字化营销等方面的数字化建设也处在萌芽时期。从20世纪80年代开始，中国旅行社、酒店陆续引入小型计算机系统，进行财务管理、旅游数据统计、酒店预订、排房等日常管理工作。上海春秋国际旅游集团尝试在国内发展基于互联网的旅游业务，为旅游者提供旅游信息资讯和服务，由此也出现了诸如“上海热线”“旅游天地”等特色旅游信息分类板块。

这一阶段，文旅数字化的发展水平还相对较低。将Internet、多媒体、CD-ROM等技术作为核心技术支撑，开启了我国文旅数字化的接入时代。旅游信息化管理，还处于辅助旅游管理的阶段，并不作为主要的旅游管理方式。

2. 数字化发展阶段(1997年—2006年)：数字化建设

1997年到2006年是我国文旅数字化发展阶段。这个阶段，数字旅游和数字景区的建设都得到了一定的发展，并且采用分布式管理和异构数据的集成管理模式，构建了信息共享、服务共享的机制。1999年创立的携程旅行网，利用“鼠标+水泥”的旅游服务模式，主要提供机票、酒店、旅游商品等产品预订服务。从2000年起，我国在线旅游服务业发展壮大，中国大陆综合旅游网站、旅游相关网站、旅游企业网站、酒店企业网站分别达到502家、60家、22家和34家。2000年，国家旅游局提出了“金旅工程”建设目标，主要开展“三网一库”的建设，即对电子政务网络、中国旅游网、中国旅游商务网、中国旅游综合数据库进行建设，主要致力于旅游门户网站的建设、旅游目的地营销系统的建设，以及在旅游管理业务中的应用。

① 邹统钎. 中国文旅数字化发展报告(2021) 北京: 社会科学文献出版社, 2021.

在这一阶段，国家层面以及各地政府建立旅游官方网站和旅游监管的数字化系统，旅游企业尤其是在线旅游供应商逐步发展起来，在线票务预订、在线旅游信息的咨询和服务，得到了极大的发展。旅游门户网站、旅游信息网也为旅游目的地形象的梳理和旅游目的地的营销，提供了非常好的途径和渠道。景区数字化管理系统、文化和旅游资源数字化系统也得到了充分的发展。上述各个层级、各个行业的文旅数字化建设发展，为下一阶段的文旅数字化决策奠定了坚实的基础。

3. 数字化加速阶段(2007年—2019年): 数字化决策

2007年到2019年是文旅数字化加速发展阶段。这一阶段的主要特征是大规模建立智慧景区，实现更加精细化和动态化的旅游管理体系，构建智慧决策系统，并且将新一代的数字化技术应用到文旅产业的各个环节，实现全过程的智慧化管理，助力文旅产业优化升级。2007年，第一代苹果手机发布，标志着智能手机的出现。智能手机使得数字化信息的获取更加高效，我国文旅数字化进入加速阶段。2008年，IBM公司首次提出了“智慧地球”的概念，其核心理念是用现代信息技术改变服务模式、提高工作效率。“智慧地球”概念的提出，也推动了“智慧城市”的建设。2010年，江苏省镇江市首先提出智慧旅游的概念，成为我国智慧旅游的典型代表。2019年8月，数字文旅融合创新发展大会召开，指出中国的数字文旅时代已经到来。

“智慧旅游”是数字文旅早期的表现形式，它强调对旅游资源及社会资源的共享与有效利用，通过旅游资源和信息资源的高度系统化整合和深度开发激活，服务于公众、企业和政府。随着新技术的丰富、更迭，内涵日益扩大并逐渐被数字文旅这一更大的概念涵盖。

4. 数字化融合阶段(2020年至今): 数字化管理

2020年文化和旅游部发布了《关于推动数字文化高质量发展的意见》，提出“在数字经济格局下推动文化和旅游融合发展，以文塑旅，以旅彰文”，文化和旅游产业的发展迎来新契机和新动力。以文化为核心，以旅游为载体，技术成为帮助文化和旅游有效深度融合的关键手段。挖掘地方优势文化资源、民俗民风和风土人情，数字技术使得文化向旅游领域的延伸变得更便捷、更高效。旅游目的地也纷纷借助文创作品、文化沉浸式体验和数字体验项目推广、传播民族文化。从这一阶段开始，文旅企业层面日益重视数字技术在提升文旅消费者体验与企业管理效率方面的作用，数字技术开始全面介入文旅产业的微观管理层面。

第三节　数字文旅发展趋势展望

一、数字文旅的新机遇

数字技术的变革引发了人们生活方式的颠覆，同时人们需求的不断变化，也推动着数字技术的进步。在数字经济时代，数字文旅的发展有以下机遇：

（一）数字技术进步加快文旅产业融合

数字化是推动文旅产业融合发展的重要抓手。从产业发展的历程与演变来看，数字技术是实现产业融合创新的重要推动力，也是实现经济高质量发展的重要支撑。从文化和旅游产业发展的历程来看，数字技术的应用与发展，推动了大规模的文化和旅游消费。文旅产业数字化逐步打破文化产业和旅游产业的边界，推动两大产业在更广范围、更深层次和更高水平上实现深度融合。

1. 深化文旅产业供给侧结构性改革

疫情后文旅市场的爆发性增长以及文旅消费者对文化产品消费的增长趋势反映出文旅产业在供给侧面临着有效供给不足的压力，文旅服务企业的产品和服务不能有效满足消费者对高质量、个性化文旅产品的需求。数字技术以产品的服务个性化、智能化为导向积极推动文旅产业转型升级，这将有效减少低端的无效供给，提升供给效率，满足多样化的旅游市场消费需求。

2. 创新文旅融合形态

随着数字技术的迅速发展，文旅融合形态不断创新。(1) 体验式融合创新。文化和旅游产业通过虚拟现实（VR）和增强现实（AR）等技术能够为游客提供沉浸式游玩体验。(2) 内容式融合创新。数字技术使得文化和旅游内容的创作、传播和消费变得更加便捷，企业通过数字技术景点可以将自己的文化故事以数字内容的形式分享给全世界；文旅消费者也可以通过社交媒体、内容分享平台等渠道，分享自己的游玩体验。(3) 平台式融合创新。数字技术促进了各种文化和旅游资源的集聚和共享，形成了新的线上平台业态，各类线上文旅平台汇集了各地的文旅资源，提供预订、导游、分享等一站式服务。(4) 数据驱动的融合创新。大数据和人工智能技术的发展使得文旅企业可以通过对大量数据的分析和挖掘提供更加精准和个性化的服务。

3. 推动文旅产业的新商业模式

人工智能、大数据、云计算、物联网、移动技术等先进技术的快速发展，为数字文旅提供了强大的技术支持，使其可以提供更个性化、智能化和便捷化的旅游服务。它们不仅提高了旅游服务的效率和质量，也改变了文旅消费者的行为和需求，催生了新的文旅消费形式和商业模式，如个性化旅游、智能旅游、虚拟旅游、在线旅游等。同时，这些技术也在不断地革新与进步，在可以预计的未来诸如量子计算、全息投影技术、区块链、神经连接、边缘计算等技术也将快速发展。这些新技术的不断涌现无疑可以进一步为数字文旅产业的发展带来新的动能。

(二) 数字经济发展激发文旅消费需求

“十四五”时期以来，国内文旅市场正逐步回暖。除 2020 年和 2022 年受到全国疫情及相关防疫政策的影响国内文旅市场较弱外，2012—2019 年国内文旅消费者数量均以较高的增长率稳步增长（见图 1–2）。

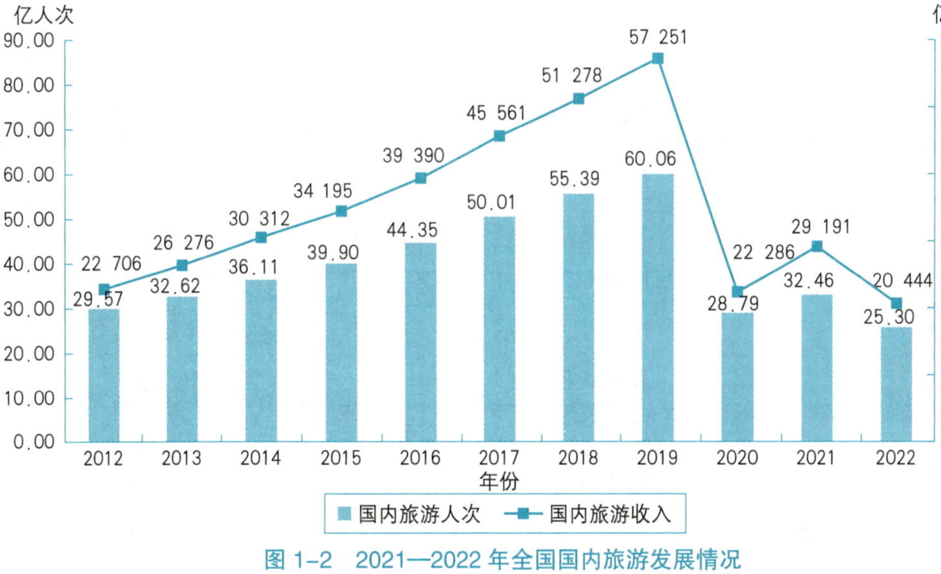

图 1–2　2021—2022 年全国国内旅游发展情况

资料来源：文化和旅游发展统计公报。

2023 年上半年，国内旅游总人次 23.84 亿，比上年同期增加 9.29 亿，同比增长 63.9%。分季度看，2023 年第一季度，国内旅游总人次 12.16 亿，同比增长 46.5%。2023 年第二季度，国内旅游总人次 11.68 亿，同比增长 86.9%。2023 年上半年，国内旅游收入（旅游总花费）2.30 万亿元，比上年增加 1.12 万亿元，增长 95.9%（见表 1–1）。

表 1-1　2023 年上半年国内旅游基本情况

指标	2023 年一季度	同比增长（%）	2023 年上半年	同比增长（%）
国内旅游总人次（亿）	12.16	46.5	23.84	63.9
国内旅游收入（亿元）	12 992.9	69.5	22 961.4	95.9
人均每次旅游消费（元）	1 068.5	15.7	963.1	19.5

资料来源：文化和旅游部。

由此可见，国民大众休闲旅游的需求持续旺盛，积压的旅游需求将呈现出爆发式增长态势，旅游人数和人均旅游消费将持续增长，旅游产业规模也将不断扩大。同时伴随着居民收入的不断提升以及对于生活品质追求的提高，旅游者的需求开始从传统的旅游向多元体验发展，旅游消费结构不断升级，消费层次向高端化、品质化方向发展。

根据综合企业财报统计的 2016—2022 年中国在线旅游市场的交易规模，2016 年至 2019 年中国在线旅游市场（交易）都是呈现稳步增长的态势，2020 年因受到新冠疫情的影响，交易规模呈负增长，但 2021 年和 2022 年又开始呈现大规模增长（见表 1-2）。由此可见，在数字经济的激发下，不断扩大的旅游市场需求能够通过数字经济的技术渠道释放出来，为旅游经济带来巨大的发展潜力。

表 1-2　2016—2022 年中国在线旅游市场交易规模

年份	中国在线旅游市场交易规模（亿元）	同比增长率（%）
2016	9 011.9	
2017	11 725.9	30.10%
2018	14 861.6	26.70%
2019	18 070.6	21.60%
2020	9 874.6	-45.40%
2021	13 307.2	34.80%
2022	16 427.1	23.40%

资料来源：综合企业财报。

二、数字文旅的风险与挑战①

（一）非理性的泛数字化倾向

数字技术是提升生产效率、降低成本、拓展消费体验的有效工具，实体经济的数字化转型是大势所趋。然而，需要端正认识的一点是，数字技术始终是手段而非目的，盲目追求数字化，而忽视产业和企业实际，可能导致泡沫化和改革的失败。当前，数字文旅是产业和理论界积极探索的热点，“文旅产业”“数字文旅”“区块链文旅”等新概念不断出现，但真正能够产品化并为市场接受的项目还较为稀缺，有效的商业模式也需要进一步考察和总结，这说明文旅产业数字化存在着一定程度的过热倾向与非理性成分。因此，要加强对数字文旅的理论研究，发挥理论的科学指导作用，从而有效推动文旅产业数字化健康发展。

① 夏杰长，贺少军，徐金海．数字化：文旅产业融合发展的新方向．黑龙江社会科学，2020（2）．

② 徐菲菲，何云梦．数字文旅创新发展新机遇、新挑战与新思路．旅游学刊，2021，36（7）．

（二）待健全的法律法规体系

数字文旅是在新技术背景下产生的新现象，随之而来的新问题对既有法律法规提出了挑战。例如，如何界定数据资源的权属？如何保护文旅消费者的隐私安全？如何保护数字文旅产品的知识产权？等等。当前与数据使用和网络安全相关的法律法规制度建设滞后，直接制约了数字技术在文旅产业的推广应用，阻碍了文旅产业数字化转型的进程。除了加快研究完善相关法律条款，文旅部门还应当组织协会、企业等相关群体尽快出台相关标准与技术指南，从而引领数字文旅产业的规范化和有序发展。

（三）待加强的政策支持

数字文旅产业目前还处于刚刚兴起的探索阶段，亟须政府管理部门给予支持和引导。中国政府高度重视数字文旅产业的发展，近年来连续出台了多个相关文件。但宏观层面的政策支持还有待加强，具体表现为系统的战略性顶层规划设计缺乏、相关技术标准和行业规范不完善、金融财税政策扶持力度不足。另外，数字文旅的跨部门跨领域特征显著，需要各部门各行业的协同，相关协同机制的欠缺不利于数字文旅产业的成长。

（四）不平衡的产业要素[②]

数字文旅产业的可持续健康发展需要技术应用、产品研发、市场推广、营销创新与科学管理各要素协调共进。目前各方面的短板主要表现在：① 技术：文旅产业数字经济占比较低，科技转化能力弱，共性技术瓶颈有待突破；② 产品：数字文旅产品核心 IP 缺乏，具有引领效应的数字文旅品牌尚未形成，动态体验和情感体验匮乏；③ 市场：数字技术与市场需求“同频共振”不足，文旅消费者“现场”交互式体验需求难以满足；④ 营销：数字文旅宣传推广和传播方式创新不足，营销模式有待改进；⑤ 管理：存在数据孤岛，数据共享机制尚未形成，文旅公共服务信息碎片化严重。文旅企业的数字化转型要具备系统化思维，做好战略顶层设计，立足于文旅产业的特殊性，全面推进数字化改革。

三、数字文旅的积极影响

（一）文旅项目加速创新升级

数字科技激发了文旅融合智能化、数字化和智慧化升级改造的进程。国内不少文旅企业积极推进文旅数字化升级，并引入数字化体验项目，如欢乐谷携手“第五人格”“梦幻西游”等知名IP打造丰富的数字体验主题活动；宋城演艺推出《张家界千古情》、5D实景体验剧《大地震》等一系列沉浸式文旅演出，尝试将数字科技与景区活动项目深度结合，提升旅游产品项目的科技水平和互动体验感。

文化与科技的融合则表现为对集成创新和应用创新的追求。人工智能、扩展现实（XR）、人工智能物联网（AIoT）等数字技术已逐渐矩阵化与聚合化，极大地拓展了文化创作、传播和体验的途径和方式，加速了文化科技融合场景的更新，有效实现了场景的增量扩张，深度影响和重构了文化的形态、结构和价值追求。文化领域的创新进而成为旅游场景和旅游体验的创意来源，丰富旅游体验内容。数字科技为文旅产业的发展提供了一系列新动能，加速了产业跨界联动，形成了数字文旅、沉浸式乐园、数字展览、数字演艺、数字文博等融合新业态。

（二）文旅公共治理能力获得提升①

文旅行政管理部门在文旅产业经济调节、市场监管、社会管理和公共服务等方面发挥着不可替代的作用。其治理能力的提升，是推动产业发展与变革的重要力量。随着数字技术在文旅产业的应用，数字技术正在赋能于文旅产业的公共服务与行业监管部门，使文旅产业的智能化管理成为可能。依托文旅产业运行的各类数据，文旅行政管理部门更容易识别差异化、个性化的公共服务需求，由此可以提升文旅产业的公共服务效率。数字技术也可以为管理部门的市场监管提供支持，从而推动数字文旅产业进一步发展。比如，在旅游目的地管理方面，依托文旅消费者行为形成的大数据，可以为旅游客源地提供更好的营销服务。数字技术的发展会带来公共服务效率的提升和行业监管模式的改变，从而推动产业创新发展。

【同步案例：一机游云南】

越来越多的省份开始投入“一机游”项目，其中最突出的当属腾讯公司和云南省人民政府共同打造的“一部手机游云南”全域旅游智慧平台，该平台于2018年10月正式上线，2019年9月由云南腾云信息产业有限公司以2.985亿元中标，2022年购买服务项目预算为6 000万元，致力于通过旅游大数据中心的集成服务及时发挥旅游者服务平台和政府监管平台的高效治理效能。该平台已经发展成为云南旅游产业转型发展的新引擎。

资料来源：作者根据相关资料整理。

① 夏杰长，贺少军，徐金海．数字化：文旅产业融合发展的新方向．黑龙江社会科学，2020（2）．

（三）文旅产业发展模式和业态发生变革

在新技术革命的推动下，变革发展模式已成为价值创造和利益获取的重要手段。近年来，互联网企业纷纷跨界进入文旅产业，虚拟现实景区、数字博物馆、虚拟现实娱乐等全新的文旅业态风起云涌，证明文旅产业在数字技术的推动下正在发生变革。基于获取利益和实现价值的动机，文旅产业组织结构持续调整，并展开各种创新发展模式和新业态的探索。可以预见数字技术已然成为文旅产业变革的新动能，文旅产业从资源端到消费端都会源源不断地产生创新。首先，随着数字技术进一步渗透，各类传统的文化和旅游资源借助数字技术得以“活起来”，并形成文旅产业新资源。其次，文旅融合新业态推动形成数字文旅新生态和数字化新型产业链。通过互联网、物联网和人工智能等技术，可以实现对文旅业务的全链条管理，包括前台服务、中间管理和后台决策等环节。这使得文旅资源的开发、文旅产品的设计、文旅服务的提供等环节更加紧密地结合在一起，推动了产业链的融合。在此基础上，文旅产业发展的基础设施和商业模式会随之改善和优化，进而提升文旅产业的有效供给，最终开拓文旅产业发展的新空间。

（四）文旅消费者的认知与行为体验发生改变

数字技术的普及应用改变了个人对时空差异的感知，进而改变体验认知和消费行为。文旅消费者的体验方式、体验内容和体验质量经由数字技术的应用载体获得拓展，个性化的需求随之发展，旅游者对沉浸式、交互式、场景式体验更为青睐。抖音、小红书、快手等为代表的社交媒体的快速发展折射了文旅消费感知和行为变革的产生，也将进一步助推这种变革的发展。随着文旅产业数字化进程的加快，文旅消费者在食、住、行、游、购、娱等各个环节的体验认知与行为进一步变革。只有推动数字技术在文旅产业的应用，才能满足数字时代文旅消费者的新体验与新需求。

（五）下沉市场潜力得到激活

互联网的广泛触达使得下沉市场的文化活力被持续唤醒。互联网、大数据等技术快速发展，5G 步伐持续加快，下沉市场的在线化渗透所需的基础设施有更多支撑，使得难以触达的下沉市场变得容易触达，并显现出了高速发展的态势。此外，疫情加速了在线旅游对下沉市场的渗透速度，在疫情倒逼整个社会加快数字化进程的大前提下，三线以下城市消费者开始熟悉并习惯扫码、线上预订等数字化操作，OTA 平台迎来了向三线以下城市进一步延展的好机会。

（六）可持续发展和绿色文旅理念得以贯彻实施

数字化技术将在可持续发展方面发挥越来越大的作用。通过数字化平台，文旅企业可以实现资源的共享和整合，避免资源的浪费，提高利用率。例如，数字化平台可以将不同文旅场所或活动的时间、人员、设施等信息进行统一管理和调度，实现资源的优化配置，降低能源消耗和环境负担。数字化技术提高了文旅企业社会责任履行的效率和透明度。通过数字化平台，企业可以更准确地了解利益相关者的需求和关切，对社会问题和风险进行实时监测和评估。同时，企业可以将自身的社会责任履行情况通过数字化媒体进行公开，增加企业的透明度和信任度。绿色文旅将成为未来的主流趋势，文旅企业将更加注重环保理念的传播和实践，为文旅消费者提供更环保和可持续的旅游选择。

四、数字时代文旅人才需求展望

文旅需求的个性化、多样化以及数字经济的发展打破了人们对文旅人才的传统认知边界，催生出了大量新的岗位，一大批适应新业态、新模式的新型文旅人才成为需求热点。2022 年中国旅游研究院“旅游人才需求‘10+1’趋势预测”报告发布了包括数字化人才、旅游主播、旅行定制师、宴会定制师等未来文旅产业迫切需求的 11 类人才。虽然这些人才分散在各个细分领域，要求不同的专业技能，但也表现出两方面的共同点。

1. 跨界思维能力重要性提升

数字时代文旅产业的跨界融合特征更加明显，不同领域的交叉融合创新不断影响着文旅产业的发展。目前，数字科技应用已深入文旅产业的各个环节，数字时代的文旅人才必须主动适应，才能更好地融入产业发展。

2. 复合型能力是文旅产业的通行证

旅游需求呈现出个性化、精细化趋势，这一趋势反馈到人才市场，则是对高标准复合型人才的强烈需求。数字文旅产业既保留了传统服务产业对服务沟通能力的高要求，又强调具备跨界专业知识技能，体现为对综合素养的要求。

总而言之，文旅产业是一个跨界的产业，也是一个无边界的产业，文旅产业创新也注定是一种复合式、跨界式的创新。大众旅游进入新的发展阶段，文旅业态、模式的创新，使得文旅产业在主客共享的时空中不断重构。旅游与文化、科技、体育、生态、娱乐、康养等领域的融合将进一步满足不同人群对美好生活的期待。文旅人才的需求也不再是“单向度”，而是向着文化创意、设计开发、科技创新、投融资等综合型、实战型、创新型的复合型人才的需求转变。既能完成文旅产品的内容创意和设计,又熟悉周边业态整体运营的“全能型”选手是未来文旅产业最为稀缺的人才。

案例阅读

虚实之间:古老敦煌的数字新体验

本章小结

本章对数字文旅进行了总览式的分析和展望,帮助同学们全面理解数字文旅的概念、特点、发展背景以及未来趋势。

本章第一节由浅入深地剖析了数字文旅的内涵、要素、特征和表现形式。数字文旅是以文旅消费者为主体、技术为基础、数据为资源、创意产品为核心的新兴业态。数字文旅将大数据、云计算、人工智能、虚拟现实、增强现实等应用于文旅产业,其本质是为文旅消费者提供更加个性化、智能化、便捷化的文旅消费者服务,为文旅企业提供更为智能化、针对化的决策依据,为文旅管理部门提供更为全面、细致的监管支持,从而满足现代文化和文旅产业发展的需要。

第二节客观分析了数字文旅发展的外在条件,回顾了其发展演变的阶段。数字文旅的发展得益于数字技术的进步、文旅市场需求的推动以及政府对旅游业、文化产业和数字经济的持续性利好政策的支持。在多方合力的推动下,数字技术和文旅产业发展才能有效融合。

第三节对数字文旅的未来进行了展望。随着数字技术进一步成熟、规范化政策合理制定、数字经济不断发展和生产经营产品加速迭代,数字技术将在未来更加合理、更加广泛地被运用到旅游目的地规划、建设以及旅游市场营销等诸多领域。

练习与实践

1. 简述数字文旅的内涵有哪些，相较于传统的文旅产业它具有哪些优势。

2. 试分析数字文旅的机遇与挑战，并对数字文旅的未来进行展望。

3. 请登录云游故宫网站，通过云游览数字化文旅景区，剖析数字化技术给文旅产业带来了哪些优势，这些优势又将如何改变文旅消费者的消费方式。

即测即评

第二章　数字技术与文旅产业

学习目标

1. 了解数字文旅技术的基本内容及特点，并掌握其在文旅产业中的应用。
2. 掌握数字文旅的各类基础设施内容及特点，每类基础设施的建设意义。
3. 掌握各种数字文旅应用场景及其应用价值。

1. 数字技术使文旅产业实现了从传统到数字化的转变，推动文旅企业数字化转型升级，使文旅产业走向了更加智能、便捷、多元化的方向。

2. 数字技术促进了文旅产业的创新与发展，也为文旅消费者提供了更个性化、便捷化、高品质的文旅体验。

3. 数字技术对文旅产业的意义深远，它全面改变了产业格局，为文旅产业带来了无限可能。

案例导入

雁荡山“智慧景区大脑”

第一节 数字文旅技术

一、互联网与物联网

互联网和物联网是数字文旅产业中的核心技术，它们为文化和旅游体验提供了全新的可能性。在本节中，我们将介绍互联网和物联网技术的基本概念和应用，以及它们在数字文旅领域的重要性。

(一) 互联网

1. 互联网的内涵

互联网，是当今信息时代的核心基础设施，是连接世界的大网，蕴含着广泛而深刻的内涵。它涵盖了信息传输、数据交换、资源共享、商业交易、社交互动等多方面的内容，为人们的生活和工作提供了极大便利，深刻地改变了人类社会的方方面面。

(1) 互联网是信息传输的高速通道。通过互联网，人们可以随时随地访问丰富多样的信息资源，迅速找到所需信息。信息的快速传递促进了知识的普及，丰富了人们的视野，也为学习、研究和创新提供了无限可能。

(2) 互联网是人们沟通和社交的重要平台。社交媒体、聊天工具、在线论坛等让人们轻松地与亲朋好友保持联系，交流、分享生活点滴。互联网的社交互动让世界变得更紧密，让距离不再是问题，跨越时空的连接成为可能。

(3) 互联网是数字经济的推动者。电子商务的发展让传统商业模式焕发新的活力，许多公司在互联网平台上开展业务，拓展市场，提高了效率。互联网也催生了新的产业，如在线娱乐、网络直播、共享经济等，为经济增长和就业创造了新的机遇。携程作为中国本土首个在线旅游代理商（OTA），彻底改变了传统旅行社的商业模式和竞争格局。

(4) 互联网是创新和科技进步的助推器。互联网的出现带来了大量的科技创新，人工智能、大数据、区块链等技术在互联网的支持下不断发展，推动了社会进步和产业升级。

(5) 互联网是全球合作的桥梁。互联网让不同国家和地区之间的合作更加便捷，信息的传递和资源的共享促进了国际交流与合作。在全球化的背景下，互联网的连接让世界更加紧密，促进了文化、商业和科技的交流与融合。

然而，互联网的发展也面临一些挑战，如信息安全、隐私保护、网络犯罪等问题，这些需要得到有效的解决和管理。同时，互联网的普及也要求人们具备数字素养，学会科学、理性地使用互联网，避免陷入信息泛滥和虚假信息的误导。

总的来说，互联网的内涵十分丰富，它不仅是信息传输的高速通道，也是人们社交的平台，更是数字经济和科技创新的推动者。互联网让世界变得更加紧密，促进了全球合作与发展。

2. 互联网的关键技术

(1) 网络通信协议。互联网通信协议是互联网的基础，其中最重要的是 TCP/IP 协议，它包括传输控制协议（TCP）和 Internet 协议（IP）。TCP 负责数据的可靠传输，确保数据在网络中正确传输，而 IP 负责数据包的路由和寻址，使数据能够在全球范围内传递到目标节点。TCP/IP 协议的标准化促进了不同计算机和网络之间的互通，是互联网运作的基石。

(2) 域名系统（DNS）。DNS 是将域名转换为 IP 地址的系统。在互联网中，人们通过域名来访问网站和服务，而不是直接使用 IP 地址。DNS 系统将用户输入的域名解析为对应的 IP 地址，使得用户可以方便地浏览网页和访问资源。

(3) 万维网（WWW）。万维网是互联网上最为人熟知的服务之一，它由超文本链接组成，通过 URL 来标识网页。WWW 的特点在于信息之间的超链接关系，使用户可以方便地跳转到其他相关页面。

(4) 超文本传输协议（HTTP）。HTTP 是用于在客户端和服务器之间传输超文本数据的协议，是万维网（WWW）的基础。通过 HTTP，用户可以在浏览器中请求和获取网页内容，实现网页浏览和数据交换。

(5) 安全通信协议（SSL/TLS）。SSL/TLS 是用于保护互联网通信安全的协议。它通过加密数据传输，防止数据在传输过程中被窃听和篡改，保障用户的隐私和数据安全。SSL/TLS 被广泛应用于互联网上的各种服务，如网页浏览、电子邮件、即时通信、电子商务等。它为用户和企业提供了必要的安全保障，确保数据在互联网上传输过程中得到保护和安全处理。

3. 互联网的特点

互联网是当今信息社会的重要组成部分，具有许多特点，对人类社会产生了深远的影响。以下是互联网的主要特点：

(1) 全球性联网。互联网以其全球性联网的特点而闻名，将世界各地的计算机网络连接在一起，实现了全球范围内的信息交流和资源共享。无论身处何地，人们都可以通过互联网与全球各地的用户进行交流和合作。

(2) 开放性和包容性。互联网是开放的平台，允许不同的应用和服务在其上运行。它不受地域、文化和政治体制的限制，鼓励各种创新和多样性的发展。任何人都可以发布内容、分享信息，这种包容性促进了知识的传播和文化的交流。

(3) 分布式结构。互联网是一个分布式网络系统，没有中央控制节点，数据和服务分布在不同的服务器和计算机上。这种分布式结构使得互联网更加弹性和稳健，即使部分节点出现故障，整个网络依然可以运行。

(4) 大规模互联。互联网连接了数十亿台计算机和设备，形成了庞大的信息交流网络。这种大规模互联使得海量数据可以在瞬间传输和共享，推动了信息的快速流动和应用的广泛传播。

(5) 多媒体交互。互联网不仅支持文本和图像的传输，还广泛应用了多媒体技术，如音频、视频、动画等。这种多媒体交互丰富了用户体验，使得信息的传递更加生动和直观。

(6) 移动互联。随着移动设备的普及，移动互联网成为互联网的重要组成部分。通过移动网络和无线技术，用户可以随时随地访问互联网，拓展了互联网的应用场景和覆盖范围。

综上所述，互联网具有全球性联网、开放性和包容性、分布式结构、大规模互联、多媒体交互等特点。它对人们的生活、工作和社会交往产生了深刻影响，是信息时代不可或缺的重要力量。然而，互联网的快速发展也带来了一系列挑战，需要社会各界共同努力，以确保互联网的发展更加安全、健康和可持续。

4. 互联网对文旅产业发展的意义

2020 年 11 月，文化和旅游部、国家发展改革委等 10 部门联合印发《关于深化“互联网 + 旅游”推动旅游业高质量发展的意见》，该意见对于以“互联网 +”为手段，推动旅游生产方式、服务方式、管理模式创新，丰富旅游产品业态，拓展旅游消费空间，培育适应大众旅游消费新特征核心竞争力等提出了指导意见，强调以互联网赋能推进旅游业高质量发展。

互联网是云计算、物联网等新技术的应用载体。通过互联网、移动互联网，借助便携的上网终端，文旅公共管理部门和文旅企业主动感知文旅资源、文旅经济、文旅活动等方面的信息，及时发布、了解、安排和调整工作与计划，从而实现对各类文旅信息的智能感知和利用。另外，互联网为文旅产业带来了信息化、智能化和全球化的发展机遇。它在推动文旅业务的数字化、个性化和智能化方面发挥着至关重要的作用，不仅提高了文旅企业的竞争力，也为文旅消费者提供了更便捷、多样化的选择和体验。对于文旅从业者和管理者来说，紧跟互联网技术的发展，积极应用和创新互联网技术，将有助于更好地推动文旅产业的可持续发展和提升行业的整体水平。互联网对文旅产业的发展意义主要体现在以下几个方面：

(1) 互联网为旅游目的地、景点、酒店、旅游产品等提供了全球性的信息传播和推广平台。通过旅游网站、社交媒体、搜索引擎等渠道，文旅企业可以将各种文旅信息和优势推广至全球文旅消费者，增加知名度和曝光率。

（2）文旅消费者通过搜索引擎、旅游网站和社交媒体可以轻松获取到所需信息，实时查询相关旅游信息，包括目的地介绍、文旅场所推荐、交通路线、住宿产品、导航路线、天气状况等。另外，在线导览、虚拟旅游等方式，有助于文旅消费者更全面地了解旅游目的地的文旅产品内容及特色，提升旅游者的旅游体验。

（3）互联网实现了在线预订和支付，文旅消费者可以通过电子渠道方便地预订机票、酒店、门票等服务，大大提高了预订效率和便利性，同时也降低了文旅企业的运营成本。

（4）通过互联网收集和分析文旅消费者的行为数据，文旅企业可以了解文旅消费者的兴趣和偏好，进而提供个性化的文旅服务和定制化的文旅产品，满足不同文旅消费者的需求，增强文旅消费者的满意度和忠诚度。

（5）互联网打破了地域限制，文旅企业可以通过在线平台将产品推向全球市场，吸引更多的国内与国际文旅消费者。同时，通过与电商平台合作，文旅产品可以在更广泛的销售渠道上展示和销售。

另外，互联网的发展不断推动文旅业务的创新，包括虚拟现实、增强现实、人工智能等技术的应用，为文旅消费者提供更丰富、多样化的文旅体验。

（二）物联网

1. 物联网概述

物联网（Internet of Things，IoT）是指通过互联网连接、交换信息的智能设备和物体之间的网络。它将传感器、执行器和计算机技术应用于各种物体，使得这些物体能够感知环境、收集数据、与其他设备进行通信，并在互联网上共享和交换信息。物联网的目标是将现实世界和数字世界紧密结合，实现物理世界的数字化、智能化和自动化。

物联网的发展源自对物体互联的追求。过去，互联网主要连接人与人、人与计算机，而物体则相对孤立地存在。随着技术的进步和成本的降低，越来越多的物体得以智能化，具备了连接互联网的能力。这些物体可以是家用电器、智能手机、工业传感器、智能车辆、健康监测设备等，几乎任何物体都可以成为物联网的一部分。

2. 物联网的关键技术

（1）传感器技术。传感器是物联网中的关键组成部分，用于感知和采集环境中的数据，如温度、湿度、位置等，为系统提供实时信息。

（2）嵌入式系统。嵌入式系统是物联网设备的核心，具有处理能力和连接能力，能够实现数据的采集、处理和传输。

（3）数据通信技术。物联网通过无线通信技术如 Wi-Fi、蓝牙、NFC 和 LPWAN 等实现设备之间的数据传输和互联。

【知识链接：主要无线通信技术】

NFC是一种短距离通信技术，通信距离通常在几厘米范围内。它主要用于近距离数据传输和身份验证。NFC技术在手机支付、门禁系统、公共交通票务和智能标签等方面有广泛应用。

LPWAN是一种用于连接低功耗物联网设备的通信技术。这些技术旨在提供长距离通信，同时保持设备的低功耗特性。LPWAN技术包括LoRaWAN（长距离广域网）、NB-IoT（窄带物联网）和Sigfox等。

3. 物联网的特点

(1) 互联性。物联网是由大量智能设备和物体组成的庞大网络，通过互联网连接在一起，实现彼此之间的通信和数据交换。这种互联性使得各种设备能够相互连接、协同工作，形成智能化的系统。

(2) 感知性。物联网终端配备各种传感器，能够感知和采集周围环境的数据，如温度、湿度、光线、位置等。这些传感器使得终端能够实时地获取环境信息。

(3) 实时性。物联网对数据的实时处理和响应有较高要求。在一些关键应用场景下，如智能交通、工业自动化，实时性是保障系统高效运行和应对突发事件的重要特点。

(4) 大数据应用。物联网产生的数据量庞大，其中包含着大量有价值的信息。通过大数据技术对这些数据进行分析和挖掘，可以实现智能决策，帮助优化业务流程和提升效率。

(5) 安全性和隐私保护。由于物联网涉及大量的数据传输和交换，安全性和隐私保护成为物联网设计和实施的重要问题。确保数据的安全性，防止网络攻击和未授权访问，以及保护用户的隐私是物联网系统不可忽视的关键性能。

4. 物联网终端的特点

物联网终端是物联网系统中的重要组成部分，通过智能感知和数据通信，物联网终端可以实现实时的数据采集、传输和处理，为物联网系统提供有力的支持。它具有以下的特点：

(1) 数据通信。物联网终端能够通过各种通信方式与物联网系统中的其他设备和云平台进行数据交换和通信。它可以使用无线通信技术（如Wi-Fi、蓝牙、Zigbee、LoRa等）或有线通信技术（如以太网）来实现数据传输。

(2) 省电节能。由于许多物联网终端是由电池供电的，为了延长终端的使用寿命，物联网终端通常具有省电节能的特点。终端会根据实际需要灵活控制传感器的工作模式和数据传输频率，以降低能耗。

(3) 小型化。为了适应各种场景和应用，物联网终端通常设计为小型化、紧凑型，方便部署和安装在各种设备和物体上。

(4) 多样性。物联网终端种类繁多，涵盖了各种设备和物体，如智能家居设备、智能穿戴设备、工业传感器、智能交通设备等。每种终端都有其特定的用途和功能。

5. 物联网对文旅产业发展的意义

物联网对文旅消费者和文旅产业管理部门及企业都具有积极的意义。对于文旅消费者，物联网主要在两方面发挥作用：① 增强文旅体验。通过互联网和物联网技术，实现虚拟现实、增强现实和虚拟导览等技术的应用，提升文旅体验的沉浸感和互动性。② 个性化推荐与定制化服务。通过大数据分析和个性化算法，为旅游者提供个性化的旅游推荐和定制化的服务，提高用户满意度。

对于文旅产业管理部门和文旅企业，物联网的价值体现在以下三个方面：① 智慧旅游目的地。通过物联网技术，实现智慧旅游目的地的建设，包括智能导览、智能停车、智能酒店等，提升旅游目的地的管理和服务水平。② 数据驱动营销。利用互联网和物联网技术，收集和分析用户数据，实现精准的市场定位和个性化的营销推广，提升营销效果。③ 智能化管理与运营。通过物联网技术，实现设备的远程监控和管理，提高文旅产业的运营效率和资源利用率。

二、云计算与大数据

(一) 云计算

1. 云计算概述

随着信息技术的迅猛发展，云计算成为当今数字时代的一大亮点。云计算是一种基于互联网的新型计算模式，通过将计算资源、存储资源和应用服务进行虚拟化和集中化管理，为用户提供按需使用的服务。云计算的发展，深刻影响着个人和企业的生活和经营方式，成为数字化转型的重要推动力。

云计算可以分为三个主要层次：基础设施即服务（IaaS）、平台即服务（PaaS）和软件即服务（SaaS）。在 IaaS 层，云提供商通过虚拟化技术向用户提供计算资源、存储资源和网络资源，用户可以按需租用这些资源，避免了传统数据中心的高昂投资和运维成本。在 PaaS 层，云计算提供商提供开发环境和工具，使开发人员可以更加便捷地开发、测试和部署应用程序。而在 SaaS 层，用户可以直接通过云端应用程序使用各种服务，无须关心底层的技术细节，从而降低了软件购买和维护的复杂性。

云计算的应用场景非常广泛。个人用户可以通过云存储服务将自己的照片、视频和文档保存在云端，实现跨设备的无缝访问和分享。教育和科研领域的组织机构可以通过云计算来进行大数据分析和处理，加速科学研究的进程。企业可以利用云计算灵活地扩展计算能力，搭建虚拟的办公环境，提高员工的工作效率。此外，云计算还为创业公司提供了更低的初始投入，降低了创业风险，促进了创新和创业的繁荣。

然而，云计算也面临一些挑战。首先是数据安全和隐私问题，尤其是涉及敏感数据和个人隐私的场景。云提供商需要采取更多措施来保护用户数据不被未授权访问。其次，由于云计算服务通常是由一些大型提供商主导的，所以云计算市场呈现出一定的垄断趋势，这可能导致用户的选择受限。最后，云计算服务的持续稳定性也是一个重要问题，用户需要确保其所依赖的云服务商能够长期提供稳定的服务，避免因服务商倒闭或服务终止而造成损失。

综合来看，云计算作为一种创新的计算模式，对于推动数字化转型、促进科技创新和提高社会生产力具有重要意义。随着技术的不断进步和市场的完善，相信云计算将在未来继续发挥重要的作用，并为人类社会带来更加便捷和高效的数字化服务。

2. 云计算的关键技术

在云计算的背后，有一系列关键技术，这些技术共同构成了云计算的基石。

(1) 虚拟化技术。虚拟化技术是云计算的基础。它通过将计算资源、存储资源和网络资源进行虚拟化，将物理资源抽象成虚拟资源，使得多台虚拟机可以在同一台物理服务器上运行。虚拟化技术不仅提高了硬件资源的利用率，还使得资源的分配和管理更加灵活和高效。虚拟化还为云计算的弹性和可扩展性提供了技术支持，用户可以根据实际需求按需增减虚拟机实例，实现资源的动态分配。

(2) 分布式计算技术。分布式计算技术是云计算的关键。在云计算环境中，大量的服务器和数据中心组成了一个庞大的分布式计算系统。通过将计算任务分解为多个子任务，并将这些子任务分配给不同的服务器进行并行处理，分布式计算技术能够大幅提高计算速度和效率。同时，分布式计算还具备高可靠性，当某个服务器出现故障时，其他服务器可以继续完成任务，不会影响整个系统的稳定运行。

(3) 弹性计算技术。云计算的一个显著特点就是其弹性。弹性计算技术允许用户根据实际需要快速调整计算资源的使用量。例如，在业务高峰期，用户可以临时增加计算能力来满足大量请求；而在业务低谷期，又可以自动降低资源使用，节约成本。这种弹性计算的特性使得云计算成了适应业务波动的理想解决方案，避免了资源浪费和不必要的成本支出。

(4) 安全与隐私保护技术。安全与隐私保护是云计算的关键问题。由于云计算服务通常由第三方提供，用户将自己的数据和应用部署在云端，这就带来了数据安全和隐私泄露的风险。因此，云计算技术必须采取一系列措施来保障用户的数据安全。这些措施包括数据加密、访问控制、身份认证和安全审计等。云计算提供商通常会遵循一定的安全标准和认证，以确保其服务的安全性。

(5) 网络技术。云计算是建立在互联网之上的，因此网络技术是支撑云计算的重要一环。云计算需要一个高可靠、高带宽、低延迟的网络环境来保障数据的快速传输和应用的流畅运行。网络技术的不断发展和优化对于提升云计算服务的性能和稳定性具有重要意义。

(6) 自动化管理技术。由于云计算的规模通常非常庞大，手动管理和监控成本很高且低效。因此，自动化管理技术在云计算中扮演着重要角色。自动化技术可以自动地完成资源的部署、监控、配置和故障恢复等任务，从而降低运维成本，提高系统的稳定性和可用性。

(7) 虚拟化存储技术。随着数据量不断增长，存储管理成为云计算中的重要问题。虚拟化存储技术允许将多个物理存储资源抽象成一个虚拟存储池，实现对存储资源的统一管理和分配。通过虚拟化存储技术，用户可以根据实际需求动态调整存储容量，并且无须关注底层存储设备的细节。

(8) 负载均衡技术。负载均衡技术是云计算中的重要组成部分。由于云计算服务通常会面对大量请求，而这些请求可能不均匀地分布在不同的服务器上，导致一些服务器过载而另一些服务器处于空闲状态。负载均衡技术可以动态地将请求均匀地分配到各个服务器上，实现资源的合理利用，提高整体性能。

综上所述，云计算技术是一系列关键技术的综合应用，它为用户提供了高效、灵活和安全的计算服务。随着科技不断进步，云计算技术将继续发展，为人类社会带来更多便利与可能性。然而，随之而来的挑战也不可忽视，如数据安全、隐私保护等问题需要持续地得到重视和解决。云计算的未来发展将在技术创新与安全保障之间寻找平衡，以满足不断增长的需求和挑战。

3. 云计算的特点

云计算的特点包括灵活性、可扩展性、高可靠性和安全性。灵活性指的是用户可以根据自己的需求随时调整计算资源和存储资源的使用量，实现资源的弹性分配。可扩展性则使得用户可以根据业务增长的需要快速扩展计算能力，而无须等待硬件设备的购买和部署。高可靠性是指云计算提供商通常采取冗余和备份措施，确保用户的数据和应用在设备故障时不会丢失。至于安全性，云计算提供商通常采取多重安全措施，包括数据加密、身份认证和访问控制，保障用户数据的安全。

4. 云计算对文旅产业发展的意义

云计算作为数字文旅的重要支撑技术，为文旅产业的高质量发展起到极大的作用。从产业视角看，云计算推动了文旅产业的数字化转型和创新发展；从文旅企业视角看，云计算降低了企业的运营成本，提高了其业务灵活性和响应速度；从消费者视角看，云计算带来了更便捷、个性化的文旅体验。随着云计算技术不断发展和成熟，数字文旅将迎来更加广阔的发展前景，为文旅产业带来更多创新和机遇。

首先，云计算为数字文旅产业带来了数字化转型的机遇。传统文旅产业通常存在信息孤岛，各个环节的数据和服务难以有效整合和共享。而云计算的应用使得文旅产业的各个参与方能够将资源进行虚拟化、集中化管理，实现资源的共享和协作。这不仅提高了产业的效率和运营能力，还为数字文旅的发展提供了强大的基础支撑。通过云计算，文旅产业可以更好地融合物联网、大数据、人工智能等新兴技术，实现数据驱动的决策和个性化的服务，推动数字文旅产业快速发展。

其次，对于文旅企业而言，云计算提供了一种灵活、高效的信息技术解决方案。传统的IT架构需要大量的硬件投资和维护成本，但云计算使得企业无须投入大量资金购买硬件设备，而是可以按需租用云端的计算资源和服务。这降低了企业的运营成本，提高了资源利用率。同时，云计算的弹性和可扩展性使得企业能够根据业务的波动需求快速调整资源，应对文旅业务的淡旺季波动，提高了业务的灵活性和响应速度。此外，通过云计算平台，企业可以实现数据的集中管理和实时监控，从而更好地了解市场和用户需求，优化产品和服务，提高客户满意度。

最后，对于文旅消费者来说，云计算带来了更便捷、个性化的文旅体验。数字文旅倡导提供个性化、定制化的文旅服务，而云计算技术可以通过对大数据的分析和挖掘，了解文旅消费者的喜好、习惯和需求，从而推荐更加符合个人偏好的文旅产品和行程。消费者可以通过手机、平板电脑等设备随时随地访问云端的文旅服务，查询旅游信息、预订机票与酒店、查看景点介绍等。云计算使得文旅服务得以全面数字化，消费者不再受时间和空间的限制，可以根据自己的需求自由定制文旅体验，提高了文旅的便利性和个性化服务水平。

（二）大数据

1. 大数据与文旅大数据

随着信息技术的迅猛发展和数字化时代的到来，大数据已经成为各行各业的重要支撑。大数据的发展得益于计算机技术、互联网技术和数据存储技术的飞速进步，同时也受益于云计算和分布式计算等技术的应用。这些技术的成熟使得大数据的处理、存储和分析成为可能，为各行各业提供了前所未有的机遇。

文旅产业也不例外。文旅大数据的兴起正在改变着传统文旅产业的方方面面，为旅游目的地、旅行社、酒店、航空公司和文旅消费者等提供了前所未有的机遇。旅游大数据是指通过收集、整合和分析与旅游相关的庞大数据量而得到的有价值的信息。这些数据可以来源于各个方面，包括但不限于旅游目的地的文旅消费者流量和行为偏好、交通运输状况、天气预报、社交媒体评论、在线预订等信息。文旅大数据的特点在于它涵盖了文旅产业生态系统中的各个环节，包含了大量的多源异构数据，并且具有高速、多样、广泛的特性。

2. 大数据的关键技术

大数据的关键技术主要包括以下内容：

(1) 云计算技术。云计算技术是大数据处理的基础。通过云计算，文旅企业可以将庞大的数据存储和处理任务交由云服务器进行，实现数据的弹性扩展和按需使用。云计算不仅节省了传统硬件的成本，还提高了数据处理的灵活性和可扩展性。在文旅产业中，通过云计算技术，企业可以快速构建和部署大数据平台，实现海量数据的存储和处理，提高数据分析和决策的效率。

(2) 分布式计算技术。由于大数据的规模巨大，传统的单机计算已经无法满足处理的需求。分布式计算技术将任务分成多个子任务，在多台服务器上并行处理，加快了数据处理速度，提高了系统的可靠性和容错性。在文旅产业中，分布式计算技术可以应用于实时监测文旅消费者流量、预测市场需求、优化资源配置等方面，帮助企业更好地应对快速变化的市场情况。

(3) 数据挖掘技术。数据挖掘是大数据分析的重要手段。通过使用数据挖掘算法，可以从海量数据中发现潜在的规律、关联和趋势，为决策提供依据。在文旅产业中，数据挖掘技术可以帮助企业分析文旅消费者的消费行为、消费偏好，预测消费需求和趋势，从而优化文旅产品和服务，提高用户满意度和忠诚度。

(4) 机器学习技术。机器学习是人工智能的重要分支，通过让计算机根据历史数据不断学习和优化算法，实现对未知数据的预测和分类。在文旅产业中，机器学习可以应用于个性化推荐、客户分析等方面。例如，通过对文旅消费者历史行为和偏好的学习，企业可以为不同群体的文旅消费者提供量身定制的文旅产品和服务，提高用户体验和满意度。

(5) 自然语言处理技术。自然语言处理技术可以帮助计算机理解和处理人类语言，如文本分析、情感分析、语义理解等。在文旅产业中，自然语言处理技术可以应用于社交媒体数据的分析和情感评价，帮助企业及时了解用户对文旅产品和服务的评价和意见，及时做出调整和改进，提升口碑和服务质量。

(6) 边缘计算技术。边缘计算是一种分布式计算模型，将计算资源尽可能地放置在数据源附近，减少数据传输和延迟。在文旅产业中，边缘计算技术适用于对数据实时性要求较高的场景，如智能交通、智能酒店等。通过边缘计算技术，企业可以更快速地获取实时数据，实现实时监测和决策。

3. 大数据的特点

大数据具有 5V 特征：

(1) Volume（大体量）。大数据的最显著特点就是数据量巨大。在文旅产业中，每天都有海量的交易数据、文旅消费者轨迹数据、社交媒体数据等产生，这些数据的处理和分析需要相应的技术和设施支持。

(2) Velocity（高速性）。随着科技进步，数据的产生速度越来越快，传统的批处理方式已经无法满足实时性的要求。在文旅产业中，及时获取和分析数据可以帮助文旅企业及时应对市场变化和文旅消费者需求。

(3) Variety（多样性）。大数据来源广泛，包含结构化数据（如数据库记录）、半结构化数据（如 XML 文档）和非结构化数据（如文本、音频、图像），甚至还包括传感器产生的数据等。这些数据类型的多样性给数据的存储和处理带来了挑战。

(4) Veracity（真实性）。大数据中可能包含不准确、不完整或误导性的数据，数据的质量直接影响到分析结果的准确性。在文旅产业中，保证数据的真实性对于决策和服务质量至关重要。

(5) Value（价值性）。大数据的价值体现在对数据的深度分析和挖掘上。通过合理利用大数据，文旅企业可以更好地了解文旅消费者需求、优化旅游资源配置、提高市场竞争力，从而实现更好的经济效益和社会效益。

4. 大数据对文旅产业发展的意义

文旅大数据作为大数据在文旅产业的应用领域，对于文旅产业的发展和改进具有重要意义。通过对庞大的文旅相关数据的分析和应用，文旅产业能够更好地满足文旅消费者需求，提高服务质量，推动文旅产业的创新和可持续发展。文旅大数据与大数据密不可分，其应用将持续推动旅游业进入更加智能化、个性化和高效的时代。然而，同时也要面对数据隐私保护、数据安全风险等挑战，只有在不断加强数据管理和保护的基础上，才能让文旅大数据发挥出最大的价值。大数据对文旅产业的意义主要体现在以下几个方面：

(1) 为旅游目的规划提供数据决策。大数据技术使得文旅产业可以获取大量实时数据，这些数据对于旅游目的地的规划、旅游产品的设计、市场营销和服务提升等决策具有重要价值。另外，文旅主管部门利用文旅大数据的分析和挖掘能力，能够更加准确地了解文旅消费者需求，优化旅游资源配置，制定更科学合理的发展规划，提高文旅产业效率和消费者满意度。

(2) 为文旅消费者提供智能化服务。基于大数据分析的智能化系统将成为文旅业务的重要组成部分，为文旅消费者提供更个性化、精准的服务。大数据技术的应用使得文旅企业可以更好地了解文旅消费者的个性化需求。

(3) 优化营销策略与提升服务质量。通过对市场数据的深入挖掘，文旅企业可以制定更精准的营销策略，提高市场竞争力。另外，通过监控文旅消费者反馈和评价，文旅企业可以及时调整服务策略，改进服务质量，增强口碑。

(4) 实现文旅产业实时监测与预测。大数据分析技术可以实时监测文旅市场的变化和文旅消费者的行为，及时发现问题和需求，以便文旅企业及相关组织迅速做出反应。同时，大数据还能够通过历史数据和趋势分析来预测未来的文旅需求和趋势，帮助文旅企业及相关组织做出更科学的决策。另外，文旅企业及相关组织通过大数据分析，对旅游目的地的安全风险进行评估和预警，确保文旅消费者的人身安全。

(5) 为文旅业态创新提供新动能。大数据技术的应用为文旅产业带来了更多创新的可能性，催生出更多创新的文旅业态，满足文旅消费者不断升级的需求。例如，结合虚拟现实技术和大数据分析，可以开发出更为引人入胜的旅游体验；利用大数据分析文旅消费者的社交媒体数据，可以进行更精准的营销和口碑管理。

由此可见，文旅大数据是文旅产业发展的新引擎，它将为文旅产业带来巨大的变革与机遇。然而，同时也要面对数据隐私、安全、标准化等方面的挑战。未来，只有不断完善技术手段，加强数据治理，才能让文旅大数据真正发挥其价值，推动文旅产业持续繁荣与进步。

三、人工智能与虚拟现实

(一) 人工智能

1. 人工智能概述

随着科技的迅猛发展，人工智能（Artificial Intelligence，AI）逐渐成为现代社会中备受关注的热门话题。人工智能是计算机科学的一个分支，致力于开发使计算机能够模拟人类智能行为的技术和系统。通过模仿人类智能的思维和行为，人工智能已经成为许多领域的重要应用，包括自动驾驶汽车、智能助理、医疗诊断、语音识别、图像处理等。

2. 人工智能的关键技术

人工智能的关键技术主要包括：

(1) 机器学习。机器学习是指让计算机根据数据自动学习并改进性能的技术。常见的机器学习方法包括监督学习、无监督学习和强化学习。

(2) 深度学习。深度学习是机器学习的一个重要分支，它利用人工神经网络模拟人类神经系统的结构和功能。深度学习在图像识别、语音识别等领域表现出色。

(3) 自然语言处理。自然语言处理是使计算机能够理解、处理和生成自然语言的技术，包括语音识别、机器翻译、文本分析等。

(4) 计算机视觉。计算机视觉使计算机能够"看"懂图像和视频，并从中提取有用的信息。这在自动驾驶、人脸识别等领域有广泛应用。

(5) 专家系统。专家系统是一类基于知识库的人工智能系统，它模拟了人类专家解决问题的思维过程。

3. 人工智能对文旅产业发展的意义

随着科技的不断进步和发展，人工智能已经深刻地渗透到各个领域，文旅产业也不例外，人工智能已经成为文旅产业中不可忽视的重要驱动力。

人工智能在文旅产业的应用包括：

(1) 智能推荐与个性化服务。通过人工智能的数据分析和学习能力，旅游平台可以根据文旅消费者的兴趣、偏好、历史行为等信息，向他们推荐最适合的旅游目的地、景点、餐饮、住宿等，从而提供更个性化的服务，提高用户满意度。

(2) 聊天机器人与语音助手。人工智能技术使得旅游平台可以开发智能聊天机器人和语音助手，文旅消费者可以通过与它们的对话，获得实时的旅游信息、路线规划、景点介绍等，提高旅游体验。

(3) 智能客服机器人。人工智能技术可以应用于文旅产业的客户服务中，实现智能客服机器人服务。这些机器人可以快速、准确地回答文旅消费者的问题，为文旅消费者提供实时的服务支持。通过自然语言处理和机器学习，智能客服可以不断学习和优化，提升服务质量，减少人为错误。

(4) 智能导游服务。人工智能技术可以为文旅消费者提供智能导游服务。通过语音识别和自然语言处理，文旅消费者可以与导游机器人交流，了解景点历史、文化背景和旅游注意事项，实现更自由、便捷的文旅体验。

(5) 智能安全监测。在文旅景区，人工智能可以应用于监控系统，通过图像识别技术识别异常行为和情况，及时预警和应对潜在安全风险。

(6) 自动化服务。人工智能可以自动化处理许多服务流程，比如自助值机、智能导览等，减少人力成本，提高服务效率。

(7) 文化创意旅游。人工智能与文化创意产业相结合，可以推动旅游业的文化创新。通过人工智能技术，企业可以创造更具有创意和互动性的文旅产品和体验，吸引更多文旅消费者。

综上所述，人工智能作为一项前沿技术，对于旅游业的发展具有深远的意义。它不仅能够提高文旅服务的质量，优化旅游体验，还能提高企业管理的效率，推动文旅业态的创新。

（二）虚拟现实

1. 虚拟现实概述

虚拟现实（Virtual Reality，VR）是一种利用计算机技术构建的模拟环境，让用户能够沉浸其中，并与虚拟世界进行交互。虚拟现实技术在过去几十年里取得了巨大的进步，成为文旅产业和其他产业的重要应用领域。

2. 虚拟现实的关键技术

虚拟现实技术的基本原理是通过计算机生成三维图像和模拟现实世界的场景，再通过特定的显示设备，如头戴式显示器或 VR 眼镜，将这些图像传入用户的眼睛，从而营造出仿真的感觉。同时，虚拟现实技术结合了感知技术，如头部追踪和手部追踪，让用户可以通过头部转动和手部动作与虚拟环境互动。虚拟现实的关键技术主要包括：

(1) 3D 图形渲染技术。3D 图形渲染技术是虚拟现实的基础。它涉及将三维模型转化为屏幕上的二维图像，使用户感受到逼真的虚拟环境。

(2) 跟踪与定位技术。跟踪与定位技术是实现用户交互的关键。它能够准确追踪用户的头部、手部和身体的动作，并将这些动作实时反馈到虚拟环境中。常见的跟踪与定位技术包括激光跟踪、摄像头追踪、惯性测量单元（IMU）等。

(3) 显示技术。虚拟现实的显示技术直接影响用户的视觉体验。头戴式显示器或 VR 眼镜是最常见的虚拟现实显示设备，它们通过将图像投射到用户的眼睛，创造出立体的虚拟景象。高分辨率、低延迟和高刷新率是关键要素，以确保用户在虚拟环境中看到的画面清晰、流畅，没有显著的延迟。

(4) 感知交互技术。感知交互技术允许用户通过头部转动、手部动作和其他身体姿势来操控虚拟环境。这种交互方式使得用户能够更加自然地与虚拟环境互动，增强了沉浸式的体验。

(5) 其他相关技术。虚拟现实除了上述关键技术之外还包括了虚拟声音技术、交互设备与控制等技术。

3. 虚拟现实对文旅产业发展的意义

虚拟现实技术作为一种新兴的数字技术，正在对文旅产业产生深远的影响。它为文旅产业带来了新的机遇，改变了传统旅游方式，提升了文旅体验的质量，为文旅消费者提供更加丰富、真实的文旅体验。虚拟现实对文旅产业发展具有重要意义，主要体现在以下几个方面：

（1）利用虚拟现实技术打造沉浸式文旅体验。虚拟现实技术能够模拟真实场景，使文旅消费者身临其境地感受目的地的美景和风情。在虚拟世界中，文旅消费者可以自由探索名胜古迹、观赏壮丽自然风光、参加冒险活动，而无须亲自前往目的地。这种沉浸式的文旅体验为文旅消费者提供了全新的感知和认知方式，激发了他们的好奇心和探索欲望。

（2）虚拟现实技术为旅游目的地的营销和推广带来了新的手段和机遇。文旅机构可以利用虚拟现实技术制作虚拟文旅体验，吸引潜在文旅消费者。在虚拟文旅体验中，旅游目的地可以展示自然景观、人文历史、文化活动等各种文旅资源，增强文旅消费者对目的地的兴趣和好奇心。同时，虚拟现实技术也为目的地的品牌塑造和形象宣传提供了新的创意和方式。

（3）虚拟现实技术在文旅培训和教育方面发挥着重要作用。对于文旅从业人员，虚拟现实可以提供模拟实景的培训环境，帮助他们更好地熟悉目的地、了解文旅产品，提高服务质量和专业水平。虚拟现实还可以用于培训危险性较高的岗位，如导游、特种旅游教练等，降低事故风险，增强安全意识。

四、地理信息与区块链

（一）地理信息

1. 地理信息概述

地理信息技术是一门综合性的学科，结合了地理学、测量学、地图学、计算机科学和信息技术等多个领域的知识。20 世纪 60 年代初，随着计算机技术的迅猛发展，地理学家开始将计算机应用于地图制图和空间数据处理。随后，地理信息系统（GIS）作为一种集成地理空间数据的计算机系统被广泛应用，其核心是对地理信息进行收集、存储、处理、分析和展示。随着互联网技术的兴起，地理信息技术得以更好地实现数据共享和交互，形成了更加完善的地理信息网络。

地理信息技术在各个领域都有广泛的应用。在城市规划和土地管理中，地理信息技术可以帮助规划者和决策者更好地了解城市空间布局和土地利用情况，优化城市规划和资源配置。在环境保护和自然资源管理中，地理信息技术可以用于监测环境污染、灾害风险评估、生态保护等方面。在农业和林业领域，地理信息技术可以帮助农民进行土壤肥力评估、种植规划和病虫害预警。在交通运输和物流领域，地理信息技术可以实现交通导航、路径规划和车辆调度等功能。在应急管理和救援行动中，地理信息技术可以提供灾害情报和紧急路线规划，帮助救援人员高效应对紧急情况。

2. 地理信息技术及其特点

地理信息技术的关键技术包括地理信息系统（GIS）、全球定位系统（GPS）、遥感技术、地理数据库和空间分析。这些技术的特点分别是数据集成与共享、全球覆盖与高精度定位、大范围观测与非接触式获取、空间数据存储与快速查询，以及空间关系分析与决策支持。在文旅产业中，地理信息技术的应用可以帮助文旅消费者更好地了解旅游目的地的地理信息，提供便捷的导航和定位服务，支持旅游资源管理与规划，为文旅产业的可持续发展作出贡献。

3. 地理信息对文旅产业发展的意义

地理信息技术在文旅产业发展中发挥着重要的作用，它为文旅资源的开发和评估、文旅规划与管理、文旅推广与营销、文旅体验提升、文旅产业数据分析与决策支持以及旅游安全与应急管理提供了强大的数据支持和决策依据。地理信息技术的应用使得文旅产业能够更加科学、智能地发展，为文旅消费者提供更丰富、便捷的文旅体验，推动文旅产业可持续发展。

地理信息对文旅产业发展的重要意义主要体现在以下几个方面：

(1) 地理信息技术在文旅规划与管理中发挥着重要作用。利用地理信息系统，可以对旅游目的地的空间布局进行规划和优化，合理规划旅游线路、交通路径和文旅设施，提高旅游的便捷性和舒适性。

(2) 地理信息技术为旅游推广和营销提供了有力的手段。利用地理信息系统和全球定位系统，可以实时定位和跟踪文旅消费者的位置，了解他们的旅游行为和偏好，从而精准推送旅游信息和服务，提高旅游的个性化和定制化水平。此外，还可以利用地理信息技术制作虚拟旅游地图和实景导航，为潜在旅游者提供更直观、丰富的旅游信息，吸引他们参与。

(3) 地理信息技术可以帮助提升旅游体验，为文旅消费者提供更便捷、丰富的旅游服务。利用全球定位系统和移动应用，文旅消费者可以实时获取导航、交通信息和实景导览，轻松规划旅游线路，减少迷路和时间浪费。此外，地理信息技术还可以为文旅消费者提供个性化的旅游推荐和定制化的文旅体验，根据文旅消费者的兴趣和需求，推荐最适合的文旅产业、活动和文化体验，增加文旅消费的趣味性和满意度。

(4) 地理信息技术为文旅产业数据分析和决策提供了强大支持。通过地理信息系统和空间分析，可以对文旅产业数据进行统计、模拟和预测，揭示旅游需求和趋势，帮助决策者制定科学、合理的文旅发展战略和营销策略。

(5) 地理信息技术在旅游安全和应急管理中具有重要意义。通过地理信息系统和遥感技术，可以实时监测旅游目的地的自然灾害和人为风险，提前预警和应对潜在的安全风险。此外，地理信息技术还可以帮助制定旅游应急预案和应对措施，提高应急反应和救援效率，保障文旅消费者的安全和权益。

(二) 区块链

1. 区块链概述

区块链技术作为一种颠覆性的技术，正深刻影响着文旅产业的发展。它的去中心化、不可篡改、透明等特点为文旅产业带来了更高的数据安全性、交易透明性和运营效率。它以其分布式账本、加密算法、智能合约等特点，为文旅产业带来了全新的机遇与挑战。

2. 区块链的关键技术

区块链技术的关键技术包括：

(1) 分布式账本。区块链是一种分布式账本技术，其数据不集中存储在某一中心服务器上，而是分布在网络的每个节点上。每个节点都有一份完整的账本副本，数据的一致性由共识算法保证。

(2) 区块与链。区块是区块链的基本数据单元，包含一定数量的交易数据。每当有新的交易产生，就会被打包成一个区块，并通过加密算法与前一个区块链接在一起，形成一个不断增长的链条。

(3) 加密算法。区块链使用密码学算法保障数据的安全性。通过哈希函数，将区块中的交易数据转化为唯一的哈希值，并将哈希值存储在下一个区块中，形成区块间的链接。

(4) 共识机制。区块链中的所有节点通过共识机制达成对数据的一致认可。不同区块链项目采用不同的共识算法，例如工作量证明(PoW)和权益证明(PoS)等。

(5) 智能合约。智能合约是一种自动执行合同条款的计算机程序，基于区块链上的代码执行。

3. 区块链技术的特点

区块链技术的特点表现为以下几个方面：

(1) 去中心化。区块链去除了传统中心化机构的参与，实现点对点的数据传输和交易，消除了中心化系统的单点故障风险。

(2) 不可篡改。区块链的数据一旦被写入，就难以被篡改。因为每个区块都包含前一个区块的哈希值，一旦有人试图篡改前面的数据，后续区块的哈希值也会发生改变，从而被其他节点拒绝。

(3) 透明性。区块链的数据是公开的、透明的，所有参与者都可以查看所有交易记录。这有助于提高信任和透明度，减少信息不对称问题。

(4) 安全性。区块链采用加密算法保障数据的安全性，每个交易都经过加密处理，确保数据的机密性和完整性。

4. 区块链对文旅产业发展的意义

区块链技术作为一种颠覆性的技术，正深刻影响着文旅产业的发展。它的去中心化、不可篡改、透明等特点为文旅产业带来了更高的数据安全性、交易透明性和运营效率。在未来，随着区块链技术的不断创新和应用拓展，它将在文旅产业中发挥更加重要和广泛的作用，推动文旅产业向着数字化、智能化和可持续发展迈进。

区块链技术在文旅产业中的应用内容包括：

(1) 提升文旅数据安全与隐私保护。文旅产业涉及大量敏感数据，如个人身份信息、支付信息等，区块链的分布式存储和加密算法保障了数据的安全性和隐私保护，有效防止数据泄露和盗用。

(2) 区块链技术可以改善文旅供应链管理，实现供应链数据的共享与实时更新，提高整体运营效率和透明度。

(3) 景区可以利用区块链技术开发数字纪念品和 NFT 产品，为文旅消费者提供独特的文旅体验，促进文旅消费的增长。

(4) 区块链技术可以应用于文化遗产保护，通过数字化资产化，对文化遗产进行溯源和保护。

另外，区块链的透明性和可追溯性可以增加文旅消费者对文旅产品和服务的信任度，提高文旅企业的竞争力。

第二节　数字文旅基础设施

数字文旅基础设施又称文旅信息化基础设施，包含了无线通信和网络设备、传感器和物联网设备、智能安防和监测设备、智能终端和交互设备、数据中心和指挥中心等，是支撑文旅产业数字化发展的关键组成部分，对文旅企业的数字化建设与发展具有重要作用：一是这些基础设施提供了通信、互联、互动，数据采集和数据处理的能力，有助于提高文旅企业的管理效率，为提升文旅消费者体验、资源管理、安全监控、数据分析与指挥调度等提供了必要的支持，同时也为文旅企业提供了数字化业务创新和发展的基础。例如，无线通信和网络设备为文旅景区提供稳定的网络连接，传感器和物联网设备用于收集环境数据和监测文旅景区内的各种情况。二是数字文旅基础设施之间密切相关、协同工作以支持数字文旅的发展。无线通信和网络设备为其他设备提供互联性与数据传输，传感器和物联网设备提供数据输入与数据采集，智能安防和监测设备监控景区的安全，智能终端和交互设备提供文旅消费者互动与体验内容，而数据中心和指挥中心则是信息处理和资源协调的中枢。这些基础设施的协同作用有助于提高景区的管理效率、安全性和文旅消费者体验，也为数字文旅技术的应用提供了可靠的支持。

一、无线通信和网络设备

无线通信和网络设备在数字文旅领域扮演着桥梁的角色，将文旅消费者连接在一起，实现信息的传递和互动。文旅消费者可以随时随地使用智能手机、平板电脑等终端设备，浏览景区信息、查找导航、分享照片等。这不仅增加了文旅消费者的自由度和个性化体验，也为文旅景区提供了更多的商业机会，如推出定制化的数字导览服务、移动支付、在线预订等。

（一）无线网络

无线网络又称无线通信网络，是一种在没有物理连接线的情况下，通过电磁波传输信息的技术，实现在不同设备之间传送声音、图像、视频和数据，而无须使用传统的电缆或线路连接。无线网络在日常生活中被广泛应用，常见的无线联网类型包括 Wi-Fi 网络、移动网络（3G、4G、5G）、蓝牙（Bluetooth）、Zigbee、NFC 等。其中移动网络对数字文旅的发展至关重要。随着移动通信技术的迅猛发展，5G 网络不仅提供了更高的带宽和更快的传输速度，还具备低延迟的特点，为文旅消费者提供了更加流畅的在线体验。

（二）网络设备

网络设备的主要目标是确保设备之间可以互相通信和共享信息。常见的网络设备包括：

(1) 路由器（Router）：路由器是连接多台计算机或设备，并将数据包转发到正确位置的设备。

(2) 交换机（Switch）：交换机用于在局域网内部连接多台设备，以实现更快速和精确的数据传输。与路由器不同，交换机通常用于内部网络通信。

(3) 无线网络设备（AP）：无线网络设备允许无线设备（如手机、笔记本电脑）连接到局域网或互联网。它们创建了一个无线区域，称为无线网络，以供设备连接。

(4) 防火墙(Firewall):防火墙用于保护网络免受恶意攻击和未经授权的访问。它监视数据流量,阻止潜在的威胁进入网络。

二、传感器和物联网设备

随着技术的发展,传感器和物联网设备的应用日益普及,传感器和物联网设备在数字文旅发展中扮演着至关重要的角色。通过传感器和物联网设备实现实时数据采集、互联互通和智能化分析,改变了文旅体验的方式和管理方式。

另外,传感器和物联网设备之间密切相关。传感器是数据的源头,它通过感知物理环境或对象的参数并将其转化为数字信息。物联网设备则将传感器采集的数据收集、传输、处理,并通过互联网进行通信。这两者的协作使得数据可以实时、远程地上传到云端,进而进行分析和控制。

(一) 传感器

传感器(Sensors)是一种用于感知和测量环境或物体属性的设备。它们可以检测温度、湿度、光线、运动等物理量,并将这些信息转化为电信号或数字数据。传感器广泛应用于文旅产业中,利用各种传感器能够监测文旅消费者流量、设备状态、天气情况、环境情况等信息并提供实时数据。

数字文旅应用中常见的传感器包括:

(1) 气象传感器,用于测量风速、降雨量、大气压等,提供天气信息。

(2) 温度传感器,用于测量温度,广泛用于气象预报、冷暖设备控制等。

(3) 湿度传感器,用于测量空气湿度,常见于气象、农业和室内环境监控中。

(4) 氧气传感器,在高海拔地区提供氧气浓度信息,有助于文旅消费者适应高原环境。

(5) 光传感器,用于检测光线强度,应用于照明控制和光敏感等。

(6) 声音传感器,用于检测声音和声音强度,应用于语音识别、噪声监测等。

(7) 水质传感器,用于检测游泳池、海滩或湖泊的水质,确保游泳者的安全。

(8) 水位传感器,用于监测河流、湖泊、水池、海滩等水域的水位高度。

(二) 物联网设备

物联网设备(IoT Devices)是与物联网或互联网连接的智能设备,通常包括传感器以及能够与其他设备和互联网通信的硬件和软件。这些设备能够收集数据、与其他设备互动,并通过互联网将信息传输到云端进行处理和分析。

物联网设备在文旅产业中的应用广泛而重要。它们为文旅消费者提供了更智能的体验，包括智能导航、自动化酒店管理、安全监控和便捷支付。这不仅提高了消费者满意度，还提升了文旅业务的效率和安全性。同时，物联网设备收集文旅消费者数据，有助于文旅服务提供者了解文旅消费者需求，提供更个性化的服务，从而吸引更多文旅消费者并增加收入。

数字文旅应用中常见的物联网设备包括：

(1) 水位监测设备。水位监测设备用于监测景区内的水体，如湖泊、河流或人工水池。它们通常通过传感器来实时测量水位高度。这些设备可以帮助景区管理者监测水位的变化，以防止洪水或干旱等水相关问题，同时也可以提供旅游水域的安全信息。

(2) 水质监测设备。水质监测设备用于分析水体的化学成分和污染物含量。它们通常包括传感器和实时数据传输系统。这些设备用于保持水体的质量和安全，确保旅游者可以在清洁的水域中娱乐和活动。

(3) 智能窨井盖。智能窨井盖装备了传感器和通信技术，可帮助管理者实时监测井盖位置和状态，防止事故发生，同时还可以提供数据用于城市规划。

(4) 智能垃圾桶。智能垃圾桶配备传感器，可以检测垃圾容量和填充率。它们还可以压缩垃圾，减少垃圾收集频率。这些设备能够提高垃圾收集的效率，降低人力成本，同时也有助于保持景区的清洁和环保。

(5) 智能路灯。智能路灯配备了传感器和控制系统，可以根据需要调整照明强度，还可以监测交通和环境条件。这些设备可以提高路灯的节能效果，减少能源浪费，同时还可以改善夜间道路安全和提供更好的照明。

这些物联网设备在数字文旅场所中发挥了重要作用，不仅提高了运营效率，还有助于保护自然资源、提供更安全的环境和提升文旅消费者体验。通过实时数据收集和监测，景区管理者可以更好地管理和维护这些资源。

三、智能安防和监测设备

在数字文旅领域，安全始终是一项重要的任务。智能安防和监测设备的应用，提升了旅游者和设施的安全水平，为文旅场所提供安全保障，对景区、酒店、博物馆等文旅场所的运营和管理提供了有力支持。

(一) 智能安防概述

智能安防系统基于先进的传感器技术、视频监控、人工智能、数据分析和云计算等多种技术，实现全方位的监控和安全管理。除了能够实时监测人员和物品的动态，检测异常行为，识别潜在的危险因素，还能够通过自动化警报系统或远程操作来应对威胁。例如，高清摄像头、人脸识别技术等智能安防设备，为景区提供了多层次的保障。在文旅产业中，智能安防系统的应用已经成为至关重要的一部分，它不仅可以保障文旅消费者和员工的安全，还可以提高文旅产业的运营效率和管理水平。另外，智能安防和监测设备的数据分析功能，也为景区运营和管理提供了有力支持。文旅消费者流量数据可以帮助优化资源分配，合理安排人员和设施，提升文旅场所的整体管理效率。

（二）智能监测设备

智能监测设备是一类具备高度自动化和智能化功能的技术装置，广泛应用于各类数字文旅场所，为文旅场所提供安全保障。这些设备通过集成传感器、数据处理单元和通信技术，通过智能分析算法监测异常状态，实时监控并响应安全事件。在文旅场所常见的智能监测设备包括：

(1) 监控摄像头。监控摄像头是智能安防的核心组成部分，用于监视不同区域的活动。它们可以提供实时视频流，并记录事件的视频和图像。

(2) 智能安防摄像头。除了传统的监控摄像头，智能摄像头还具有高级功能，如人脸识别、车牌识别、行为分析等。这些功能可以更精确地检测异常活动。

(3) 入侵检测系统。入侵检测系统使用传感器、门磁、红外感应器等设备来监测未经授权的进入。当有人越过指定区域或打破门窗时，系统会触发警报。

(4) 门禁系统。门禁系统控制人员进出特定区域，通常使用刷卡、密码、指纹识别或面部识别等身份验证方式。门禁系统用于限制未经授权的进入，并记录人员的出入记录。

(5) 火警报警系统。火警报警系统使用烟雾探测器、火焰探测器和温度传感器等设备来监测火警风险。当系统检测到火警或烟雾时，会自动触发警报并通知相关人员。

(6) 智能警报系统。智能警报系统结合了传感器、摄像头和数据分析，可以自动识别和报告潜在的威胁，如异常行为、包裹遗弃、入侵等。

(7) 智能安防巡检机器人。这些机器人配备摄像头、传感器和导航系统，可以巡检建筑物内外，监测异常情况，并报告问题。它们还可以自动充电和执行巡检任务，减轻人力成本。

四、智能终端和交互设备

智能终端和交互设备是数字文旅体验的主要媒介，这些设备通常配备有触摸屏、声音、图像和视频等多媒体展示技术，为文旅场所的管理与服务提供支撑。

（一）智能终端

在数字文旅应用场景下，智能终端是指装备了先进计算和通信技术的设备，用于提供各种互动、信息传递和自助服务功能。这些终端包括触摸屏信息亭、自助售票机、检票闸机、平板电脑、智能手机、导览设备、自助点餐终端等。智能终端的作用是为文旅消费者提供更便捷、个性化和互动性的体验。它们能够提供实时信息、导览服务、自主购票、点餐、支付、互动娱乐等功能，大幅提升文旅消费者的满意度，同时也有助于提高文旅管理部门的管理效率，降低运营成本。

以下是数字文旅场所常见的智能终端设备：

(1) 自助售取票机。这些机器位于文旅场所入口或售票处，允许文旅消费者自助购买门票或换取在线预订门票。文旅消费者可以选择票种、支付方式，并获得电子或纸质门票。自助售取票机简化了购票流程，减少了排队时间，能提供更便捷的入场体验。

(2) 智能检票闸机。智能检票闸机是用于景区、博物馆或体育场馆入口等文旅场所的检票设备，它们通过扫描电子门票或身份证件来验证文旅消费者的身份，并控制入场。智能检票闸机提高了门票管理的准确性和效率，减少了人工检票的工作量，确保只有合法文旅消费者进入。

(3) 酒店自助服务终端。酒店内的自助服务终端允许客人自助办理入住手续，包括检查房间可用性、填写登记表、获取电子钥匙或房卡。自助服务终端提供了更快速、便捷的入住体验，减少了前台排队等待。

(4) 自助售货机。自助售货机通常位于文旅场所内的便利店或商店，提供各种商品，从零食到纪念品。文旅消费者可以随时购买所需物品，无须等待商店开门或排队结账。

(5) 智能导游机器人。这些机器人是用来与文旅消费者互动，提供导览、回答问题和提供信息的机器。它们通常配备摄像头和语音识别技术。智能导游机器人为文旅消费者提供了互动性的导览体验，能够提供实时信息和建议。

(6) 智能客房服务机器人。这些机器人被用于酒店客房服务，可以送餐、送物品等。智能客房服务机器人提高了客房服务的效率，减少了员工的工作负担，能提供更快速的客房服务。

(7) 手持设备。手持设备通常由工作人员使用，通常用于处理订单或信息查询服务。这些设备可以是智能手机、平板电脑或特定的移动终端。手持设备使工作人员能够在场地内迅速回应文旅消费者需求，如提供订单查询、检票、点餐等。

(二) 交互设备

数字文旅场所广泛使用各种交互设备，为文旅消费者提供信息获取、旅游导览、互动性和娱乐、沉浸式体验等内容。这些交互设备的目标是为文旅消费者提供更多个性化选择，让他们可以更好地探索、了解和享受数字文旅场所的各种资源和体验。这些设备不仅丰富了文旅消费者的游览体验，还促进了互动和交流，提高了文旅场所的吸引力和竞争力。常见的交互设备包括：

(1) 信息发布屏。信息发布屏是安装在文旅场所关键位置的大型屏幕，用于向文旅消费者提供实时信息和通知，如天气预报、活动通告、紧急信息等。它们帮助文旅消费者及时获取重要信息，提供方便的导览和安全提示，提升文旅消费者体验。

(2) 多媒体触摸屏。多媒体触摸屏是可交互式操作的一种设备，文旅消费者可以通过触摸屏幕浏览地图、场所信息、活动日程、美食推荐等。该设备一般安装在文旅场所服务中心，为文旅消费者提供个性化的导览和信息访问，文旅消费者可以自主规划行程和深入了解文旅场所。

(3) 交通诱导屏。交通诱导屏一般位于文旅场所的主要入口或停车场，提供实时交通信息、停车位可用性和导航指引，帮助文旅消费者找到停车位，减少交通拥堵，提供更顺畅的入场体验。

(4) 虚拟现实(VR)设备。VR 设备是头戴式设备，将用户带入虚拟世界，如历史场景或冒险体验。这些设备增强了文旅消费者的沉浸感，为他们提供独特的体验，可以是虚拟旅游、文化互动或娱乐游戏。

五、数据中心与指挥中心

(一) 数据中心

数据中心是一个集中存储、处理和管理数据的核心设施，是一个先进而高效的技术枢纽，它为文旅企业的各项业务提供可靠的信息管理与处理服务，为文旅企业提供全面而准确的数据支持。数据中心由一系列的服务器、存储设备、网络设备等组成，其设计和建设遵循国际领先的数据中心标准，以确保信息的安全性和稳定性。

数据中心的功能与作用：

(1) 数据收集与监控。数据中心通过各种传感器和监控设备，实时收集并存储各类数据，如文旅消费者人数、气象信息、交通状况等。

(2) 数据存储与管理。数据中心负责收集、存储和管理文旅企业内各个部门所产生的大量数据。这些数据包括文旅消费者流量、门票销售、文旅场所资源利用情况、员工管理等方方面面的信息。通过对这些数据的实时监测和分析，管理团队能够更好地了解运营情况，为决策提供准确的依据。

(3) 数据分析与决策支持。数据中心通过高效的计算和处理能力，对收集到的数据进行整合、分析和挖掘。这些数据分析报告为文旅企业的决策者提供重要参考，帮助他们做出更明智的决策，优化文旅资源配置，提升文旅消费者体验。另外，通过数据预测未来可能出现的情况,如文旅消费者到访高峰期、天气变化等,为管理决策提供科学依据。

(4) 安全保障。数据中心采取多重安全措施,确保各种业务数据的机密性和完整性。比如,通过防火墙、数据加密技术、定期备份等手段以确保数据不受未授权访问,降低数据丢失的风险。

(二) 指挥中心

文旅场所的指挥中心是一个高效的运营与应急指挥平台,它汇集了各类资源与信息,负责对文旅场所运营与旅游者服务进行全面监控与调度。指挥中心的设立使得管理团队能够更加迅速地做出反应,应对各类突发事件,确保文旅消费者的安全和畅游体验。

指挥中心功能与作用:

(1) 运营监控。指挥中心通过多功能的监控系统,实时监测文旅场所内的各项运营指标,如文旅消费者流量、交通状况、设施设备运行状态等。通过对这些数据的分析,指挥中心可以及时发现问题和矛盾,并采取相应措施,确保文旅场所正常有序运营。

(2) 应急指挥。文旅场所是一个开放的环境,自然因素和人为因素都可能引发各种突发事件,如自然灾害、紧急救援等。指挥中心是应对这些突发事件的核心机构,它能够迅速调度各种资源,组织应急救援行动,最大限度地保障文旅消费者和员工的安全。

(3) 沟通协调。文旅场所的运营需要多个部门的密切合作与配合。指挥中心作为协调机构,负责各部门之间的沟通与协作。它可以实时传递信息,快速响应需求,确保各项工作顺利开展。

第三节　数字文旅应用场景

文旅产业的数字化应用在管理、营销、服务和体验等多个方面发挥着关键作用,提升了文旅行政管理部门及文旅企业的管理水平、营销能力,同时为文旅消费者提供更丰富、便捷和个性化的文化和旅游体验内容。因此,数字化应用已经成为文旅产业不可或缺的一部分,为整个产业的未来发展提供了新的机遇和挑战。

一、数字化管理场景

数字化管理在文化和旅游领域的应用正在日益普及和深化。随着数字科技的快速发展,景区、酒店、博物馆等文旅场所正积极探索数字化管理方案,以提升服务质量、提高效率、优化文旅消费者体验，同时满足旅游目的地的可持续发展和管理需求。

一是文旅场所方面，在数字化管理的支持下文旅场所可以更加高效地运营和管理，为文旅消费者提供更便捷、个性化的服务。通过智能化的门票系统，文旅消费者可以在线购票、预约游览时间，避免长时间排队等待。同时，文旅场所可以利用数字技术进行文旅消费者流量预测和管理，优化文旅场所布局，确保游览体验的流畅和安全。

二是酒店方面，数字化管理可以为酒店提供更加便捷和个性化的客户服务。例如，酒店可以通过移动应用提供在线办理入住和退房，为客人提供更灵活的入住体验。同时，数字化管理还可以帮助酒店收集和分析客户反馈，及时解决问题，提高客户满意度。

三是旅游目的地方面，主管部门通过数字化管理系统可以实时监测旅游目的地的运营情况，收集各类数据和信息，进行科学决策。例如，主管部门可以利用大数据分析文旅消费者流量和需求，指导文旅场所和酒店的优化规划和资源配置。数字化管理可以加强主管部门与景区、酒店、博物馆等场所之间的沟通和协作。数字化管理可以为主管部门提供更加便捷和高效的监督和管理手段，提升综合执法和监管水平。

综上所述，数字化管理在文化和旅游领域的应用具有重要的意义。通过数字化管理，景区、酒店、博物馆等场所可以提高服务质量，优化文旅消费者体验，同时实现资源的合理利用。主管部门也可以借助数字化管理系统，更好地推动和监督文旅产业的发展，促进旅游目的地的可持续发展。随着数字科技不断进步，数字化管理将在文旅产业发挥越来越重要的作用。

二、数字化营销场景

数字化营销在当今文旅产业中扮演着愈发重要的角色。它是一种利用数字技术手段，通过互联网和社交媒体等渠道，推广景区、酒店、博物馆和旅游目的地等文旅主体的方式。下面介绍不同文旅主体如何利用数字化手段吸引文旅消费者，提升文化旅游体验。

一是景区方面，随着互联网技术的迅速发展，景区数字化营销成为景区推广的重要方式。景区管理者可以借助数字媒体平台，如社交媒体、微信小程序和官方网站，积极传播景区信息。比如，景区可以通过定期发布优美的图片和视频，展示景区的美景、文化底蕴以及文旅消费者的欢乐时光。同时，景区也可以借助用户生成内容（UGC）来吸引更多文旅消费者。鼓励文旅消费者在社交媒体上分享游览体验、旅游故事，有助于扩大景区的影响力和知名度。

二是酒店方面，在数字化时代，酒店数字化营销已经不再是简单的线上预订服务。酒店可以通过建立自己的官方网站和移动应用程序，提供全方位的在线预订和客户服务体验。酒店还可以利用搜索引擎优化（SEO）技术，确保在搜索引擎中的排名较高，让更多潜在客户找到并选择入住。另外，酒店可以通过邮件营销、社交媒体广告等手段，与现有客户保持联系，提供个性化的推广和优惠，增加客户的回头率。

三是博物馆场所，数字化营销的核心是将传统博物馆体验与数字化技术相结合，吸引更多的参观者。通过建立虚拟博物馆，博物馆可以将展品在线展示，使用户可以在互联网上随时随地浏览博物馆的珍藏。此外，博物馆还可以设计线上互动体验，比如在线解谜游戏、虚拟导览等，让参观者在参观中获得更多乐趣和知识。

四是旅游目的地方面，旅游目的地可以通过建立官方网站和社交媒体账号，宣传当地的自然风光、历史文化和民俗风情。在吸引文旅消费者的同时，旅游目的地还可以推出在线文旅体验，如虚拟旅游、全景漫游等，让潜在消费者提前感受旅游目的地的魅力。此外，旅游目的地还可以与旅行社合作，通过在线旅游团购和特惠机票酒店等方式，吸引更多文旅消费者前往旅游目的地。

因此，数字化技术在景区、酒店、博物馆、文旅主管部门和旅游目的地等文化和旅游主体营销方面发挥着重要作用。通过借助数字化技术手段，这些主体能够更加有效地传播信息，吸引文旅消费者，提升消费者体验，促进文旅产业繁荣发展。在未来，数字化营销必将继续成为文旅领域的重要趋势，不断推动文旅产业向前发展。

三、数字化服务场景

数字化服务在文旅产业中的应用日益广泛，它通过整合先进的信息技术和互联网资源，实现了景区导览、智能酒店、博物馆数字展览、数据分析和旅游目的地推广等多个场景，提升了服务质量和效率，不仅为景区、酒店、博物馆、文旅主管部门以及旅游目的地带来了许多便利和创新，还为文旅消费者带来更加便捷和丰富的文旅体验，也为文旅产业的可持续发展提供了有力支持。下面将介绍几个典型的数字化服务场景。

一是景区方面，数字化服务为旅游者提供便捷、个性化和丰富的游览体验，常见的数字化服务包括景区导览系统、虚拟现实和增强现实体验、无线网络覆盖、在线预订和购票服务、人脸识别入园、移动支付、数字化旅游者服务中心、智能语音导览以及个性化推荐和营销等内容。这些数字化服务不仅提升了旅游者的游览体验，也为景区提升管理效率和吸引力带来了新的机遇。

二是酒店方面，数字化服务包括在线预订酒店、自助入住、智能门锁、移动支付、智能客房控制、酒店 Wi-Fi、在线客房服务、智能客服与人工智能、个性化营销和客户关怀、数据分析和管理等内容，为客人提供更加智能化、便捷化和个性化的入住体验。这些数字化服务不仅提高了客人的满意度和忠诚度，也提升了酒店的管理效率和竞争力，是酒店业务升级和转型的重要推动力量。

三是博物馆场所，数字化服务在展示方式、服务手段和文化传播效果上都带来了革命性的变化。常见的博物馆数字化服务有数字展览、虚拟展览、数字导览、互动式展览与体验、在线预订、数字解说、数据管理等多方面内容，使得博物馆的参观体验更加丰富、多元化，也提升了博物馆的管理效率和吸引力。比如，利用虚拟现实技术，为参观者呈现丰富的文物和艺术品，提供多角度观赏和互动体验；提供多语言版本的数字解说，使更多国际参观者能够理解展览内容；设置互动装置和触屏设备，让参观者能够参与展览，深入了解文物的历史和文化价值；数字导览服务为参观者提供导览地图、线路规划等信息，帮助参观者更好地规划参观路线，节约时间，更全面地了解展览内容。

四是旅游目的地方面，随着数字化时代的来临，政府部门积极推动数字化转型，通过数字化公共服务在政府与公众之间架起了无形的桥梁，推动文旅公共服务高质量发展，为文旅领域提供更加智能、高效和便捷的公共服务，以满足公众的需求，提升政府服务水平，促进文旅产业的发展与升级。常见的数字化公共服务包括：① 数字化政务服务，提供在线办事、电子证照、行政审批等服务。② 智慧旅游服务，包括景区导览、旅游线路规划、实时交通信息等，为旅游者提供更便捷、全面的旅游信息，提升旅游者的旅游体验。③ 公共安全服务，利用数字化技术，实现对旅游景区、文化场所等的安全监控和预警，发布天气、交通等重要信息，帮助文旅消费者做好出行规划和风险防范，保障文旅消费者和公众的人身财产安全。④ 其他公共服务，如咨询服务、投诉服务等。

综上所述，数字化服务在文旅产业中的应用为景区、酒店、博物馆、文旅主管部门以及旅游目的地带来了巨大的发展潜力。随着科技不断进步和应用场景不断扩展，数字化服务必将继续推动文旅产业向更加智慧和便捷的方向发展。

四、数字化体验场景

随着数字文旅的发展，数字化体验成为文旅领域的一大趋势。数字文旅不仅仅是一种新型的旅游方式，更是一种融合了智慧和创意的全新文旅体验。景区、酒店、博物馆及旅游目的地等文旅场所借助数字化科技为文旅消费者提供更加丰富多彩的文旅体验，从而提升文旅消费者的旅游体验感与满意度。

一是景区方面，可以通过小程序或 App 提前预约门票，避免了排队等待的烦恼，入园的时候可以直接刷二维码或刷人脸快速入园，快捷方便。进入景区后旅游者会感受到浓厚的数字化氛围。比如，景区内的信息亭上都配备了触屏显示屏，旅游者可以通过触摸屏幕获得各种景点的介绍、路线规划、历史文化背景等信息。在游览过程中，旅游者可以通过扫描二维码，获取导游讲解，还可以通过 AR 技术观看历史场景的重现，身临其境地感受古人的生活状态。景区还利用人工智能技术进行旅游者流量分析，实时监测景点拥堵情况，并通过信息发布大屏或微信公众服务号向旅游者发布景区舒适度及道路情况，并提供智能推荐路线，使旅游者的游览更加高效、便捷。在智慧景区场景下类似的数字化体验内容还有很多。

二是酒店方面，智慧酒店也是住宿业发展的主要方向。大家会发现目前的酒店前台减少或没有传统的接待员，而是由智能机器人为顾客提供办理入住服务。顾客只需在自助终端上输入预订信息，便可轻松完成入住手续办理。另外，酒店客房内设有智能控制系统，顾客可以通过手机 App 或者语音助手调节室温、光照、视听等设施，让住宿体验更加舒适和智能化。此外，酒店还提供虚拟现实技术，让顾客在房间里就能体验不同的旅游目的地风光，让旅途的愉悦感在入住时就开始了。

三是博物馆场所，随着技术的发展，在博物馆领域提出了数字化博物馆，数字化技术让博物馆展示更加生动活泼。参观者在进入博物馆时，会得到一部支持虚拟导览的智能设备，导览设备通过感应技术与博物馆展品互动，为参观者提供详尽且生动的解说。参观者还可以通过 AR 技术，观看历史场景的重现，感受历史的厚重与璀璨。数字化博物馆还拓展了展品的表现形式，利用全息投影技术展示珍贵文物，让参观者仿佛与文物亲密接触。此外，数字博物馆还设置了互动展示区，参观者可以通过触摸屏幕或者体感设备，参与到历史的漩涡中，增加了参观者的参与感和体验感。

四是旅游目的地方面，数字化旅游目的地是数字化体验的集大成者。这里融合了景区、酒店、博物馆等多种文旅资源，通过数字化技术进行有效整合和互联互通。旅游者可以通过一个综合性的旅游 App 或小程序（如“一部手机游某某地”），获取目的地的各类信息，包括景点介绍、住宿预订、文化体验项目、特色美食等。通过智能推荐系统，旅游者可以根据自己的兴趣和需求，定制个性化的旅游线路和体验方案。数字化旅游目的地通过数据共享，能够实现资源优化配置，提供更加多样化、个性化的旅游体验。另外，也为旅游者提供各类公共服务内容，如智能客服、旅游者咨询、旅游者投诉、服务评价等。

案例阅读

数字化转型助推黄山智慧旅游服务

本章小结

本章主要介绍了数字文旅的技术、基础设施以及应用场景。随着数字化浪潮的兴起，文旅产业正经历着前所未有的变革与创新。数字技术的融合为文旅产业注入了新的活力，极大地拓展了业务边界，提升了文旅消费者体验，助力产业的可持续发展。

第一节详细介绍了数字文旅的核心技术。互联网与物联网的交织，将世界连接成一个庞大的信息网络，文旅消费者可以通过互联网提前了解、规划行程，物联网则使得文旅场所设施管理更加高效。云计算和大数据的应用，使得文旅企业能够灵活运用资源，通过大数据分析实现个性化推荐，从而提升文旅消费者满意度。人工智能与虚拟现实技术为文旅产业带来了全新的体验，虚拟现实的沉浸感和人工智能的智能服务正逐渐成为文旅产业的新亮点。地理信息与区块链技术则增强了文旅产业的可信度和安全性，为文旅信息的精准传递和数据的保护提供了重要支持。

第二节重点介绍了数字文旅的基础设施。无线通信和网络设备的普及，使得文旅消费者能够在任何时间、地点保持畅通的网络连接，便于信息的获取和分享。传感器和物联网设备的广泛应用，使得文旅场所等能够实时监测环境，从而更好地进行资源管理，提升文旅消费者的安全感。智能终端和交互设备的引入，丰富了文旅消费者的互动体验，让文旅消费者能够更加便捷地获得信息、导航和娱乐。数据中心和指挥中心的建设，则为数据的集中管理和监控提供了强有力的支持。

第三节聚焦于数字文旅的应用场景。数字化管理场景使得文旅企业能够更高效地进行资源调配和管理，从而降低成本，提升效益。数字化营销场景则通过数字技术手段，为文旅企业和旅游目的地提供更广泛的宣传和推广机会，吸引更多文旅消费者前来参观。数字化服务场景着重于文旅消费者的体验，智能导览、移动支付等服务的引入，为文旅消费者提供更便捷、个性化的服务，提升文旅消费者满意度。数字化体验场景为文旅消费者带来全新的感官体验，虚拟现实和增强现实技术的应用，让文旅消费者能够身临其境地探索不同的世界。

练习与实践

1. 请解释互联网和物联网在数字文旅应用中的区别和联系，以及它们在文旅产业中分别有哪些应用。请列举至少两个实际场景。

2. 解释云计算和大数据在文旅产业中的作用。提供一个具体的案例，说明如何利用大数据分析来提升文旅消费者的体验。

3. 人工智能和虚拟现实如何在文旅产业中发挥作用？请用至少两个实际案例说明它们如何提升文旅消费者的体验。

4. 数字文旅基础设施有哪些类型？请列举至少四种类型，并简要描述每种类型的作用。

5. 数字文旅应用场景有哪些？请列举至少四种类型，并简要描述每种应用场景的内容及作用。

即测即评

第二篇　数字文旅策划

第三章　数字文旅创意策划概述

学习目标

1. 理解数字文旅创意策划的基本概念、特点、原则和方法。

2. 了解数字化与沉浸式文旅体验升级之间的关系。

3. 掌握数字文旅场景体验的主要内涵和表现形式。

1. 数字文旅体验升级涌现出了消费的新业态、新模式和新场景，这些新趋势加速着产业结构转型升级的同时，也在日益丰富着民众的精神世界，是满足人民对美好生活向往的重要途径。

2. 数字文旅作为从智慧旅游、旅游智能化再到旅游数字化的巨大跃进，对传统文化和旅游策划影响巨大。

3. 数字文旅策划的核心是创新产品和场景体验，如何通过消费升级来贯穿数字文旅策划的全过程，还需要进一步思考。

案例导入

只有红楼梦·戏剧幻城

第一节　数字文旅策划理论

一、数字文旅策划的定义

在本书的第一章我们曾对“数字文旅”的概念进行了界定，它的其中一层含义是指通过数字产品与文旅产业的结合，将数字产品转化为旅游吸引物，实现旅游场景的数实融合。数字文旅策划正是实现这一融合的过程。与传统的文旅策划不同，数字文旅策划的创意重点是利用增强现实（AR）、虚拟现实（VR）以及人工智能（AI），并融合文化创意元素，为文旅消费者营造沉浸式的文旅体验，即数字沉浸文旅体验。数字沉浸文旅是一种新型的旅游方式，通过全景式的视、触、听、嗅觉交互体验，让文旅消费者完全融入情境中，从而获得“身临其境”的感觉。这种体验通常具备叙事性、互动性和多感官的特点，旨在满足文旅消费者对深度体验的需求。数字沉浸文旅的高阶形式即“文旅元宇宙”。文旅元宇宙通过重新构建“人、物、场”元素，创造新奇独特的文旅活动场景，提供沉浸体验、社交开放、现实再现、文明展示等价值。本章将结合丰富的案例对数字沉浸文旅策划和元宇宙理念下的数字文旅创意进行理论讲解，并在下一章分类别进行数字文旅策划实务的介绍。

“策划”一词出现得比较晚，在《辞源》中作策书、筹谋、计划、谋略解。古代以“策”“谋”“筹”“算”“划”等单个字来表达策划之意。数字文旅策划包含如下几层含义：

（1）数字文旅策划围绕创意、构想，确定既定的目标和方针，使数字文旅项目开展的各项工作从无序变为有序，使人们对项目发展变化的趋势及可能带来的后果能够正确把握。最终确定实现的目标和需要解决的问题。

（2）数字文旅策划可以对数字文旅项目方案进行比较和选择。围绕某一目标可以确定多个策划方案，并对确定的策划方案进行比较，最后选择科学、合理的方案。策划还要根据环境的变化对方案进行调整，以保证策划对环境的适应。

（3）数字文旅策划是按照一定的程序进行运作的系统工程。策划为了保持方案的成功率，不可避免地要经历策划前的调查和所处环境的分析，策划目标的确定和调整，拟订策划创意方案，策划方案评价、筛选，策划方案的调整、修正等一系列程序。最后，保证形成一个合理的策划。

（4）数字化技术在策划过程中作为工具和手段，促成文旅创意的最终实现。文旅创意内容的生成和落地是数字文旅策划的最终目标。

综上，数字文旅策划可以概括为：策划者为了实现文旅项目或产品的创意效果，在调查、分析资料的基础上，为了未来要发生的效果而预先进行的一种谋划活动，是按照科学的流程，运用数字化技术手段，对未来工作或事件进行系统、全面地构思、谋划和部署的一种创造性思维活动。

二、数字文旅策划的特征

（一）创新性

数字文旅策划注重创新性，即概念和理念的创新，这是策划的本质特征。数字文旅策划的关键是对数字技术、文化资源和旅游设施服务资源进行整合，产生新绩效和创新。策划注重通过资源整合对即将发生的活动、工作或事物进行创新，这是数字文旅策划的精髓所在。

（二）资源整合性

策划过程中需要使用数字资源、物质资源、文化资源或关系资源，这是策划的物质基础。因此，这些资源一定是具有整合性和实用性的，这是数字文旅策划的必备条件。

（三）目的性

策划应该有目的性。无论做什么事都要有方向、有目标，策划是一个行为过程，不仅是人的行为过程，也是资源配置的行为过程，因此，达到一定预期目标，是策划的目的，目的性在一定程度上的量化过程，就成为目标。因此，达到预期目标是策划的目的。数字文旅策划的目的是要实现创新的文旅项目和产品，提升文旅消费者体验、文旅服务品质和文旅企业绩效，最终促进文旅产业高质量发展。

三、数字文旅策划基本原则

策划原则是基于实践经验提炼概括的策划指导原理和实施准则。数字文旅项目在策划基本原则的指导下开展，才能保证项目的可行性与综合效益最大化。

（一）协调性原则

数字文旅项目集各种资源于一体，其开发是一个系统工程，涉及与社会经济、文化、政治和生态环境相关的许多部门和行业，因此，会受到各种因素的干扰。为使项目正常工作，策划者必须从整体出发，系统分析整体与局部之间的相互影响、相互制约的关系，对系统与系统之间、要素与要素之间、系统与环境之间的联系认真分析。整个策划过程遵循系统协调性原则，使各要素、各环节和谐统一，相互之间有机配合，形成一个完整的数字文旅策划方案。

（二）特色化原则

特色是文旅项目产生吸引力的源泉。每一个数字文旅项目策划的对象不同、面临的环境也不同，为了使创造差异化，同时为了引起关注，策划必须做到与众不同，才能在激烈的市场竞争中获胜。实践中经常遇到的项目失败案例的原因可以归结为因为过度强调规模和速度而忽略了项目的特色之处，从而导致了大量文旅项目主题相互模仿、千篇一律，缺乏吸引力和竞争力。文旅项目的特色来源于创新，这种创新可以是主题创新、理念创新或者运营模式创新，文旅项目只有做到与众不同、独一无二，不断地寻找文旅项目的亮点、热点才能使文旅项目保持其特色。

（三）可操作性原则

文旅项目策划的目的是确保文旅项目方案的成功，这就要求策划者从实际情况出发，按照一定的程序，制定出最合理、优化的方案。一个方案是否可行主要看策划方案带来的利益、效果、风险等指标；考虑策划方案是否以最低的成本得到最大的效益；考察文旅项目是否以科学理论为指导；考虑策划方案是否合法，是否符合项目实际。因此，在考虑数字文旅策划方案时，应尽可能多地掌握文旅项目的各种现实情况，并对其进行客观分析，最终开发成可行性强的方案，以取得经济、社会和生态环境的统一。

（四）效益性原则

数字文旅策划是一种经济活动，成功的数字文旅策划应能创造较高的经济效益。数字文旅策划涉及大量的人力、物力、财力及许多相关社会资本，如果策划不系统，就会导致资源和投入资本大量浪费，产生较高的风险。因此，数字文旅策划必须坚持效益性原则。在数字文旅策划过程中，要明确文旅项目所追求的社会效益和经济效益，为实现效益最大化合理分配资源。

四、数字文旅策划基本方法

（一）头脑风暴法

头脑风暴法又称集体思考法、智力激励法或BS法等，是由现代创造学的创始人、美国学者奥斯本于1938年首次提出的，是一种激发创造性思维的方法。这一方法的核心操作是通过召开专家座谈会，让专家畅谈自己的观点，对所要解决的问题进行分析解读，然后把专家的意见和分析有条理地汇总起来，形成统一的结论，在此基础上，找出各种问题的症结所在，提出有针对性的创意。

这种技巧需要策划者具备出色的组织协调能力，能够聚焦策划主题，激发各专家的兴趣，以更好地发掘专家们潜藏的智慧。头脑风暴法可以让专家相互启发、齐心协力，在头脑中引发思绪的风暴，激发灵感，产生全新的想法，并最终策划出出色的方案。但是使用头脑风暴法时也要注意专家人数的限制，专家挑选不当也容易导致策划失败；邀请的专家也会因为自己在业界的地位和名誉而不愿意当众说出与其他人相异的观点。

（二）专家调查法

专家调查法也称德尔菲法，是由美国兰德公司在 20 世纪 60 年代首创和使用的一种特殊的策划方法。它是指采用网络、电话或问卷等方式反复征询专家小组成员的意见，做出统计，如果结果不趋向一致，就再次向专家征询，直至得出比较统一的方案为止。

文旅项目可以采用这种方法来设计、验证方案。此种方法采用匿名方式反复多次征询专家意见或进行背对背地交流，可消除成员间互相影响，并充分发挥专家的智慧和知识，最后汇总成专家一致的看法作为预测结果。

专家调查法的程序一般是：确定调查目的，拟订调查提纲，提供相关资料；选择熟悉本问题的专家，一般 20 人左右，包括理论和实践等方面的专家；以通信方式向各位选定专家发出调查表，征询意见；对返回的意见进行归纳综合，定量统计分析后再寄给有关专家；经过几轮反复征询、资料统计分析，直到取得一致的意见。

（三）运筹学方法

运筹即运算筹划、以策略取胜。策划者进行数字文旅策划时，要借助运筹学的方法来关注并提高文旅项目的质量与效率。在数字文旅策划中使用运筹学原理就是要使用分析与预测相结合、定量与定性相结合的科学方法，在充分考虑内外的环境和约束条件下，合理配置整个文旅项目中的人力、物力、财力等资源，统筹兼顾各环节之间的关系，从而使策划方案能够有效实施，达到利益主体的效益最大化，并体现文旅项目可持续发展的长效性。

第二节　数字化与沉浸式体验升级

一、数字沉浸文旅体验内涵

从 20 世纪 50 年代开始，沉浸式娱乐在全球逐渐兴起，并随技术应用和场景创新不断推进。“沉浸”一词最早可追溯到 1975 年，是由匈牙利籍心理学家米哈里·契克森米哈赖（Mihaly Csikszentmihalyi）提出的。“沉浸体验”也可称为“沉醉感”或“最佳体验”（Csikszentmihalyi，1975），是指人们在开展某些活动时投入所有精力而达到的一种忘我状态。1955 年全球首个迪士尼主题公园落地，标志着沉浸式实景娱乐正式登上舞台。伴随着沉浸式文旅产品日益丰富多元，产业边界不断融合拓展，形成了互动性、私密性、体验性、叙事性、视觉性及参与性等显著特征。从功能上来看，数字沉浸文旅可以理解为是数字技术、文旅场景、虚拟体验等内容的叠加。因此，可以将数字沉浸文旅定义为以数字技术为基础，以体验为核心，通过塑造超真实的感官感受，带给旅游者身体和精神双重愉悦的一种"沉浸体验"行为。数字沉浸文旅与传统文旅体验的最大区别在于空间的"现场"与"非现场"、消费者的"在场"与"非在场"、展示内容的"有限"与"无限"。

2023年文化和旅游部公布了首批20个"沉浸式文旅新业态示范案例"（见表3-1），其内容涵盖了演艺、夜游、展览展示、主题街区及娱乐四个领域，可以看出沉浸式体验是一种通过环境渲染、场景打造、内容IP以及数智技术等手段，让参与者在超越现实世界的物理或虚拟空间中获得感官震撼和情感共鸣，进而完全沉浸于故事、角色和情境之中，达到一种忘却自我的临场互动体验。这种体验完全不同于传统的文旅体验，而是一种建立在5G、增强现实、虚拟现实、人工智能、元宇宙等技术之上的一种全新文旅盛宴。

表3-1　2023年沉浸式文旅新业态示范案例

沉浸式类型	沉浸式项目	项目特色
沉浸式演艺	又见平遥	从室外实景演出走向室内情境体验模式创新
	重庆·1949	360度旋转式舞台营造沉浸式体验
	知音号	长江首部漂移式多维体验剧
	遇见大庸	采用全新的移动式沉浸观演骑乘装置系统
	寻梦牡丹亭	创新设计沉浸交互表演场景
	天酿	在茅台源地的山水空间打造出重度沉浸、虚实相生的旅游演艺产品
沉浸式夜游	不眠之夜	无对白场景沉浸式剧目
	西安大唐不夜城	通过"商业+""活动+""演艺+""智慧+"等形式，创新打造文旅夜游经济
	夜游锦江	运用游船载体+媒体装置+戏剧场景+建筑群体的方式，创新天府文化再现景观
	北京国际光影艺术季"万物共生"	立足"人与自然是生命共同体"，创造崭新的数字生态艺术公园
	奇妙·夜德天	亚洲首个沉浸式跨国夜游互动体验项目
	梦境光雾山	大型行浸式山水夜游项目

续表

沉浸式类型	沉浸式项目	项目特色
沉浸式展览展示	扬州中国大运河博物馆	5G 大运河沉浸式体验馆
	北京世园公园植物历险记探索体验展	数字化实现探险恐龙时代的中国艺术
	上海天文馆(上海科技馆分馆)	建立沉浸式体验、交互式探索、观景式学习的观展氛围
	新四军江南指挥部纪念馆	弘扬铁军精神,传承红色基因的数字实践
沉浸式街区(主题娱乐)	长安十二时辰	室内深度营造大唐长安市井的沉浸式文化生活场景
	花山世界·花山谜窟主题园区	以谜窟历史为文化内核的沉浸式智慧旅游园区
	沈阳中街步行街	沉浸式历史文化街区
	teamLab 无界美术馆	新媒体艺术作品与科技结合的集成展

二、数字沉浸文旅主要特征

数字科技赋予的文旅沉浸式体验的主要特征集中体现为“情境”体验的升级。谢彦君(2005)在国内最早提出旅游情境概念并开展研究,认为旅游情境是对旅游者具有主题体验意义的空间场,并将其分为旅游氛围情境和旅游行为情境。但是沉浸式文旅下的情境体验更加强调身临其境的文旅时空场景、文旅体验的具身性、文旅消费者行为的感知等方面,相较于智慧旅游时代的旅游体验有以下三个显著的特征。

(一) 超越时空的虚实相生体验

数字沉浸文旅产业依靠大尺寸包裹式数字影像、虚拟现实、增强现实、建筑投影(Mapping)、人工智能(AI)等技术,使得沉浸式文旅体验呈现出虚实相生的特征。数字科技突破了地域限制,通过环境、空间搭建等方式为观众带来沉浸的现场感,破解了诸多如不可移动文物无法在其他城市、展馆等空间内展出的难题,以便更多的人领略到中国乃至世界的人文奇观。

(二) 跨越阶层的时尚化消费

数字沉浸文旅营造的场景是对现实时空的延伸和再现,消费者在游览过程中带来的经济效益将超越传统文旅项目仅仅通过销售商品获取的收入。数字沉浸环境将观众置于在强烈的视听刺激中,加上情境氛围的营造,为消费行为的转化提供了便利。数字沉浸文旅市场的崛起培养了观众全新的艺术观影习惯，特别是数字沉浸展览中绚丽多彩的色彩和震撼视听体验，使观众能够与作品深度互动，推动人们的消费方式向以体验和感受为核心和具有场景化色彩的时尚消费转变。

（三）引领Z世代的文化认同观念

数字沉浸文旅技术的广泛应用不仅使Z世代领略到中华优秀传统文化乃至世界多元文化魅力，还可以对文化认同观念的养成起到助推作用。年轻观众通过数字沉浸技术可以体验未曾接触过的全新文化景观，尤其是数字沉浸所带来的独特感官体验，将激发他们对实际景观的兴趣，从而推动传统文化旅游产业进一步发展。未来，数字沉浸文旅将通过数字引领实体、虚拟推动现实、线上带动线下的方式，利用多渠道、多手段、多主题构建以文化为核心的旅游产品，成为该领域未来的发展趋势。

三、数字文旅沉浸式体验新空间

数字文旅沉浸式体验新空间是旅游产品数字化的创新模式之一，主要利用增强现实、虚拟现实、人工智能等数字科技，融合文化创意等元素，在旅游景区、度假区、产业园区、休闲街区、博物馆等场所，通过文旅融合、虚实结合、增强现实等方式，为文旅消费者提供深度参与和互动体验的一种旅游产品和消费场景。2023年3月，文化和旅游部按照树标杆、强引领的原则，开展了智慧旅游沉浸式体验新空间推荐遴选暨培育试点工作。8月3日，经省级部门推荐、专家评审和公示，文化和旅游部公布了首批24个全国智慧旅游沉浸式体验新空间培育试点名单，涵盖了五大类场所，分布于16个省（区、市），为加快推动文旅产业结构优化升级提供了示范引领（见表3-2）。

表3-2　第一批全国智慧旅游沉浸式体验新空间培育试点名单

序号	培育试点项目名称	依托空间	项目主体	推荐单位
1	中国共产党历史展览馆（“长征”沉浸体验、飞越影院）智慧旅游沉浸式体验新空间	文博场馆	中国共产党历史展览馆	—
2	teamLab无相艺术智慧旅游沉浸式体验新空间	休闲街区	北京光禹莱特悦和数字科技有限公司	北京市文化和旅游局
3	亮马河国际风情水岸智慧旅游沉浸式体验新空间	休闲街区	北京滨水乐游科技有限责任公司	北京市文化和旅游局

续表

序号	培育试点项目名称	依托空间	项目主体	推荐单位
4	无界·幻境智慧旅游沉浸式体验新空间	主题公园	石家庄旅投集团旅游发展有限责任公司、河北伯君企业管理咨询有限公司	河北省文化和旅游厅
5	SoReal焕真·平遥科技艺术馆智慧旅游沉浸式体验新空间	旅游景区、工业遗产	平遥古城景区管理有限公司、北京当红齐天国际文化科技发展集团有限公司	山西省文化和旅游厅
6	EX机器人未来科技馆智慧旅游沉浸式体验新空间	度假区	大连新次元文化科技发展有限公司	辽宁省文化和旅游厅
7	长白山传奇飞行体验馆智慧旅游沉浸式体验新空间	产业园区	长白山保护开发区传奇文化发展股份有限公司	吉林省文化和旅游厅
8	上海迪士尼度假区(翱翔·飞越地平线、加勒比海盗——沉落宝藏之战)智慧旅游沉浸式体验新空间	主题公园	上海国际主题乐园有限公司	上海市文化和旅游局
9	上海天文馆(元宇宙时光机)智慧旅游沉浸式体验新空间	文博场馆	上海天文馆(上海科技馆分馆)、上海市临港新片区行政服务中心(上海市临港新片区大数据中心)、联通(上海)产业互联网有限公司	上海市文化和旅游局
10	X-META机遇时空元宇宙主题乐园(风起洛阳VR全感剧场)智慧旅游沉浸式体验新空间	休闲街区	上海沉浸机遇科技开发有限公司	上海市文化和旅游局
11	中国大运河博物馆(流动的文化)智慧旅游沉浸式体验新空间	文博场馆	扬州中国大运河博物馆	江苏省文化和旅游厅
12	苏州湾数字艺术馆智慧旅游沉浸式体验新空间	度假区	京东方艺云(苏州)科技有限公司	江苏省文化和旅游厅
13	拈花湾夜间智慧旅游沉浸式体验新空间	度假区	无锡拈花湾文化投资发展有限公司	江苏省文化和旅游厅

续表

序号	培育试点项目名称	依托空间	项目主体	推荐单位
14	宁波方特旅游区(女娲补天、致远致远、飞翔)智慧旅游沉浸式体验新空间	旅游景区	华强方特(宁波)文化旅游发展有限公司	浙江省文化和旅游厅
15	南昌VR主题园智慧旅游沉浸式体验新空间	产业园区	南昌虚拟现实主题乐园有限公司	江西省文化和旅游厅
16	尼山圣境文化夜游智慧旅游沉浸式体验新空间	旅游景区	曲阜尼山文化旅游投资发展有限公司	山东省文化和旅游厅
17	只有河南·戏剧幻城智慧旅游沉浸式体验新空间	旅游景区	河南建业实景演出文化发展有限公司中牟分公司	河南省文化和旅游厅
18	《飞越清明上河图》球幕影院智慧旅游沉浸式体验新空间	旅游景区	开封清明上河园股份有限公司	河南省文化和旅游厅
19	《夜上黄鹤楼》智慧旅游沉浸式体验新空间	旅游景区	武汉星月云旅游开发有限责任公司	湖北省文化和旅游厅
20	Z-BOX智慧旅游沉浸式体验新空间	休闲街区	广州新起典文旅科技有限公司	广东省文化和旅游厅
21	《天下大足》智慧旅游沉浸式体验新空间	旅游景区	重庆大足石刻国际旅游集团有限公司	重庆市文化和旅游发展委员会
22	自贡方特恐龙王国(恐龙危机、地心历险)智慧旅游沉浸式体验新空间	主题公园	华强方特(自贡)旅游发展有限公司	四川省文化和旅游厅
23	长安十二时辰智慧旅游沉浸式体验新空间	休闲街区	西安唐时良辰文化旅游发展有限公司,陕西文化旅游股份有限公司	陕西省文化和旅游厅
24	新疆维吾尔自治区博物馆(千年之语)智慧旅游沉浸式体验新空间	文博场馆	新疆维吾尔自治区博物馆	新疆维吾尔自治区文化和旅游厅

(一) 旅游景区新空间

近年来,随着文旅融合边界不断拓展,国内目的地核心景区正加速由观光式旅游向体验式旅游转变,通过打造数字文旅沉浸式体验新空间,促进传统景区转型升级,延伸出新型消费业态和产业链条。在首批入选的24个项目中,依托旅游景区设计开发沉浸式体验新空间的项目有6个,涵盖了数字艺术、文化夜游、文旅演艺及特种电影等沉浸式细分领域。文旅场所沉浸式体验新空间相较于传统的景区开发而言，呈现出不同的特点。

第一，变资产包袱为资源优势。SoReal焕真·平遥科技艺术馆位于平遥古城西大街，是在原平遥县棉织厂旧址上改造而成，总建筑面积2 600平方米，项目总投资2 453.5万元。设计团队由北京当红齐天集团齐笑、张艺谋、王磊共同担纲，通过运用数字化技术和创意，成功将闲置资产转化成为一座充满艺术气息的“SoReal超体空间”，让2 800岁的平遥古城实现了智慧、科技与历史韵味的完美融合。

第二，IP赋能文旅创新融合。近年来，各地核心景区和文旅企业争相拥抱数字化技术，主动推进数字文旅产品体系建设，通过地域文化IP创新开发沉浸式体验新空间，推动文旅场所产品升级和转型发展。例如，本次入围的“尼山圣境文化夜游”“只有河南·戏剧幻城”和“夜上黄鹤楼”3个沉浸式体验新空间，都是地域特色文化IP与景区智慧旅游相结合的成功案例。比如，由建业集团联袂王潮歌导演打造的“只有河南·戏剧幻城”，是一座全沉浸式戏剧主题公园，占地622亩，总投资金额达60亿元。该项目以黄河文明为创作根脉，运用沉浸式艺术手法，并以独特的“幻城”为载体，立体讲述中原华夏农耕文明的历史和传奇故事，不仅是全国规模最大、演出时长最长的戏剧群落，也是传统旅游演艺向文旅演艺升级的典范，创造了开业10天7次亮相央视的神话。

第三，个性化新空间崛起。除前述项目外，文旅场所个性化、小众化的数字文旅沉浸式体验新空间也备受青睐，成为文旅主题景区中最受欢迎、吸引力最强、重复体验率最高的项目之一。例如，河南开封的“飞越清明上河图”项目，以北宋传世佳作《清明上河图》为主题，以巨型球幕影院为载体，利用虚拟与现实等数字科技，让文旅消费者穿越于3D版“千年历史画卷”之中，身临其境感受宋代开封的辉煌盛景。还有位于大足石刻游客中心的《天下大足》特种电影，在球幕影院内，文旅消费者可以沉浸式地体验释迦涅槃圣迹图、千手观音造像石刻等精华，为接下来游览大足石刻提供全景式的认知体验。此举不仅有效地分流了文旅消费者，还为游客中心带来了二次消费收入。

(二) 休闲街区新空间

随着休闲街区和网红街区的兴起，各地开始相互模仿复制，导致同质化问题越来越严重。虽然休闲街区市场竞争日益激烈，但仍有一些项目能够脱颖而出，成为该行业的佼佼者。盘点此次入选的5个休闲街区智慧旅游沉浸式体验项目，它们不仅是街区文商旅与科技融合的范本，还实现了产业转型和迭代升级，并成功赢得了持续的“流量”和“留量”。Y和Z世代消费者已经成为沉浸式体验新空间的主要受众，传统休闲或商业街区提供的购物、娱乐和夜市“老三样”，已经无法满足这代人对场景体验的新需求。因此，以满足文旅消费者多元化、个性化和互动性强的消费体验为导向，以构建“购、娱、体、展、演”等多业态融合空间为载体，已成为传统休闲街区向数字文旅沉浸式体验转型的新趋势。

一是融汇文商旅，赋能新消费。以北京“teamLab 无相艺术空间”为例。该项目坐落于北京朝阳区大悦城内，展馆面积达 10 000 平方米，挑高 11 米，是由北京光禹莱特倾力打造的国内最大的沉浸式数字艺术永久展览空间。凭借强大的“国际影响力”与“内容稀缺性”，成为朝阳区重要的文商旅融合新地标，并形成了近端向心力与远端辐射力，吸引京津冀乃至全国文旅客群。该项目 2022 年 12 月底正式运营，开业 3 个月就吸引近 20 万人次到访。

二是穿越古与今，破壁二次元。近年来，随着国潮文化的兴起和元宇宙场景的崛起，越来越多的年轻人迷上了“二次元”旅行。例如，上海的“风起洛阳 VR 全感剧场”，占地约 600 平方米，是爱奇艺旗下推出的全球首个 VR 全感·跨次元娱乐项目。该项目以爱奇艺热门剧集 IP《风起洛阳》为蓝本，实景演艺与 VR 全感互动相结合，让玩家在增强现实的互动空间中往复穿梭，沉浸在 1 000 多年前神都洛阳的繁华盛景中。电影《长安三万里》的热映，再度点燃了观众心中的“长安热”，观众对正在升级中的“长安十二时辰”充满新期待。据陕文投集团发文称，即将推出的 3.0 版“长安十二时辰”，将新增“簪花仕女舞”“万邦来朝”“长相思”“琵琶行”等五大演出和十多处 NPC 定点互动场景。

三是水岸新场景，夜游新体验。亮马河国际风情水岸位于北京朝阳区燕莎路，是朝阳区打造的“城市河岸 + 文商旅 + 科技”沉浸式夜游新场景。该项目依托亮马河、蓝色港湾和朝阳公园等天然资源，利用 AR/VR、元宇宙等数字技术对河岸上不同载体进行创意设计，通过自然景观、光影技术和视听技术的完美结合，形成了总面积约 80 万平方米的“1 河 2 湖 24 桥 18 景”沉浸式廊道，成功实现了以河道治理促进城市更新的目标。亮马河国际风情水岸沿线拥有 12 万平方米的夜间营业空间，汇集了约 400 家国内外知名品牌，创造了集游船体验、光影桥体、文化娱乐和主题演绎于一体的夜间文旅消费带。乘船过程中，文旅消费者可穿越友谊桥、麦家桥、好运桥、铂宫船闸等水域创意景观，漫步于两岸，体验异国风情的餐厅、咖啡馆、小酒馆等新空间，欣赏“型走亮马河”国际时装秀带来的视听盛宴。

（三）主题公园新空间

随着数字技术的快速发展，沉浸式概念和 VR/AR 等技术在主题公园领域的应用愈发普及，经历了从产品为王到品牌为王再到体验为王的迭代变化。现在的主题公园不再仅仅是单纯的游乐场所，更是能够引发人们情感共鸣的新型体验空间。此次入选的 3 个主题公园沉浸式体验新空间就是其中的典型代表。

一是国际知名品牌 IP 联动。上海迪士尼作为内地首家迪士尼主题公园，成功地引入了国际知名 IP 联动策略。其中，“加勒比海盗——沉落宝藏之战”是根据同名电影系列进行设计，利用影像技术和 3D 特效巧妙还原了电影中的场景和角色，文旅消费者在杰克船长带领下体验一次惊险刺激的海上寻宝历程。而“翱翔·飞越地平线”是在迪士尼加州冒险乐园的基础上全新演绎而来，通过虚拟仿真技术，让文旅消费者可以俯瞰世界最具代表性的地标景点，享受一次沉浸式的飞行之旅。

二是注重文化与科技融合。宁波方特旅游区东方神画和东方欲晓是华东地区首个坐拥“双园”的大型文化科技主题公园，也是华强方特“美丽中国三部曲”的经典之作。其中，运用全球顶级技术和设备打造的《女娲补天》《致远致远》《飞翔》等一系列沉浸式互动体验项目，成功入选首批全国智慧旅游沉浸式体验新空间。例如，在《女娲补天》中文旅消费者驰骋远古回溯中华传说源头，在《致远致远》里乘风破浪穿越壮烈的海战，在《飞翔》中俯瞰祖国名山大川与时代巨变。

三是原创型光影主题乐园。位于河北正定滹沱河艺术生态岛的“无界·幻境”国际光影主题公园，占地约 9 万平方米，是河北省首个行浸式光影艺术原创 IP，也是国内首个岛上沉浸式光影主题乐园。乐园囊括了 12 大主题沉浸式光影艺术空间，融合了文化、艺术、科技、旅游、消费等多元新型消费场景，通过灯光投影、原创音乐、互动装置、3Dmapping 等现代数字科技“借景构景”，提供了城市文化娱乐休闲与自然相融合的实践样本。

（四）文博场馆新空间

随着博物馆游和文博热的兴起，以“沉浸”为核心的空间设计和策展形态日益进化，运用智能装备、混合现实、光影技术和互动技术等科技手段，为观展者打造出超越现实的沉浸式体验新空间，激发人与展品之间的互动交流。这种新颖形式不仅呈现出科技感、互动性和趣味性等特点，同时也成为当代文博场馆发展的一种重要趋势。

一是体验与体悟相结合。例如，中国共产党历史展览馆打造的“长征”沉浸体验和飞越影院这两个项目，通过技术与艺术表现形式相结合，实现了体验与体悟相统一的目标。在红军长征沉浸式“4D+ 六面”影院体验区，参观者可以逼真地感受血战湘江、强渡乌江、飞夺泸定桥时的战火纷飞，体会红军爬雪山、过草地时的艰苦卓绝。在《飞越中国》项目中，体验者在驾驶舱中飞越革命圣地，感悟中华民族伟大复兴的历史进程，有效地提升了参观者的历史投入感。

二是呈现与再现相结合。例如，扬州中国大运河博物馆在展厅设计中，广泛运用 5G+VR、投影技术等科技手段，打造的“5G 大运河”沉浸式体验区、“河之恋”720 度环幕等特色沉浸式体验空间，全流域、全时段、全方位展示了大运河“流动的文化”。同样，由新疆博物馆推出的新疆首部博物馆沉浸式文物创意舞台秀《千年之语》，通过全息投影技术将文物融入生活场景，还原文物所处的时代背景、生活风貌和艺术样式，让观众穿越千年时光，走进浩瀚的历史长河。

三是时间与空间相结合。上海天文馆作为全球建筑面积最大的天文主题场馆，已成为备受瞩目的元宇宙新地标，经常一票难求。在这里，运用5G、人工智能、大数据和数字孪生等先进技术构建的“元宇宙时光机”数字孪生平行世界，实现了“时间可穿越、空间可折叠、展项可延伸”的效果。通过触碰屏幕上的季节、时间、天气选项，参观者可以欣赏到难得一见的冬日雪景或夏至光辉，更能一键实现时光流转和畅游未来，甚至可以穿越到宇宙中的任意时刻。

（五）度假区新空间

相比传统旅游景区沉浸式体验新空间，旅游度假区更加注重数字文旅项目的近端向心力与远端辐射力，通过布局具有高吸附力的沉浸式体验新空间和新业态，吸引年轻消费者和以家庭为单位的度假客群。

一是科普基地 + 人机对话。位于大连金石文化博览广场的EX机器人未来科技馆，总投资1亿元，是国内规模最大的数字文化展厅之一，也是目前首个对公众开放的仿生机器人研发机构。在这里，参观者可以亲身参与到仿生机器人的研发和生产过程中，近距离感受最先进科学技术在机器人控制、声纹合成、动作捕捉、面部识别等方面的应用，并与仿真机器人进行沉浸式智能互动对话。这种新型体验空间对拉动金石滩旅游经济具有重要引流作用。

二是看美展 + 观文博 + 赏好剧。苏州湾数字艺术馆位于苏州湾大剧院，总建筑面积约14 000平方米，展厅面积约5 000平方米，是一座集数字艺术展览、演出、科技创新、文化交流于一体的现代化文化科技馆。馆内常设展区有“灵境”“灵眸”及特展“画游千里江山”，通过数字化形式呈现了珍贵的人类艺术品。此外，苏州湾数字艺术馆还与苏州湾博物馆和苏州湾大剧院实现了空间互动、业态互补和流量互换，形成一个综合性的艺术文化集聚区。

三是特色小镇 + 夜游体验。灵山小镇·拈花湾坐落在无锡马山国家风景名胜区纯净的山水之间。近年来，为顺应沉浸式夜间旅游的新趋势，灵山小镇依托拈花湾山水禅境和景观建筑，借助现代数字多媒体技术和舞台表演艺术，创新打造了拈花湾《禅行》沉浸式体验项目，创构形成了集观演互动、文旅融合和深度体验于一体的全新夜游模式，并成为国内文旅小镇夜间旅游的典范。来到这里，文旅消费者随处可以感受到禅意生活的真谛，忘却疲惫、心生自在。

（六）文化产业园区新空间

为有效防止和避免出现“空壳园区”“僵尸园区”等现象，各地积极优化文化产业园区结构布局，通过加快数字化文化产业培育，打造文化科技融合和文旅消费集聚区，为文化产业园区的转型升级和高质量发展提供了强有力的支持。其中，依托文化产业园区推出的特色文旅产品和新业态，让不少产业园区在出圈出彩的同时，实现了品牌和市场的双赢。

以长白山传奇飞行体验馆为例。该馆坐落在长白山文化创意产业园内，占地面积达到6 900 平方米，文旅消费者抵达长白山国家公园游客中心便可前往参观。该项目由飞行模拟乘骑设备、球幕系统、球幕影片、特效系统、演出控制系统、AV 系统、灯光系统和安防系统等多个部分组成，其中核心内容为飞行模拟乘骑设备和球幕影片体验。走进飞行体验馆时，文旅消费者通过球幕和裸眼 4D 可真切感受《飞越长白山》带来的震撼。在 360 度无死角的球幕中，文旅消费者能够完全沉浸在长白山的壮丽风光中，欣赏到四季长白山的奇幻美景。除此之外，长白山文化创意产业园还推出了精品力作《飞越神州》，从鸿蒙幻象中的飞天舞曲开始，跨越昆仑山脉、穿越九曲黄河、欣赏桂林山水、挑战珠穆朗玛峰，完成“坐地日行八万里”神州之旅。

第三节　元宇宙与场景优化设计

一、元宇宙与场景设计

（一）何谓“元宇宙”？

元宇宙一词最早出自美国科幻小说《雪崩》，小说中描绘了一个与现实世界平行的虚拟世界，即元界（Metaverse）。目前，学界对元宇宙的研究远未达到成熟的形态，尚未形成统一的标准和明确定义，还存在很大的想象空间和不确定性，各界对元宇宙及其未来发展展开了热烈的讨论。简而言之，元宇宙就是利用科技手段进行链接与创造，与现实世界交互映射的虚拟世界，是具备新型社会体系的数字生活空间。元宇宙是数字化转型的最终形态，有望成为集娱乐、社交、学习、生产、生活为一体的数字世界，与现实世界紧密融合。

在技术派看来，元宇宙是各种先进技术组合、叠加而产生的效果，在扩展现实（XR）、增强现实（AR）、虚拟现实（VR）、互联网（Internet）、人工智能（AI）、区块链、云计算、数字孪生等新技术的融合下，形成独特的虚拟空间，使玩家沉浸其中，有极强的具身性，体验感超强，一旦进入则难以自拔。这一定义的特点是清晰、实在和实用，坚持这一观点的是相关领域的科学家和技术专家。

在艺术派看来，元宇宙是数字艺术尤其是 VR 艺术的新疆域和新市场。认为元宇宙技术集群突飞猛进，与当代艺术产生强烈的碰撞，刺激着艺术家的灵感，催生全新艺术样式，使“当代艺术危机”更为突出。持这一观点的是艺术家与艺术评论家，尤其是当代艺术和新科技艺术从业者，其特点是积极、浪漫和唯美，其目标是借助新技术寻找美学表达的新形式。

在学术派看来，元宇宙是虚实交融的数字虚拟空间，是新技术带来的互联网的革命性升级，不断对现实社会和物理空间造成巨大的冲击。持这一观点的是人文社会科学学者以及各种知识分子，关注的问题是新科技与人的关系、对社会的影响。因此，其最大的特点是反思性，警惕元宇宙推进可能导致的社会风险，目标是让元宇宙更好地造福人类社会。

（二）元宇宙的主要特征

1. 技术的整合性

元宇宙利用数字孪生技术来创建现实世界的影像，在实现沉浸式体验方面采用了扩展现实和脑机接口等技术，利用区块链技术建立经济系统，并借助人工智能技术将虚拟世界与现实世界密切融合，允许每位用户进行内容创作。

2. 时空的扩展性

元宇宙对现实世界的空间和时间进行了多方面的延伸，打造了一个与现实接近又超越现实的全新世界。在元宇宙中，时间和空间是以数据形式存在的，是不连续的。空间被视为无限的，允许主体存在于多个空间之中。而时间是具有回溯性的，使得过去、现在和未来都可以跨越。

3. 人机融合和共生

在元宇宙社会中，自然人、机器人和虚拟人共同融合生活，自然人在与整个元宇宙社会的互动中增强了感知、行动和决策的能力，机器人则拓展了自然人在现实空间的能力，虚拟人增强了自然人在虚拟空间的能力。

4. 经济增值性

元宇宙中的数字资产与现实资产一样，具备可交易性，拥有价值属性，数字货币作为交易媒介，能够代表任何商品的价值。同时，数字资产在元宇宙中所具备的来源于内容、定制、情感等创意驱动的异质性价值，使得其经济价值得到提升。

（三）元宇宙场景设计

通过重新构建人、物、场元素，元宇宙创造了文旅活动场景，提供沉浸体验、社交开放、现实再现、文明展示等价值。不仅如此，场景还为数字文旅环境下的旅游情境概念提供了新的视角，通过日益复杂和动态的连接方式改变了文旅消费者的时间和空间感知，形成了数字文旅的新时空环境。

一是虚拟空间的设计。运用元宇宙理念在空间层面开展数字文旅活动，让用户沉浸在虚拟主题场景中，脱离现实世界，创造出极富真实感和临场感的数字文旅空间。

二是用户身份的设计。在文旅元宇宙世界中，用户可以拥有多重“数字身份”，体验不同历史人物的生活故事，深刻感受历史事件和旅行场景。

三是体验感知的设计。通过元宇宙的虚实结合和数字身份的运用，用户可以随时随地重温文旅场景和活动空间，提升服务体验。元宇宙与数字文旅的核心优势在于提升用户体验，文旅元宇宙打破了传统文旅活动受时间、天气、交通等限制的局面，实现了用户沉浸、多样和逼真的体验。

二、文旅元宇宙应用场景分类

与沉浸式文旅空间的“非现场”、消费者的“非在场”、展示内容的“无限性”不同的是，元宇宙利用科学技术手段，让文旅消费者完成“视觉、听觉、嗅觉、味觉、情感、情绪、心理、生理”等全方位喜怒哀乐的体验，更可以在虚拟世界里感受快意恩仇的行侠仗义、惊心动魄的参与战争、生离死别的唯美爱情等不同故事场景，文旅元宇宙更加强调广泛的分享、高效的交互、有质感的体验和便捷信息的共享。

文旅元宇宙将实现突破时空、跨越虚实的沉浸演艺、智慧空间、虚拟展览、数字文创、线上旅游、社会教育等典型场景应用，用虚拟共生、真实体验开启全新的数字文旅时代，具体可以划分为十大文旅元宇宙应用场景（见图 3–1）。

（一）文旅空间类

文旅空间类元宇宙应用场景如图 3–2 所示。

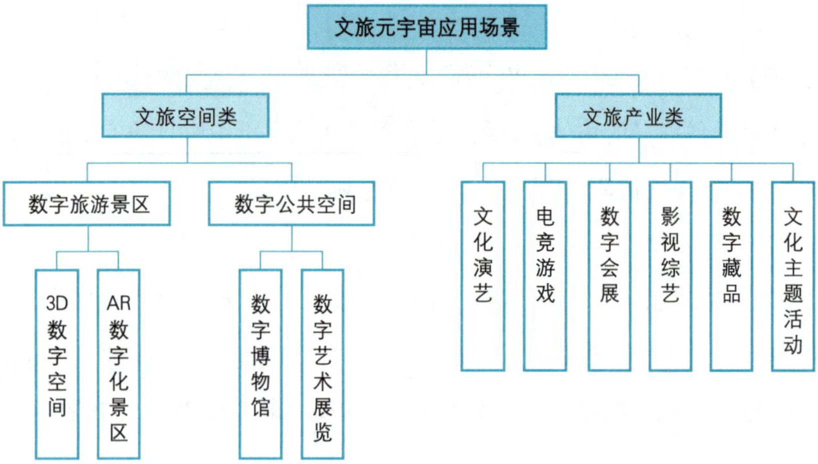

图 3-1　文旅元宇宙应用场景

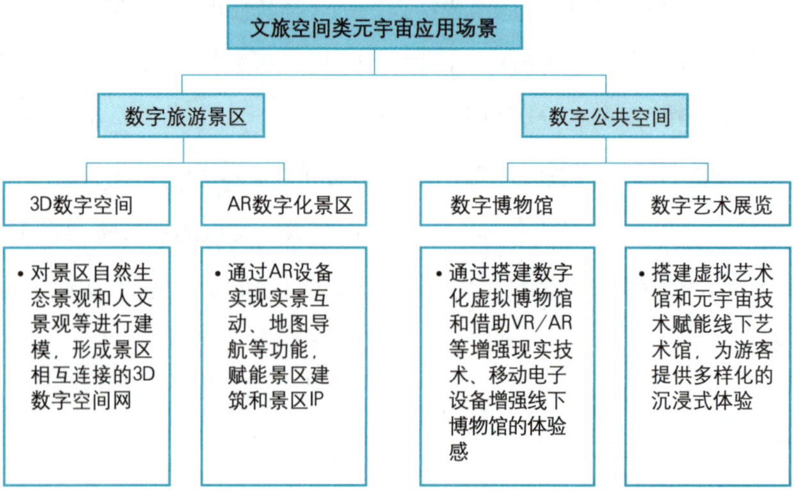

图 3-2　文旅空间类元宇宙应用场景

1. 3D 数字空间

在元宇宙中，旅游景区拥有各种先进技术，如数字孪生建模、3D 渲染和全息成像，为旅游者提供随时随地、身临其境的文旅体验。景区利用卫星遥感、卫星成像、地图、现场测绘和 GIS 等技术来采集和生成基础景区地理 3D 信息模型，将自然生态景观中的树木、草坪、水体等各种自然物体进行详细建模，并利用 AI 技术自动完成其余物体的建模。此外，利用数字孪生技术构建数字孪生空间，使元宇宙景区节点能够连接到其他景区空间，最终形成一个互相连接的 3D 数字空间网络。这种 3D 数字空间的建设不仅可以作为线下旅游的补充，还可以为旅游者提供低成本、方便快捷、身临其境的非接触式旅游体验，旅游者也可以通过家庭头戴显示设备或全息影像投影来 360 度全方位参观游览景区。

2. AR 数字化景区

AR 技术与景区的结合，能够实时地将虚拟模型或场景与现实环境融合，为旅游者带来更多探索式游览的乐趣。第一，AR 实景互动。借助 AR 技术，旅游者在景区通过手机或者 AR 眼镜参与历史事件还原，甚至可以扮演历史人物沉浸式地参与游戏解密、AR 寻宝以及剧本杀等体验。全新的数字内容与线下空间充分融合，能够为景区运营带来持续性的价值。第二，AR 赋能 IP，打造吸引旅游者的特色元素。很多文旅景区开始运用元宇宙技术打造景区 IP，旅游者可以与特色 IP 进行 AR 合影，体验与 IP 联动开发的 AR 互动游戏以及 AR 纪念品等。第三，AR 赋能建筑。设计师可以基于文旅景区本身借助 AR 技术为用户呈现出更加震撼、富有沉浸感的视觉效果，给景区建筑带来更多创新的可能。第四，AR 地图导航。AR 景区导航系统可以实现快速定位，提高出行效率，提升景区体验和管理水平。景区通过 AR 技术为旅游者提供了 360° 沉浸式体验，真正实现人、景、物的多维度实时交互体验。

3. 数字博物馆

随着文博内容的数字化突飞猛进，大量的博物馆展览采用了多种形式的数字技术，使展览的形式愈发生动多样，为元宇宙文博的发展奠定了基础。

在数字博物馆领域，一些博物馆正在利用新技术如数字图像采集、云计算和人工智能等来数字化扫描、记录和永久保存博物馆文物。比如，中国国家博物馆的数字展厅展示了 50 余个展览，涵盖了历史文物、艺术珍品和国外文物等不同领域；同时，故宫博物院与腾讯合作，采用“数字化 + 云化 +AI 化”技术来实现文物的采集、存储和展示，助力打造“数字故宫”。

在实体博物馆方面，元宇宙的“虚实结合”理念为博物馆带来了新生机会。博物馆利用增强现实技术、移动电子设备等工具，提升了物理景点的可探索性。以自然历史博物馆应用 AR 技术为例，参观者可以通过手机应用将手机对准化石，就能看到动物“原地复活”，同时展示出化石相关的生动背景。

4. 数字艺术展览

在元宇宙应用领域，数字艺术展览与数字博物馆展示形式虽然有所不同，但却呈现出相似的特点。虚拟艺术馆是一个与物理世界平行、涵盖虚拟与现实、永恒共存的多人互动空间。参观者可通过拥有个性化虚拟化身，在任何时间、任何地点关注参展画廊的最新展览，实现全方位、开放式的浏览体验。元宇宙为线下艺术馆注入活力，提供丰富多样的沉浸式体验，利用全息投影、3D Mapping、虚拟现实、增强现实、互动传感等技术，通过多通道投影融合技术将展品完整地映射到一个封闭空间的墙壁和地面上，创造出具有动态特色的封闭式环境，使参观者有机会体验虚拟和现实不断交替的情境，带来前所未有、栩栩如生的身临其境感受。

（二）文旅产业类

元宇宙带来的沉浸式全新体验，正在成为优化文旅体验方式、重塑文旅产业格局、促进产业实现瓶颈突破的关键动力，推动整个文旅产业升级（见图 3–3）。

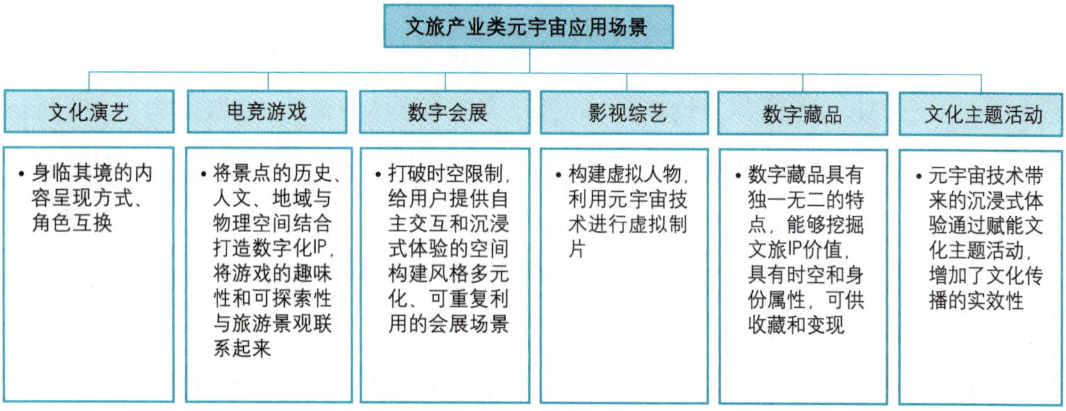

图 3–3　文旅产业类元宇宙应用场景

1. 文化演艺

自 2018 年起，沉浸式文旅体验的概念逐渐兴起，在公众中备受欢迎，尤其是沉浸式数字艺术演出、艺术戏剧和艺术展览等产品。元宇宙与文化演艺巧妙融合，呈现出身临其境的内容和观众之间角色互换的独特体验。元宇宙的运用打破了传统舞台的时空限制，创造出更广阔且更真实的演出空间，大大激发了观众的感官享受。文化演艺产业利用元宇宙提供的多种新兴技术手段，如 3D 渲染、虚拟现实、全息投影等，实时将演出舞台的音响、视觉效果及 3D 图像展现给观众，使观众能够身临其境，尽情沉浸在演出的氛围中，与故事情节深度融合。同时，元宇宙的技术应用，还能够打破舞台角色的禁锢。在演出表演中，观众可以选择通过数字虚拟人物作为演员投入表演当中，真正实现了角色互换，极大地延展了观众的体验广度。

2. 电竞游戏

随着游戏对于 3D 渲染质量日益苛刻的要求，游戏地图和环境的真实逼近度日益成为追求的焦点，旅游景点在元宇宙中可以被视作数字化的孪生。数字化游戏空间具备通用的游戏背景资源，游戏空间 IP 可以被跨游戏情节衔接应用，从而在元宇宙游戏中丰富人文、历史、地域等故事背景，在提升耐玩性、趣味性和逻辑严谨性方面发挥重要作用。通过一次性景区数字化建模，可以将景点的历史、人文、地域特色与物理空间相融合，创建数字化 IP，为游戏服务提供模块化、按需构建的游戏背景资源。具体而言，可以对建筑物、著名景点进行数字化空间和物品模型构建，同时利用元宇宙庞大的时空模型，反向模拟人文景观，并推演历史演变轨迹，辅以历史虚拟人物的设定，打造出更加丰富多元的人文数字景观环境。在这一过程中，元宇宙的介入有助于将游戏体验与现实世界连接，将游戏的趣味性和探索性与旅游景观融合，实现实地旅游景区资源向元宇宙游戏空间的转化。通过建立跨区域的游戏元宇宙，将有限的景点资源之间相互联系，使更多的游戏情节设计保持逻辑连贯性。

3. 数字会展

根据国际展览业协会（UFI）发布的《行业合作伙伴基准调查报告》，有 66% 的调查对象表示他们对未来会展活动中应用虚拟现实技术有着极高的需求。数字化的元宇宙会展具备跨越时空限制、沉浸式体验以及可反复利用的特性。无论观众身处何处，无论是何时，他们都可以即刻进入企业的虚拟展台或展厅，参与企业的线上展览展示活动，从而大幅扩大企业的展示曝光范围。集合了各类虚拟技术的“元宇宙 + 会展”为观众打造了一种极为接近线下面对面交流的社交体验，有效激发了观众的参与感，增强了线上举办展会的互动效果。此外，元宇宙还可以提供多样化的场景供选择。在现实世界中，场地租赁方面需要提前预约，而且场地、布置等只能一次性使用。而在虚拟空间中，这些限制都可以被打破，主办方可以尽情发挥想象力，打造出不同风格的场景，并且一旦搭建完成，这些场景可以被反复利用。

4. 影视综艺

影视产业正逐步探索与元宇宙的融合途径，从数字虚拟人到虚拟制片，开启全新的想象空间。当前，元宇宙对影视综艺的赋能主要聚焦在虚拟人物和虚拟制片两个领域。所谓虚拟人物是指利用数字技术创造出与人类形象极为接近的数字化角色。虚拟数字人有两种主要呈现形式，即虚拟 IP 偶像和虚拟世界第二分身。虚拟 IP 偶像通过绘画、动画、CG 等形式塑造，旨在打造出不存在于实体世界中的偶像，拥有极大的商业潜力。而虚拟世界第二分身则由真实人物驱动，人们可借助其在元宇宙中进行娱乐、社交和创作。虚拟制片是一种结合虚拟场景与现实制作的制片方法。借助 Vicon、Qualisys、Xsens、Norton 等精密光学运动捕捉、惯性运动捕捉和 3D 定位跟踪系统开发的 FEEL Hyperfusion 技术，可在不同应用场景下实现多人高精度混合动作捕捉，使数字人物在形象和互动上更加真实自然。

【同步案例：虚拟人技术“复活”邓丽君，再次领略绝代芳华】

在 2023 年北京台春晚上，邓丽君通过虚拟人技术成功“重现”，以“神秘嘉宾”的身份惊喜登场，与王心凌、韩雪同台合唱了经典歌曲《我只在乎你》，呈现了令人惊叹的跨时空联合表演。借助不断进步的虚拟人制作技术，三位代表甜蜜风格的歌手成功实现了跨越维度的合作，让观众体验到了全新的感官震撼。

邓丽君的“重现”整合了国际领先的面部捕捉、动作捕捉和顶尖特效技术，采用了经过机器学习优化的高级渲染系统“Mystique Live”。这一技术曾在电影《复仇者联盟》中为“灭霸”的实时捕捉、渲染和运动捕捉提供了重要支持。

据酷云互动数据，本次北京台春晚平均收视率突破了1.39%，登顶同时段卫视直播关注度榜首；虚拟邓丽君、邓丽君王心凌韩雪同台合唱等话题相继冲上微博热搜及抖音热榜高位。

资料来源：文旅元宇宙十大应用场景．新旅界，2023-05-08。

5. 数字藏品

作为当前元宇宙的代表性领域之一，数字藏品产业在推动文化创意产业数字化转型方面具有重要意义。传统的旅游文创产品存在普遍的同质化、缺乏独特性、制作粗糙和价格偏高等问题。然而，数字藏品拥有悠久的历史文化底蕴和鲜明的中国特色IP属性，与馆藏文物或古籍字画相比，消费者可以以较低的价格在线购买、欣赏和收藏，从中了解文物背后的故事，获得更多乐趣，甚至激发他们参观线下景区和博物馆的热情。

此外，在数字文创产品开发过程中，各方参与者的付出和回报更加透明，有利于共同参与数字藏品的设计、制造和发行。采用共建共营的合作方式不仅可以为文旅消费者提供个性化的商品，还能集众人之力解决文创衍生品在独特性、价格和质量方面的问题。由于数字藏品具备区块链认证属性，发布具有独特艺术效果的产品可以拓展产品的艺术增值空间。与此同时，数字藏品发行的成本低廉且真实可靠的保障，提升了产品的投资和市场价值。

6. 文化主题活动

随着虚拟现实、增强现实等技术的广泛运用，元宇宙与文化主题活动的结合正在快速改变文化传播的格局。元宇宙以其多感官延伸和高度沉浸等显著特征，依托虚拟现实、增强现实、扩展现实等尖端技术，为文化主题活动注入新活力，参与者将在角色扮演、身份切换、情景互动等感官沉浸、心灵极致和文化深度体验中获得高度参与感。

在元宇宙与文化的碰撞交融中，文化主题活动突破了传统实体与空间的限制，实现了完全的数字化和深度虚拟。文化的展示空间已不再受限于传统的实际物理空间，借助元宇宙，未来的文化事业、产业和行业将摆脱地理、交通和语言的限制，文化传播的范围和深度将得到进一步拓展。

三、元宇宙驱动数字文旅转型发展策略

(一) 创新元宇宙派生新的赛道方向

元宇宙技术驱动下的虚拟人、数字藏品、虚拟体验空间等已经成为当下文旅新型产品形态，让文旅企业找到新的产品价值点和新赛道，并建立新的营利模式。利用 AI、大数据等技术制作的虚拟数字人，不但可以解决部分宣传推广问题，而且参与直播、电商领域，为企业带来新的产品价值。建立在区块链技术上的数字藏品的诞生，让文旅企业找到了新的营利模式。建立在数字孪生、数字原生、虚拟现实和区块链技术上的线上虚拟平台，创造了云旅游、云展览、云文博等线上目的地，是未来值得探索的新产品形式。游戏技术与文旅场景结合，也可以派生虚实相生的组合型新产品。

(二) 推进元宇宙数字文旅营销革命

凝练数字文旅核心 IP 可以加速文旅营销的革命化进程。通过深度挖掘历史积淀、文化载体和民族精神内涵，尝试将沉浸式技术与元宇宙相结合，能够显著丰富和提升文化和旅游的呈现方式。无论是通过数字技术和真人的共同演绎呈现的大型舞台表演，还是沉浸在历史、自然和人文故事中的身临其境的裸眼 5D 体验，都能带来前所未有的文化与旅游享受，数字化的文旅核心产品 IP 可以彰显传播的锐利度和影响力。

搭建元宇宙数字文旅宣传平台可对国家的文化资源和旅游资源在虚拟世界进行集中展示，如在国家文化公园建设过程中，可将长征、长城、大运河、黄河、长江等 IP 集聚在同一个虚拟世界中，打造集成式和一站式的中国文旅元宇宙平台，为国外友人了解中国文化、体验中国环境、感知中国风土人情提供高质量、低成本、高效便捷的虚拟窗口。这样的宣传平台不仅可以突破地域界限，推广中国文旅新形象，还可以为我国文旅产业、服务走向国际化舞台提供更多机会。

(三) 构建政府引导下的多方共治体系

细化元宇宙的政治性、经济性、法律性和道德性风险，通过政府、行业、平台和公众多元主体共同介入，构建“政府引导下的多方共治体系”。从基础层来看，积极推进元宇宙中基本运行规则、管理规则、治理规则的建立，保障元宇宙中各个子系统的健康运行与有序管理。从应用层来看，通过虚拟世界对现实世界的反哺，共同构筑起元宇宙的内外双循环的生态化共治体系，助推国家治理现代化和人类命运共同体建设，以“共建、共治、共享”为目标推进其持续、健康发展。从价值层来看，元宇宙将成为传播社会主流价值观的重要平台，引导、培育用户的正确价值观，启迪个体实现个人自由与群体秩序的统一，努力实现公共利益最大

化，增强社会福祉。具体可以从以下两个方面来着手：

第一，应加强对于元宇宙标准的统筹规划，从国家层面研究制定元宇宙在技术应用、软硬件使用、服务融合等领域的行业标准，为制定元宇宙的全球标准贡献中国方案。目前，首个元宇宙国际标准联盟——“元宇宙标准论坛”正式成立，我国华为、阿里巴巴参与其中，与全球行业领导者一起共同推进元宇宙领域的新发展、新模式、新生态。另外要从元宇宙技术装备、平台运营、内容创意、消费体验、传播渠道等不同环节和要素，构建元宇宙文化治理生态。

第二，应加强数字科技领域的立法工作，从数据、算法、交易等方面制定元宇宙相关法律法规，防范元宇宙迅速发展可能带来的平台垄断、数据安全、监管审查、税收征管等问题。各类公共文化服务机构要重视元宇宙新环境及新技术为文旅活动带来的伦理问题、元宇宙时代隐私保护及知识产权危机、元宇宙应用于数字文旅领域的监管困境以及虚拟世界与真实世界的界限，在应用元宇宙赋能文旅数字化转型的过程中，遵守国家的法律法规及相关领域的行为规范，强化相关制度规范及法律法规的普及宣教力度，积极引导文旅元宇宙世界伦理价值的确立及完善。

案例阅读

数字技术推动文旅融合创新发展

本章小结

随着社会经济结构由传统经济向体验经济的转变，旅游者不再满足于物质层面上的“Getting”，而更加重视主动地在精神层面上“Acquiring”，体验已经成为消费时代的关键词。

第一节介绍了数字文旅策划的基本概念、特点、原则和方法。数字文旅策划既需要策划者具有扎实的理论基础和丰富的实践经验，也需要打破常规，创新思维理念。

第二节重点研究数字技术所塑造的虚拟沉浸空间，明确提出数字沉浸文旅的概念和主要特征，并分析近年来国家颁布的有关沉浸式文旅的相关政策，以窥探数字沉浸式文旅发展的新趋势。结合第一批全国智慧旅游沉浸式体验新空间培育试点名单，解析了传统文旅资源与观众数字化、虚拟化后的虚拟情景体验。

随着国家文化数字化战略深入实施，元宇宙正在以新理念、新业态、新模式与文旅产业发展深度结合，成为文旅产业数字化转型的一个重要领域，文旅元宇宙时代正悄然来临，数字文旅场景体验进入一个全新的时代。本章第三节明确了元宇宙的概念，并提出了数字文旅元宇宙十大应用场景以及文旅元宇宙发展转型的几点建议。

目前有关元宇宙的研究仍处于概念探索阶段，但随着数字科技不断完善和文旅产业结构不断发展，这些问题终将得到解决，元宇宙也将成为赋能文旅数字化转型的核心驱动力量。

练习与实践

1. 举例说明数字文旅体验与传统旅游体验的不同之处。

2. 结合文中案例或者最新文旅项目，谈谈数字技术给沉浸式文旅体验带来了哪些提升。

3. 元宇宙作为一把双刃剑，极大地推动了文旅产业数字化转型，但同时也面临着元宇宙技术绑架、元宇宙艺术良莠互现及元宇宙资本虚假宣传、过度炒作和资本绑架等问题。请谈一谈你对元宇宙治理的看法。

即测即评

第四章　数字文旅策划实务

学习目标

1. 掌握数字文旅策划的基本内容，了解其在实践中的应用。
2. 理解数字文旅项目、数字文旅节事活动、数字文创商品等重要的数字文旅策划实务，把握数字文旅发展的具体方向。
3. 熟知旅游管理专业人才在数字文旅策划工作中的重难点。

1. 数字技术服务于文旅产业，是促进人民幸福生活的重要渠道，而了解数字文旅策划是实现人民幸福的现实路径。

2. 当代大学生成长于数字化迅猛发展的背景之下，需要有能力承担起利用数字技术促进各行各业稳步发展的责任。

3. 文旅产业面临高质量发展的新挑战，旅游管理专业人才需要培养自身适应新环境、解决新问题的专业素养。

案例导入

拯救巴西博物馆

第一节　数字文旅项目策划

一、项目类型及目标市场

项目是在一定的时间和一定的预算内所要达到的预期目的。它是一件事情、一项独一无二的任务。数字文旅项目则是在数字文旅产业中，一项针对文旅消费者需求、利用数字化技术进行文旅开发和经营的特殊任务。与文旅产业的日常运作不同，项目通常具有独特性、目标明确性、非重复性等特点。数字文旅项目策划则泛指项目的整体构思、建设及创造，在项目规划及构建中得以具体体现，是作用、主导整个数字文旅项目开发过程中的一种特殊文化形态。

数字文旅项目策划需要通过严密的逻辑推演和严谨的可行性分析，为整个文旅项目的开发、建设、运营和管理提供支撑与支持，其中涉及大量的交叉学科知识和专业知识。数字文旅项目策划的基本要素如下所示：

【知识链接】文旅项目策划的关键要素

第一要素	第二要素	第三要素
数据作为策划的基础	精准定位目标客户群体	合理对接资源，促成项目落地

第一，数据是策划的基础。数字文旅项目策划并不是随意想象、自由创作，而是依靠专业的数据分析能力、市场研判能力、行业挖掘能力等理性思考，为未来的项目落地提供切实可行的建议和指导意见。因此，在进行数字文旅项目策划之前，必须牢牢把握市场的规律，这要求企业尽可能地收集与自身项目相关的多类数据。这些数据大体分为两种类型：一是企业通过市场调研收集的一手数据，收集方法包括统计抽样、问卷调查、访谈、焦点小组、头脑风暴等；二是企业通过查阅报告、新闻、文献等方式收集的二手资料，如同行的项目规划书、项目规划教材、行业发布的调查报告等。通过收集这些数据，对当前市场未来的发展趋势进行分析，进而开展数字文旅项目的策划。

第二，精准定位目标客户群体是策划的前提条件。项目策划需要具有针对性，是以某一目标市场需求为出发点而展开的一系列工作，项目策划者需要深知客群真正的所思所想，满足他们内心的真正需求。这要求在策划之前仔细研究客群的具体特征。企业需要将目标客户群体（即消费者）划分为不同的类型，并从消费属性和消费行为两个方面为其绘制消费者画像。消费属性包括消费者的多个特征：一是人口特征，如年龄、性别、种族、国籍、所在地；二是个性特征，冲动、保守、积极、沉稳、热情、冷静等；三是社会特征，如收入、职业、社会阶层、家庭特征、生活方式；四是文化特征，如受教育程度、宗教信仰、民族文化、亚文化、小众文化、爱好等。消费行为主要指的是消费者的购买决策过程，不仅包括消费态度的形成，即购买产品和服务之前的心理活动和行为倾向，也包括购买决策的实践过程，如购买时的用户体验，还包括购买行为后的态度形成，如对产品的满意度、忠诚度、重复购买意愿等。在精准研判了目标客群之后进行项目策划，能够提供更有针对性的数字文旅产品。

第三，合理对接资源，方能促成项目落地。进行项目策划的最终目的是落到实处，促进行业的发展。对于数字文旅项目而言，不仅要利用好数字化平台、软件、技术等科技资源，更要将其与文旅项目的方方面面进行融合，实现文旅项目质的提升（魏鹏举，2022）。一方面，这要求企业熟练掌握最新的数字技术，主要包括大数据、云计算、物联网、区块链、人工智能五大技术。另一方面，还要求企业在文旅项目中进行合理的数字化应用，熟知这些数字技术的应用范围和功能，从各个方面提升数字文旅产品和服务。其中，大数据技术为数字资源，云计算技术为数字设备，物联网技术为数字传输，区块链技术为数字信息，人工智能技术为数字智能，需要将这五大数字技术视为一个整体，共同推动数字文旅经济高质量发展。

基于上述分析，本小节进一步针对数字文旅项目的具体类型及其特点展开讨论。根据已有资料，目前数字文旅项目包括数字文博项目、数字文旅景区 / 景点项目、数字文旅酒店 / 民宿项目、数字文旅夜游项目等，如表 4–1 所示。

表 4–1　数字文旅项目类型及其目标市场

数字文旅项目类型	目标市场	市场需求
数字文博	大众群体	追求与历史文化的深度交互、更身临其境的体验、更强烈的感官刺激，希望获得文化层面的知识感悟
数字景区 / 景点	青年群体	追求好玩、有趣、高科技、自助式游览 / 导览 / 讲解、云游览的景区景点
数字酒店 / 民宿	青年群体	追求时尚、创新、创意、方便、快捷、高效、无接触、智能化的住宿设施与服务
数字夜游	大众群体	追求品质、感受、沉浸式、体验型、多元化的整体性和综合性的文旅消费

数字文博项目指的是将传统的博物馆融合三维数字化、知识图谱、视觉动效、触控互动等数字创新技术，用现代创意呈现历史文明，从而形成的一系列“文化 + 科技”数字产品。

通俗来讲就是将博物馆数字化，运用数字技术将原本封存在仓库中的历史与文物开发为人们可接近、可探索的文旅产品，让历史经由技术的加工后更加鲜活与生动（王蕾，2022）。博物馆是一个包容性的文旅场所，它欢迎所有对文化感兴趣的观众。数字文博项目也不例外，它面向的目标市场是大众群体，目的是为所有人提供一个接受知识、了解文化、走进历史、获取灵感、放松身心的公共文化空间，而数字文博则是以一种全新的方式让大众能够更好地领略中国传统文化的深度和厚度。尽管数字文博是包容的，但选择这一体验方式的群体仍具有一定的特点，他们通常追求与历史文化的深度交互，获得文化层面的知识感悟，同时他们还希望获得更强烈的感官刺激，追求更身临其境的文化体验。

数字景区/景点（以下简称“数字景区”）是充分利用数字技术（如“一站式”游览、电子导览、直播“云游”等），实现高效运营、精准营销和智慧服务的景区/景点。景区的数字化是推动传统景区提质升级的关键过程，也是数字经济赋能文旅产业高质量发展的必然趋势。可以说，景区的现代化建设离不开数字技术的参与。数字景区建设覆盖旅游前、中、后不同阶段，不仅有助于提高运营效率和应急管理能力，更能促进游览过程的便利、高效和流畅，满足人们在行程规划、产品预订、智能导览、互动体验等方面的文旅需求，最终提升文旅消费者满意度（郑燕华，2014）。与数字文博不同，数字景区不是单向的数字技术呈现，而是需要与文旅消费者进行双向的互动，这依赖于文旅消费者手中的智能设备（如手机、平板、计算机等）。因此，数字景区更多的是面向易于接受新鲜事物和容易掌握新技术的青年群体，这一群体通常追求好玩、有趣、高科技等旅游热点，并且能够通过智能设备获取自助式游览、导览、讲解等服务，也能够接受“云游览”这一区别于传统旅游方式的新型体验。

数字酒店/民宿（以下简称“数字酒店”）指的是将传统酒店的运营、管理融合互联网平台思维、大数据、云服务及相关智能化设备，打造出的全程无人值守的入住模式和智能感应的住宿体验。例如，数字酒店可以实现手机订/退房、刷脸入住、机器人服务、无房卡智能锁、全感应智能客房、自主售卖等多项服务，全程体验智慧住宿方式。为了满足文旅消费者不断升级的信息化诉求，尤其是经常出差的商旅人士，酒店的数字化是顺应时代潮流、彰显酒店品牌和档次的有效途径。数字酒店同样瞄准的是青年群体，这一群体极具个性化，且追求时尚、创新、创意，将选择数字酒店视为一种标榜自身品位和身份的方式，同时他们也追求更加方便、快捷、高效的居住体验，以及无接触、智能化的住宿设施与服务。

数字夜游也是目前重点打造的项目。数字夜游指的是以数字媒体、投影等技术手段为载体，融合文化创意、文化 IP 等文创技术，打造的夜间游玩场所，目的是优化夜间娱乐氛围，推动夜间经济的发展（唐湉，付余刚，2022）。夜游场所是旅游的重要组成部分，数字技术有助于打造独特的夜游IP，打破传统文旅场所与文旅消费者之间的界限，突破时间和空间的限制，以一种更加沉浸式的体验方式将文旅消费者融入文旅场景当中，促进文旅产业向更广泛、更新颖的方向发展（陈钺，朱举，2020）。通常而言，数字夜游打造的是“文化＋技术＋创意”的系列主题产品，结合了创意策划、多媒体艺术、创新技术与主题文化，同时利用光影技术增强文旅消费者的感官体验，让文旅消费者在体验科技的同时感受传统文化的独特魅力。数字夜游面向的目标市场同样较为广泛，它以一种沉浸式的方式为所有人提供夜游体验，在这一特殊的场所当中，大众群体均可以获得文旅体验，而那些追求品质、感受、沉浸式、体验型的文旅消费者更加偏好这样的夜游体验，他们希望获得多元化的整体性和综合性的文旅消费体验。

二、文旅项目的数字化应用

表4-2所示为各类文旅项目的数字化应用，包括项目的类型、使用的数字技术、通过数字技术实现的功能或意义，以及相应的案例。

表4-2　数字文旅项目的数字化应用

数字文旅项目类型	使用的数字技术	意义／功能	举例
数字文博	XR、CG、AR、VR、Web、5G、云计算、全息投影、3D异面投影、数字影片、超高清视频等	1. 融合学术史实和先进科技，实现数字影像采集、三维动画捕捉、沉浸式交互 2. 开创“思想＋艺术＋技术”的创作模式 3. 实现更广泛的传播，优化文物的保存方式	数字巴西国家博物馆、首都博物馆中轴线大展、数字故宫、数字敦煌等
数字景区／景点	大数据、云计算、人工智能、物联网、VR、AR、MR、5G、超高清视频、全息投影、机器人等	1. 实现文旅要素数字化、运营管理智慧化、文旅服务个性化 2. 丰富文旅景观，延伸文旅场景，打造沉浸式景区虚拟体验项目 3. 让文旅产品交易、供求信息对接，内容分享更加快速、高效 4. 提高文旅景区的品质与体验	龙门石窟智慧文旅数字孪生平台、智慧庐山、智慧黄山、丽江古城智慧小镇等
数字酒店／民宿	云计算、物联网、智能终端、新一代移动信息技术、机器人等	1. 提供更科技化、高端化、人性化的客户体验 2. 推动酒店、民宿业向数字化、品牌化、定制化转型升级 3. 优化酒店、民宿业的开发、获客、日常运营、门店升级等	乐易住无人智慧酒店、菲住布渴酒店、偶来民宿、“侨家乐”品牌民宿等

续表

数字文旅项目类型	使用的数字技术	意义/功能	举例
数字夜游	VR、AR、MR、XR、数字媒体、超高清视频、全息投影、区块链、5G、云计算、AI、物联网、大数据等	1. 打造数字文旅夜游IP，拓展夜间文旅经济发展的新模式 2. 打造具有“文化+技术+创意”的主题产品 3. 促进文旅夜游和夜间消费场景不断提质升级 4. 将传统与科技结合，打破时空限制，提供高度沉浸式的夜游体验	德斯凯索花园魔法森林、西安大唐不夜城、夜游锦江、梦境光雾山等

（一）数字文博项目

通常而言数字文博是利用数字技术扩展文博场景，并将其转化为新的文旅产品，如在线观看历史和文物资料，打破原有的隔窗观看文物的局限，实现文物的多维立体化线上展示。数字文博使用的数字技术包括XR、CG、AR、VR、Web、5G、云计算、全息投影、3D异面投影、数字影片、超高清视频等，经典的案例如数字巴西国家博物馆、首都博物馆中轴线大展、数字故宫、数字敦煌等。通过数字化技术的运用，数字文博实现了多方面的功能。一是开创了“思想+艺术+技术”的创作模式，丰富了文博样态，展现了更加真实的历史场景。二是融合了学术史实和先进科技，实现了数字影像采集、三维动画捕捉、沉浸式交互，拉近了观众与历史之间的距离。三是优化了文物的保存方式，实现传统文化更广泛地传播，打破了原有的仅保留文物的物理形态的局限。

（二）数字景区

大多情况下是利用数字技术为景区赋能，补充景区游览和体验的方式，提升景区运营和管理的效率，也实现了足不出户、线上游览的虚拟旅游愿景。数字文旅景区使用的数字技术包括大数据、云计算、人工智能、物联网、VR、AR、MR、5G、超高清视频、全息投影、机器人等，这些数字技术在龙门石窟智慧文旅数字孪生平台、智慧庐山、智慧黄山、丽江古城智慧小镇等案例中有不同程度的体现。景区与数字技术的融合不仅实现了文旅要素的数字化、运营管理的智慧化、文旅服务的个性化，也丰富了文旅景观，延伸了文旅场景，打造出了沉浸式的景区虚拟体验项目。同时，数字技术为景区赋能，提高了景区的品质与体验，进一步让文旅产品交易、供求信息对接，内容分享更加快速、高效。

【同步案例：智慧庐山】

文化和旅游部发布了2022年文化和旅游数字化创新实践优秀案例名单，由庐山智慧旅游发展服务中心申报的“庐山智慧旅游建设和运营”案例入选。智慧庐山的建成和运营，打破了原有的数据、信息壁垒，有力地提升了景区综合管理、服务和营销水平，取得了卓有成效的社会效益和经济效益。具体而言，智慧庐山建设采用了5G、云计算、大数据、物联网和人工智能等数字技术，融入了精细化管理、主动式服务、精准化营销等新模式理念，建成了“两云一中心（公有云、私有云及大数据中心）+四类应用（智慧管理、智慧服务、智慧营销及智慧体验）”为核心的智慧庐山新格局。其中，“两云一中心”用于采集及存储全网信息数据，并对数据进行计算分析和图形化呈现，为相关应用提供数据支撑。“四类应用”旨在通过一体化管控平台为旅游者打造良好的数字文旅体验，实现“一部手机游庐山”，旅游者不仅能通过计算机端、移动端等渠道享受分时预约、预订、停车、导览、智能客服、紧急求助、虚拟旅游、5G直播等交互服务，也能获得飞越庐山VR体验、翼装飞行体感游戏及AR互动拍照等数字文旅体验。此外，景区也能通过智慧庐山一体化管控平台，实现应急管理和景区管控一体化、可视化，还可以依托大数据及自媒体平台，向旅游者精准推送相关营销信息，在传播内容中植入产品二维码，促进营销转化。

资料来源：向“智慧”要效益，庐山发力智慧旅游建设及运营．中国九江网，2022–10–22.

（三）数字酒店

这是一种依赖于数字技术的创新型、创意型住宿产品和服务，旨在将住宿服务的方方面面数字化，减少顾客与员工的面对面接触。可以说，没有数字技术就无法提供数字酒店服务。在数字酒店中，运用的数字技术囊括了云计算、物联网、智能终端、新一代移动信息技术、机器人等。目前已有乐易住无人智慧酒店、菲住布渴酒店、偶来民宿、侨家乐民宿等酒店和民宿品牌可供顾客选择。通过使用数字技术，数字酒店为顾客提供了更科技化、更高端化、更人性化的住宿体验。不仅如此，数字酒店还推动了酒店业、民宿业向数字化、品牌化、定制化转型升级，同时也优化了酒店业、民宿业的开发、获客、日常运营、门店升级等多种运营和管理功能。

【同步案例：“无人接触”酒店品牌乐易住】

随着疫情的影响，“无人接触”成为新的酒店业发展趋势，酒店场景的无人化不断加速，酒店开始使用机器人、物联网设备等代替人工服务，客人线上预约、刷脸入住，并能够通过声控、智能感应等方式控制房间内灯光、窗帘、空调等设施，实现全程“无接触”。“乐易住”就是这样一种数字文旅酒店品牌。乐易住（深圳乐易住智能科技股份有限公司）的主要定位为一家物联网科技公司，拥有自己的物联网云端智慧云平台，同时开发了一系列的智能设备及对应的控制系统，基于这些技术和消费者需求，推出了无人智慧酒店。2017 年 10 月，乐易住在成都落地首家无人智慧酒店，并在深圳、广州、杭州等城市设立多家直营店，倡导“用科技服务生活，让生活充满自由”的品牌理念。乐易住将互联网平台思维、大数据、云服务及尖端智能设备对接到酒店的运营与管理中，打造全程无人值守入住模式和全方位智能感应住宿体验，为年轻时尚的城市商旅者提供乐享且富有科技感的住宿服务。乐易住有专门的人工智能物联网（The Artificial Intelligence of Things，AIOT）、大数据团队，客房内的各类智能控制设备、电视等均为公司自主研发。在乐易住官网或 App 或小程序，以及飞猪、携程等 OTA 平台，消费者可预订房间、刷脸入住，由机器人引导进入房间。客房是全自动模式，自动调节门窗、空调、电视、灯光等，全程服务均由机器人来完成，每家店只需 1~2 名店长在线处理紧急状况，退房后 5 分钟，房间自动断水断电。

资料来源：作者根据网络资料整理。

（四）数字夜游

与数字景区类似，数字夜游同样是利用数字技术实现文旅场景的丰富化、多样化，目的是提升夜游产品的质量和体验，打造更加沉浸式的文旅夜游场景，开发具有差异性的文旅夜游产品。数字夜游使用的数字技术包含多个方面，如 VR、AR、MR、XR、数字媒体、超高清视频、全息投影、区块链、5G、云计算、AI、物联网、大数据等，知名的案例地包括德斯凯索花园魔法森林、西安大唐不夜城、夜游锦江、梦境光雾山等。在夜游场景中运用数字技术，可实现多个维度的功能：一是打造数字夜游 IP，拓展夜间文旅经济发展的新模式。二是开发具有“文化 + 技术 + 创意”的主题产品，丰富夜间文旅的产品类型。三是促进夜间文旅和夜间消费场景不断提质升级，推动文旅场所的数字化转型。四是将传统与科技结合，打破时空限制，为文旅消费者提供高度沉浸式的夜游体验。

【同步案例：夜游锦江】

“夜游锦江”是成都旅游的新名片，打造了“夜展、夜秀、夜游”三大主题场景，绘制出老成都、蜀都味、国际范的生活美学地图。在锦江两岸河堤设计了多功能的装置艺术，白天作为景观装置艺术，静态讲述锦江璀璨的文化。夜间乘船夜游，根据游船航行路线，旅游者对锦江沿岸影像与光彩的变化进行沉浸式体验，通过光影艺术动态展示“成都故事”。整个光影秀根据时间线索将天府文化分为三个阶段，即古代、现代与未来，每个阶段选取部分生动的故事传说或文化诗歌作为创作元素。光影走廊长约200米，采用LED技术，用大型投射屏展现传统文化。在简洁明快的灯光秀场中，十二月市和十二月花在光影长廊的引领下，穿越时空来到锦江之上，再现了古代蓉城美学。在炫彩的灯光秀场中，更有杜甫乘坐一叶扁舟在光影长廊的引领下，在锦江之上诵读诗句，美轮美奂的光影悠悠地讲述着“天府文化，成都故事”。此外，夜间还可看见“熊猫”从塔底爬到塔顶的动感影像，依托5G、AR等技术，还推进了游船硬件的智能化改造，打造了“水上美食”“水上电影”“水上会务”等特色服务，不断满足旅游者的更多需求。

资料来源：从“夜游锦江”看文旅消费升级．四川省人民政府网，2023-06-14.

总的来说，数字技术旨在解决文旅项目策划在技术、产品、市场、营销和管理等方面的不足。通过在文旅项目中运用数字技术，有助于丰富产品和服务类型、打造文旅产品核心IP、强化文旅消费者在现场的交互式体验、提高文旅项目的数字经济占比、改变文旅产品的传播方式、建立文旅项目中的数据共享机制、解决文旅项目中信息碎片化等问题。

三、实例分析

上文已详细介绍了数字文旅项目的类型、目标市场及数字化应用，为了更好地理解上述内容，本部分旨在结合实践中的具体案例，展开进一步的探讨与分析，启发同学们深度思考。前文指出，数字文旅项目策划需要具备三个要素，那么，在实践中如何运用这三个要素进行策划呢？下文以“乐山夜游”数字文旅项目系列产品策划为例，展开分析。

首先，基于已有的数据资料，对乐山夜游的市场进行深入的分析，包括其市场背景和未来前景。一方面，我国夜游经济潜力巨大，地方投资动力充足。不同于夜市，夜游经济是一种基于时段性划分的经济形态，是以服务业为主体的城市经济在第二时空的进一步延伸。然而，整体而言，目前四川的夜游经济仍处于比较初期的阶段。尽管在旅游资源和文化内涵上，四川有着深厚的底蕴，在数字技术上，四川也有一定的大胆尝试，但如何把它们与夜游经济结合起来，四川现在还做得不够深入。因此，需要通过数字夜游进一步激发四川文旅市场的潜能。另一方面，我们应该看到，随着国家数字经济的发展，夜游经济也将进一步繁荣，夜游文化的传播必将上一个新台阶，这为乐山夜游的未来提供了一个良好的前景。例如，西安利用数字技术打造的大唐不夜城成为一张文旅新名片，不仅传播了大唐文化，也振兴了西安的数字经济。在2019年，大唐不夜城接待市民文旅消费者达1.01亿人次，营业收入达112.4亿元。有成功的案例在前，充分的数字技术和旅游者基础在后，乐山打造数字夜游项目也就合情合理了。

其次，需要精准定位目标客户群体。这要求我们对需求进行分析。一是整体需求分析。数据显示，乐山夜游新模式的开启，推动文旅消费者平均停留时间延长0.6天，中心城区文旅消费者平均停留时间从过去的1.7天提高至2.3天，体验“夜游三江”“夜游凌云山”已经是文旅消费者来乐山旅游的打卡方式，拉动了乐山文旅市场持续升温。2021年数据显示，夜游凌云山和夜游三江占景区人流的3%~4%，乐山大佛每年文旅消费者达400多万人次。但是夜游的产品目前太单一，活动支撑较少，文旅消费者对夜游的期待值较低，要实现较大的增量，需要赋予新的产品吸引力，融合时下热门的体验项目或从解决消费者实际需求的方向入手，再经统一的运营渠道进行全方位的产品与活动推广，从而将夜游产品触及客户端，实现流量的转化。二是针对性需求分析，即夜游产品需要销售给哪些群体，这些群体具有哪些特征，也就是为客群画像。项目中不同的产品针对的是不同的消费者群体，包括乐山本地及周边地区的年轻群体、省内外自由行或半自助行的年轻群体，这些群体大多是90后、00后，分布在乐山及周边地区的较多，个性鲜明，追求时尚、乐趣、好玩，以学生、年轻白领、潮玩人群为主，抵制保守，热衷创新，一般都接受过较高的教育。在购买夜游产品时，通常目的性很强，明确知道自己希望获得何种体验，若能满足他们的需求，可为乐山的文旅发展带来新的助力。

最后，对接已有的资源，策划具体的产品类型，并促成项目落地。项目策划通常由多个产品策划构成，结合乐山已有的资源，完成了如下三类数字文旅夜游产品的策划。第一个产品是“夜游大佛＋古风主题剧本杀”产品，主题是“嘉州千年谜案·寻迹凌云大佛”。这一产品旨在结合时下流行的社交型互动游戏剧本杀，向乐山本地或周边、省内年轻旅游者提供主题性游玩体验。在这一产品中，数字技术主要体现在场景的营造当中。凌云塔前有着炫彩的光影效果，伴随光感而动音乐，给文旅消费者心灵的触碰。在烟雾朦胧中，文旅消费者推理案件剧情，在数百年的古老建筑中演绎剧中角色，在现代数字技术加成的灯光配合中将剧本杀情境推向高潮。这一产品主要集中在周末时间，定价为299元／人，费用包含夜游凌云山门票1张、剧本杀体验票1张、夜游三江船票1张、酒店晚餐券1张、乐山大佛文创伴手礼1份、酒店至乐山大佛景区奔驰车免费接驳。

第二个产品是“夜游三江＋酒店套餐”，主题是“夜游三江·筑梦大佛”，产品定位是通过一夜的体验，让千年古城的夜色与乐山大佛共绘画卷入梦，为省内外自由行或半自助行的年轻文旅消费者提供一个“峨眉乐山旅游线”的新选择。在这一数字文旅夜游产品中，夜游三江游船将佛、城、山、水融于一体，运用数字科技声、光、电手段，描绘水墨山水长卷、讲述城市文化、演绎乐山故事，从水上全方位解读乐山人文资源。甄选地理位置优越的优质酒店，让消费者有宾至如归的舒适享受，展现另一面的乐山夜游新标签。产品销售期不限，包括两个合作酒店，即三江悦（山水）酒店，定价 399 元 / 套，禅驿嘉定院子酒店，定价 499 元 / 套，套餐包含夜游三江船票 2 张、酒店院景房 1 晚（含双早）、乐山大佛文创伴手礼 2 份、游船换票码头至登船码头免费接驳车。这一价格对年轻群体来说极具吸引力。

第三个产品是线上参与的“助力赢半价”优惠产品，旨在通过互联网技术扩大乐山夜游的影响力和知名度，吸引更多的文旅消费者前来体验。这一活动的消费者群体并没有严格限制，感兴趣的文旅消费者均可参与。具体而言，文旅消费者可以关注公众号，通过链接跳转第三方，通过 10 位助力点击，获得夜游三江游江票一张（原价：220/ 张，助力成功半价：110/ 张）或夜游凌云山门票一张（原价：60/ 张，助力成功半价：30 元 / 张），一人仅限参与一次。这一产品能够提高乐山夜游的曝光度，促进粉丝互动，达到夜游乐山的品牌宣传、实现流量转化的目的，促使乐山夜游体验品牌全面提升。

乐山夜游这一数字文旅项目的策划实例旨在说明如何利用已有的数据去进行市场分析，并做好市场研判。同时，不仅要了解市场，更要了解客户的需求，这要求企业从整体和个体双重层面分别展开需求的分析，在把握大的发展趋势的同时掌握如何吸引具体的消费者群体，并针对他们的消费特征进行画像。基于这些策划的基础，再开展项目中具体产品的策划。产品需要有主题、有定位、有目标市场，也应明确在产品中何处与数字技术进行融合最优，通过数字技术的结合如何来提升产品的吸引力。

第二节　数字文旅节事活动策划

一、活动类型及目标市场

节事活动是一种特殊的文旅形式，指的是以各种节日庆典、重要事件（盛事、展览、比赛、会议等）的举办为内容的专项文旅活动，通过参加节事活动，人们可以了解旅游目的地的相关知识，感受特殊文化。节事活动不仅能够吸引文旅消费者的消费，还能够带动更广泛的经济效益、社会效益等，如为目的地打造独特的文旅品牌、带动相关产业的发展。数字文旅节事活动指的是利用数字与科技赋能文旅相关的特殊节事活动，如以虚实交互技术与人工智能技术深度结合强化文旅节事活动的科技感、沉浸感，从而提升活动的趣味性、体验性等（王昭，2022）。

数字文旅节事活动的筹办、策划、运作和管理是一个复杂的系统性工程，与数字文旅项目策划类似，它同样包括将数据作为策划的基础、精准定位目标消费群体，以及合理对接资源，促成项目落地等多个要素。除此之外，数字文旅节事活动策划还具有特殊性，这些特殊性与节事活动本身的特点密切相关：一是节事活动本身需要有明确的主题和目标，即文旅消费者通过参加此次活动，能够收获什么。活动具有引领性、导向性，需要引导文旅消费者体验某类特定主题，如某一传统节日、某个体育赛事等。二是节事活动策划需要有崭新的活动创意，活动生命力在于它的独一性，策划的内容和手段需要清晰地体现出活动与众不同之处，方能吸引活动参与者的关注。三是由于通常节事活动具有强目标性、短时效性、高聚集性、广泛影响力等特点，要求策划者在进行数字文旅节事活动策划时制定标准作业程序（Standard Operating Procedure，SOP），确定举办活动的方案，如活动形式、活动内容、活动节奏、活动预算、活动应急预案等，保证活动顺利举办。四是需要利用数字技术延续文旅节事活动的效益。活动举办的时间通常是短暂的，要保证活动持续具有吸引力和带动效应，需要结合科技力量强化文旅消费者对节事活动的记忆和印象，在活动结束后也能够与目的地进行交互，如邀请文旅消费者参与线上体验反馈、线上重现活动场景等。

基于对数字文旅节事活动策划的理解，下文进一步针对数字文旅节事活动的具体类型和特点展开分析。根据可查阅的数据资料，数字文旅节事活动大体上可划分为沉浸式演艺、沉浸式展览展示、沉浸式节日庆典、沉浸式会议四种类型，如表 4-3 所示。

表 4-3　数字文旅节事活动类型及其目标市场

数字文旅节事活动类型	目标市场	市场需求
沉浸式演艺	大众群体	追求沉浸感、体验感、艺术感、故事性、游戏性、互动性，注重环境营造、多感官体验、角色扮演，了解当地精神文化内核
沉浸式展览展示	青少年群体	追求虚实共生、人机互动、超感体验、专属定制的互动性、趣味性、数字化等观展体验
沉浸式节日庆典	大众群体	追求互动性、娱乐性、参与性的节庆体验，深度体验当地传统文化与民俗
沉浸式会议	商务群体	追求创新性、科技化、趣味性的参会体验

沉浸式演艺是以多幕场景流动、多角色扮演、多感官体验、多技术应用等为特点的交互式体验模式，也是数字文旅节事活动中最为普及的一个类型，为促进文化和旅游深度融合提供了一种新的表演范例。利用实景舞台、增强现实、交互体验等现代数字科技手段，沉浸式演艺活动营造了多维演出场景，让观众通过视、听、嗅、味、触来欣赏，同时建立起交互式的观演关系，赋予观众一定的角色身份，将其带入虚实结合的演出环境中，让观众能够与演艺相互融合并沉浸其中（花建，陈清荷，2019）。例如，“夜上黄鹤楼”采用了现代数字光影技术，以声、光、电结合的手法，创造出一个浪漫的诗性文化空间，让观众“与古人对话”，实现感官与精神双重沉浸。沉浸式演艺活动的观众既包括外地文旅消费者，也包括当地居民，面向的是大众群体。整体而言，沉浸式演艺活动吸引的群体大多追求沉浸感、体验感、艺术感、故事性、游戏性、互动性，同时注重环境营造、多感官体验、角色扮演，希望能够通过演艺活动了解当地的精神文化内核。

沉浸式展览展示指的是在广泛多元的艺术环境与数字科技元素共同作用下，以丰富多彩的形式在特定时间内为参展者陈列特定的物品。随着人工智能、元宇宙、数字语言、互联网、新媒体艺术等技术飞速发展，展览作品与展厅环境的结合更加紧密，现实与虚拟的边界更加模糊，观众与作品、展厅之间的空间距离更加接近。特别是在艺术展览领域，沉浸式展览融合了科技与艺术，艺术家在特定空间内采用声、光、电等元素，为参展者营造了一个有别于现实的场景，通过将图像、视频等平面元素和装置元素进行整合，不仅呈现出华丽的展示效果，还为参展者提供了全方位的感官体验，以及数字化、互动性、趣味性的沉浸式体验，在鼓励参展者与作品互动的同时引发他们的共鸣（马琳，2022）。沉浸式展览吸引了一大批青少年群体，尤其是 90 后、00 后的年轻人，这一庞大的受众群体对沉浸式展览的追捧和热爱让其逐渐成为一种世界性的创作趋势。在沉浸式展览中，青少年群体追求虚实共生、人机互动、超感体验，以及专属定制的互动性、趣味性、数字化等观展体验。

沉浸式节日庆典指的是依托传统文化节日或庆祝活动，利用数字技术打造沉浸式的场景，提供互动式的体验，促进文旅消费者对传统文化的了解。我国历史文化悠久，拥有许多传统节日和大量优秀文化习俗，但由于时间跨度过大，传统节日习俗的传承面临难题，亟须提炼传统节日的现代内核，找到符合现代人喜闻乐见的新体验方式。在 5G、云计算等新基建、新技术快速发展阶段，数字技术为传统节日赋能，通过全面接入跨场景、跨时间、跨区域的数字化触点，让传统文化得到更广泛的传播与弘扬。数字化的节日庆典以独特的方式挖掘了传统文化中的美并赋予了当代表达，是让传统文化活起来、火起来的重要渠道，是激发大众爱国情感和文化共鸣的有效途径。沉浸式节日庆典面向的是热爱传统文化的大众群体，这一群体追求互动性、娱乐性、参与性的节庆体验，希望能够深度体验当地传统节日文化与庆典民俗。

沉浸式会议是打破传统线上会议互动性不够、体验感不强、主动交流机会偏少等局限，借助人工智能技术，将真实的会议流程无缝衔接到虚拟系统当中，让参会人员在虚拟环境中沉浸式地开展会议活动。沉浸式会议营造了一个自然且逼真的参会场景，不仅可根据参会人员的要求调整为会议室、教室等真实的会议场景，还可调整参会人员的图像大小、移动线上位置等。更有甚者，可以营造非真实的参会环境，如在虚拟的游戏世界中参会，赋予参会人员某个游戏中的角色，让他们能够根据自己的喜好自由定制角色的性别、形象、服装等，让会议变得更加有趣、生动。目前沉浸式会议活动的目标市场主要是高端的商务群体，他们追求创新性、科技化、趣味性的参会体验，引领商业界的时尚潮流。未来，沉浸式会议的应用场景还将进一步扩展，如学术会议、培训会议、专题讨论会、讲座等，其目标市场也将慢慢扩大。

二、文旅节事活动的数字化应用

基于上述对数字文旅节事活动的基本类型和目标市场的理解，本部分进一步剖析数字化技术如何在这些活动中得到运用，通过应用这些数字技术，能够为文旅节事活动带来哪些好处，为学习者将来策划数字文旅节事活动提供一定的参考。表 4-4 展示的是数字文旅节事活动具体应用了哪些数字技术、相应的案例，以及由此实现的功能和意义。

表 4-4　数字文旅节事活动的数字化应用

数字文旅节事活动类型	使用的数字技术	意义 / 功能	举例
沉浸式演艺	AR、VR、MR、光影技术等	1. 创造虚实结合的超真实、开放式舞台 2. 促进交互式的观演关系，加深对文化知识的感悟 3. 实现游走式、行浸式的观演动线，带来游戏化的参与体验	又见平遥、重庆·1949、知音号、遇见大庸、寻梦牡丹亭、天酿、不眠之夜、夜上黄鹤楼等
沉浸式展览展示	AI、AR、VR、XR、光影技术等	1. 数字赋能感官新体验 2. 增强互动性，调动参与者的探索欲和新鲜感 3. 借助深度交互创造情感共鸣	北京世园公园植物历险记探索体验展、上海天文馆数字孪生平台、光之博物馆、“数字漫游”艺术展览等

续表

数字文旅节事活动类型	使用的数字技术	意义 / 功能	举例
沉浸式节日庆典	5G、声光色电交互科技、VR、AR、H5 等	1. 让传统习俗走进青年群体 2. 实现节庆 IP 的创新性、创意性传播	德国 G20 峰会——感知中国·环球灯会、英国朗利特庄园——中国彩灯节、成都欢乐谷史努比环球童梦灯光节、指尖上的中国节等
沉浸式会议	云游戏、AI、CG、虚拟人等	1. 打破传统的视频会议模式，开创性地打造在虚拟环境中的参会模式 2. 打造智慧会议室，营造身临其境的会议场景	网易瑶台的沉浸式参会互动系统、31 会议、Webex 混合办公、马德里橙色领导者会议等

在沉浸式演艺活动中，主要是利用数字技术来增强演艺活动的体验感，优化原有演艺产品的真实性、沉浸感、互动性。沉浸式演艺活动尤其注重借助光影特效，数字技术让光影技术由平面走向立体，全面升级感官体验，涵盖视觉、听觉、嗅觉、触觉等各个方面。因此，沉浸式演艺活动主要使用的数字技术是 AR、VR、MR、光影技术等，这些技术在又见平遥、重庆·1949、知音号、遇见大庸、寻梦牡丹亭、天酿、不眠之夜、夜上黄鹤楼等知名度较高的演艺活动中均有所体现。通过运用这些数字技术，沉浸式演艺活动不仅创造出了"虚实结合"的超真实、开放式舞台，更促进了交互式的观演关系，在观众与舞台不断互动过程中加深观众对文化知识的感悟（邹驾云，2020）。此外，沉浸式演艺活动通常打造的是游走式、行浸式的观演动线，因此能够给观众带来游戏化的参与体验。

【同步案例：知音号】

《知音号》是长江首部漂移式多维体验剧，成为武汉城市文化旅游新名片。2017 年 5 月 20 日，《知音号》正式公演，它的故事取材于 20 世纪二三十年代的大武汉，是以武汉特有的伯牙子期传说为底蕴，以知音文化为灵魂，以大汉口长江文化为背景的实景大剧。"知音号"游轮上的灯光、桌椅等 100 多种道具均是仿古造型，营造真实的时代效果和舞美效果，有"移动的博物馆"之美称。与此同时，游轮上提供的咖啡和简餐也都采用传统工艺制作，旅游者登上"知音号"后，将真切体会到百年前的武汉风情，体会一场"穿越"大戏。为给旅游者带来更好的观演体验，《知音号》分为 A、B、C 三个登船口，三条路线入口和路线不同，观演顺序有所差异，但观看内容基本相同。借助"主客共享"的知音理念，《知音号》整合了互联网及传统媒体，打造了全国独有的"一剧三版"和"全程服务"模式。"一剧三版"是指

《知音号》正剧，基于互联网概念的“云剧场”，以及白天打造的青少年戏剧实验剧场，即Q版《知音号》。《知音号》走出时间和空间的限制，玩出“晚上演正剧，白天有亲子，网上云剧场”的24小时立体剧场模式，将剧场搬到线上，全球共享。

资料来源：武汉：踏上“知音号”旅游者成为剧中人 . 新华网，2017-04-27.

同样，对于沉浸式展览展示而言，数字技术的功能主要是为展览赋能，加强原有展品要传达的文化内涵和表达的创作思想。也有部分沉浸式展览直接将光影特效作为展品，例如构建AI系统，基于对物理学、时空、光线等体系的学习，AI系统翻译这些系统中的文本，并转译成各种酷炫的图像，投射在艺术场馆的墙壁、天花板和地板上，带领观众享受一场光影盛宴。具体而言，沉浸式展览展示运用的数字技术主要是AI、AR、VR、XR、光影技术等，典型的案例包括北京世园公园植物历险记探索体验展、上海天文馆数字孪生平台、光之博物馆、“数字漫游”艺术展览等。与沉浸式演艺活动类似，数字技术同样为参展者赋予了感官的全新体验，通过科技增强了参展者与展会、展品之间的互动程度，更有利于调动参展者的探索欲和新鲜感（吴彧弓，2019）。在借助数字技术实现参展者与展会深度交互的过程中，创造情感共鸣，尤其是与艺术作品相关的展览，艺术家借助数字技术表达自己的艺术构想和创作思维，引发参展者深度思考。

【同步案例：上海天文馆数字孪生平台】

上海天文馆数字孪生平台运用5G、AI、大数据、数字孪生、数字人等技术呈现创新场景，探索数字化转型升级，创造性地以元宇宙“时光机”理念构建数字孪生平行世界，打造全国首个天文科普元宇宙示范案例，为旅游者开启元宇宙的探索征程，激发人们对未知世界的无限畅想。立足科普场馆定位，紧扣数字孪生技术带来的真实、沉浸、可延展的特点，上海天文馆数字孪生平台以“时光穿梭、空间旅行”为设计思路，通过时间和季节模拟、特效叠加等设计展现天文馆的建筑之美、展陈之新、馆藏之特，助力展馆接待能力升级，同时辅助科普教育。同时，该平台对接天文馆12大系统，形成全面的数据感知，深入推进数据治理，输出客流分析、展区热力图等运营需要的内容，并结合AI算法实现应急疏散的模拟仿真，辅助安全演练。这些内容都结合三维时空位置加以呈现，更加直观高效，助力策略调整和决策制定，实现了管理提升。此外，该平台打造的信息服务看板，为旅游者提供实时、直观的场馆运行态势，帮助旅游者合理安排参观路线。旅游者可以通过“智游天文馆”小程序，扫描二维码识别身份信息，获得快速便捷的游览服务，并在数字留言墙上留下纪念。

资料来源：上海天文馆数字孪生平台精彩亮相2023年世界人工智能大会．上海科技党建，2023-07-10.

数字技术同样也为沉浸式节日庆典赋能，通过将数字技术运用到传统节日中，不仅能够提炼出符合当代青年群体口味的文化内核，也能够活化传统节日，助力传统文化的传播和弘扬。在5G时代，需要借助数字化技术挖掘传统节日中的美并赋予当代表达，激发大众的文化共鸣。除了现场举办的节日庆典，数字技术还打造了虚拟游戏世界中的节日，如羲和网络推出的《指尖上的中国节》游戏产品，通过游戏中的沉浸式交互，人们可以学习和了解除夕、七夕节、中秋节、清明节、重阳节等传统节日知识。沉浸式节日庆典主要采用5G、声光色电交互科技、VR、AR、H5等数字技术，营造更有魅力的传统节日和庆典氛围，案例包括德国G20峰会——感知中国环球灯会、英国朗利特庄园——中国彩灯节、成都欢乐谷史努比环球童梦灯光节等。通过数字技术的应用，沉浸式节日庆典实现了让传统习俗走进青年群体的目标，同时也促进了传统节庆IP的创新性、创意性传播，让传统文化在当代更加可亲、可触、可感。

【同步案例：成都欢乐谷史努比环球童梦灯光节】

2018年11月1日，史努比环球童梦灯会在成都欢乐谷亮相，史努比是享誉数十年的国际动漫IP，灯彩集团获得美国花生漫画公司正版国际授权后，针对90后受众群体精心策划了一场场国内展演，让成都化身成为童话王国。灯彩文旅依托强大造型造景能力，融合现代科技交互光影技术，为国内外灯会展出、城市级主题文化艺术景观与亮化、沉浸式数字光影与灯光秀的综合打造、新媒体艺术装置等，提供了综合解决方案。成都欢乐谷引入灯彩的史努比国际授权后，首次立体展现了史努比漫画中60多个故事场景，横跨万圣、圣诞、元旦、春节、元宵5大节日展出，角色扮演场景、规模均为全球第一，成功打造首个IP形象主题乐园，将世界流行文化“第一名犬”史努比植入中国第一主题乐园品牌欢乐谷当中。灯彩集团还将国际动漫角色史努比与中国传统狗年相融合，将史努比融合了独特的中国元素。当外国狗史努比巧遇中国戊戌狗，中外两大吉祥物相会蓉城，碰撞出了浪漫精彩的火花，吸引了一大批旅游者前来观赏。成都欢乐谷在引入灯彩的史努比国际授权IP植入后，夜场售票同期同比增长50%，获得市场巨大反响。

资料来源：作者根据网络资料整理。

沉浸式会议活动则是依赖数字技术打造而成的一种新型会议模式，为商业人士的交流提供了替代性的选择，不仅节省了差旅的时间成本，减少出差的疲惫，还加强了参会的趣味性，进一步提升了会议的效率。通过数字技术，还可以实现以虚拟人的形式参会，开辟了一条互动交流的新道路。未来一些更加个性化的会议需求，也可能在虚拟世界中实现，例如在海底世界开会、在北极举办聚会等。沉浸式会议活动主要使用的是云游戏技术、AI 技术、CG 技术、虚拟人等数字技术，目前的案例包括网易瑶台的沉浸式参会互动系统、31 会议、Webex 混合办公等。通过数字技术的使用，沉浸式会议打破了传统的视频会议模式，开创性地打造在虚拟环境中的参会模式。同时，沉浸式会议还打造出了具有未来概念的智慧会议室，为参会者营造出在世界各地乃至虚拟幻想世界中身临其境的会议场景。

【同步案例：网易瑶台元宇宙年会】

网易瑶台是网易伏羲旗下的沉浸式活动平台，致力于用人工智能和科技创新打造全新的线上活动模式。不同于普通的线上会议，网易瑶台打造了元宇宙年会，参与者更自主、更沉浸、更“身临其境”。网易瑶台在复刻真实会场的同时，还可以提供超越现实的年会场景，场景可轻松容纳数百员工，让年会不仅仅局限在会议室、宴会厅里。在网易瑶台，参会者可以选择在古风小镇、现代会展馆、国风乐园、艺术展厅等场地办年会，让公司年会场地焕然一新。选好年会场地，还可以对它进行装修布置，例如可以将公司 Logo、Slogan 等投放在滚动横幅、无人机横幅上，还可以定制带有公司 Logo 的座椅等，各个场景都支持设置企业文化数字展厅，可以利用展板、展台展示企业文化、企业年度成果，打造企业专属文化长廊，拓展企业展示空间。网易瑶台还有着强大的 AI 捏脸系统，参会者只需将自己的照片上传，即可一键生成自己在年会里的虚拟形象，虚拟形象根据照片肖像特征，高度还原参会者真实形象。还可以手动捏脸，DIY 打造独一无二的虚拟形象，在元宇宙年会里尽情社交。另有上百种发型服饰可供选择，古装、动漫等造型应有尽有，可以充分展示个性。此外，在网易瑶台的元宇宙年会中，参会者还能够利用虚拟形象做出打招呼、握手、合照、鼓掌等互动动作，语言、动作交流更充分。

资料来源：网易伏羲官网。

整体而言，在数字文旅节事活动策划中，数字技术主要是一种辅助性功能，为原有的演艺、节日庆典、展览展示等活动赋能，增强原有场景的体验感、沉浸感，解决原有场景吸引力不足、交互性不够、体验感不强等问题。此外，数字技术也为文旅节事活动带来了一些新的发展机会，例如开发新的会议模式、开创全新的节日、举办新型的展览等。

三、实例分析

基于上述对数字文旅节事活动策划的详细介绍，本部分选取相关的案例进行讨论，希望借助对文旅产业中实践案例的分析，让学习者更好地掌握相关知识。数字文旅节事活动策划同样需要提前收集数据，做好市场分析和需求分析，由于在第一节数字文旅项目策划的实例分析中已详细阐述了这些策划步骤，在此着重强调数字文旅节事活动策划的独特之处，与文旅项目策划重复的部分将不再赘述。前文中指出，数字文旅节事活动策划的特殊性在于需要确定主题、具备崭新的活动创意、制定 SOP、延续活动效益，因此，下文基于天津 K11 Select 购物艺术中心打造的数字艺术展览《虚拟·漫游》这一实例，结合策划的重点内容展开分析。

首先，作为一个沉浸式展览，此次的展览主题是“Virtual Roaming 虚拟·漫游”，它是一次横跨中西的文化盛宴，一场穿越千年的艺术之旅，邀请所有的观展者欣赏一场先锋科技与艺术思维的大型碰撞。《虚拟·漫游》由天津 K11 Select 承办，是由“文化商业”先锋 K11 打造的年度艺术文化盛事（即“K11 艺术节”）的重要组成部分，其余的“K11 艺术节”活动由香港、上海、广州、武汉、北京、沈阳来承办。因此，天津 K11 Select 打造的数字艺术展览《虚拟·漫游》首先应是“K11 艺术节”系列展览的一部分，服务于一个大的展览主题“艺想世界”，即“链接真实与虚拟，探索科技与美学”。在这一大主题之下，才是此次展览的特定主题，即“虚拟·漫游”，这一小主题服务于大主题，旨在与其他城市中举办的展览共同打造让人印象深刻的“K11 艺术节”。

其次，《虚拟·漫游》这一展览的策划中体现了其崭新的活动创意。作为一个实验性的艺术展，《虚拟·漫游》邀请了刘佳玉、季俊、杨洋、陈雨、沈宾、抑子、施意、欧阳洋逸八位青年艺术家，这些艺术家带来了自己的作品，共包括 48 件先锋艺术作品。这些作品是 48 个超越现实的虚拟世界，分布在天津 K11 Select 的数十块电子屏幕中，文旅消费者可以身处其中，沉浸式体验人工智能与艺术的完美结合，也可以静静凝视，感受作品中的精神力量。文旅消费者到达天津 K11 Select 后，可以自由漫步在空间的各个层级中，并且能够在不同的空间与间隔中发现流动的影像，不断去探索新的空间和新的影像。通过这样一种创新性的科学与数字艺术结合的方式，让所有的观展者能够体验到艺术与科技的融合，品味一场科技与艺术的盛宴。

再者，作为一个短暂性举办的数字文旅节事活动，《虚拟·漫游》在策划时就制定了相应的 SOP，包括举办时间、地点、流程、内容等。此次展览的举办时间是 2023 年 3 月 31 日至 5 月 21 日，地点是天津 K11 Select B1-L5 层 LED/LCD，这些信息在活动举办之前便已在“天津 K11 Select”公众号中发布。在 3 月 31 日，还有着严格的开幕式流程，包括开幕仪式和艺术家对谈、嘉宾专场导览、艺术项目导览等环节。在这些流程过后，文旅消费者可以自由参观，沉浸式体验各个作品，每一个作品都描绘出一个特殊的虚拟世界。例如，艺术家沈宾的作品《光之节奏》，是一件声音与情感视觉化的多媒体深度交互作品，这一作品试图探索今天我们生活中事物联系的复杂性，以及它们如何相互连接、相互影响。数字技术将自然人从有限的物质和界限中解放出来，让文化情感在不同的时代和环境的人与人之间传承与延续。除此之外，还有 shame castle、《不饥不食》《虚极静笃》《未来考古》等内涵深刻、发人深思的艺术作品。

最后，天津 K11 Select 还通过多种方式延续这一数字文旅节事活动的影响，强化旅游者的交互体验。在感受了艺术作品的魅力之后，旅游者还可以体验丰富的趣味活动，如童梦涂鸦手工课、春日乐动音乐会、彩绘春光手工课、天籁童声音乐会、春日心弦音乐会、春日新星音乐会等。除此之外，天津 K11 Select 还策划了多个艺术衍生周边福利，让艺术到达文旅消费者生活的各个角落，包括艺术联名款虚拟·漫游衍生大礼包、手机壳、钥匙扣、手机支架、贴纸、拼图等。文旅消费者在天津 K11 Select 场内寻找好奇问答，扫码答题，获得三个不同称号即可免费领取定制艺术周边。这些活动相关的其他策划让艺术的美感不仅仅局限于展览馆这一狭小的空间当中，更让艺术走进了大众的生活当中。

由上述对数字艺术展览《虚拟·漫游》案例的分析可知，一场成功的数字文旅节事活动离不开精准的策划。节事活动的目的性和导向性极强，故需要非常清晰的定位和明确的主题，同时也要针对性地发布活动信息，挑选出最符合主题的活动内容进行营销和推广，吸引特定的参观人群。活动创意必须为主题服务，需要围绕着主题展开一系列的思考，也要兼具创新性和创意性。尤其是数字文旅节事活动，应能够体现出数字技术的重要作用，利用数字技术进行创意策划。数字文旅节事活动是短暂的，故而需要制定详细的执行计划，把握活动的进度，策划好文旅消费者在哪个阶段体验哪些内容，保证文旅消费者能够最大限度地参与活动，感受到活动传递出来的价值。最后，同样需要对活动结束后的阶段进行策划，让活动的价值延伸到文旅消费者的日常当中。

第三节　数字文创商品策划

一、商品类型及目标市场

商品是一种用于满足消费者欲望和需求的物品，而文创商品则是依靠创意人的智慧、技能、天赋和文化积淀，对文化资源、文化用品进行创造与提升，通过知识产权的开发和运用，借助于现代科技手段，而产出的高附加值产品。例如，各种文化旅游纪念品（如文化衫、明信片、仿制品、有特殊标识的各类日用品）、艺术品（如书法、国画和油画）、手工类产品（如编织、刺绣、雕塑、黏土、布艺、陶艺、创意 DIY）等都属于文创商品。文创商品的关键在于创意，创意能够为普通的产品附加超出用户期待的文化艺术价值、智慧创意价值，让人们愿意接受并产生购买行为（葛畅，2018）。数字文创商品指的是依托数字技术进行创作、生产、传播和服务，以文化创意内容为核心的可用于购买的物品。与普通的文创商品不同，通常而言，数字文创商品并不是一种物质设计形态，而是依托于区块链技术发行的一种文创数字化载体形态。数字文创商品不受生产加工工艺的影响，也无须传统的物质原材料，商品开发者可直接在手机、平板电脑、计算机等智能终端上创作、预览、销售自己的文创商品。

数字文创商品的策划并不需要像传统文创商品那样关注生产、加工等流程，但同样需要确定策划的主旨和目标、精准定位目标客户群体、利用数据分析目标客户特征和市场特征等必要的步骤。由于数字文创商品是以电子屏幕作为输出介质，不再受限于各种物质化载体，因此，数字文创商品的策划更加需要聚焦于核心的创意内容，只有创意才能吸引足够的文旅消费者购买。

其一，数字文创商品策划需要有深刻的价值内涵和文化底蕴，是扎根于不同文化塑造的精神内核和文化 IP。其二，数字文创商品策划需要将抽象的创意设计为可执行的方案，不仅要增加消费者的个性化元素，纳入消费者的独特需求与体验，更要将消费者从被动接受者转化为主动参与者，让消费者在与文创商品的双向互动中投入更多情感，提升文创商品的价值（葛宝东，2022）。其三，在设计方案的指导下，还需要充分利用数字技术将文化创意生动地展现在消费者面前，利用视觉元素和艺术语言更清晰地向消费者传递文化精髓。具体而言，可以利用区块链、NFT、AR、VR、AI 等新一代数字技术，延展商品的时间和空间，连接数字世界与现实世界，打造交互式、沉浸式的文化消费新场景，提供数字文化新体验。

基于上述对数字文创商品策划的分析，下文针对数字文创商品的具体类型及其特点展开深入的分析。根据已有资料和数据，数字文创商品主要包括数字化收藏品、数字化纪念品和数字化艺术品三个类型，如表 4–5 所示。

表 4–5　数字文创商品类型及其目标市场

数字文创商品类型	目标市场	市场需求
数字化收藏品	青年群体	追求藏品的稀缺性、不可复制性，通过藏品表达自己的态度和眼光，追求特立独行、独一无二
数字化纪念品	青年群体	追求独一无二、仅属于自己的纪念品，偏好反映个人和社会历史的文化存档
数字化艺术品	青年群体	追求个性化、透明化，体现独特的艺术品位，可随时购买或出售自己钟爱的艺术品

数字化收藏品指的是将博物馆、图书馆、档案馆、艺术品机构等机构或个人所收集的实物文化遗产、艺术品、历史档案等数字化处理，通过互联网、移动终端等渠道向用户提供的数字文创商品。每个数字化收藏品都映射着特定区块链上的唯一序列，不可篡改、不可分割，也不能互相替代，它们通常有特定作品、商品的实际价值作为支撑，包括图片、音视频、文字、数字重建和 3D 模型等多种形式。数字化收藏品不仅保留了实物文化遗产的历史、艺术、故事等特性，也方便观众学习、欣赏和研究（胡盈，2023）。数字化收藏品主要面向的是青年群体，90 后、00 后群体已然构成了数字化收藏品的核心购买力。这一群体热衷于在各方面第一时间体验新事物，乐意迎接挑战，追求创新和积极的生活方式。正是由于他们追求藏品的稀缺性、不可复制性，希望通过藏品来表达自己的态度和眼光，由此树立自己特立独行、独一无二的当代青年形象，才让他们成为当前数字化收藏品购买的主力军。

数字化纪念品是一种以数字形式呈现的纪念品。在元宇宙技术的加持下，数字化纪念品成为文旅消费者永久纪念"到此一游"的新选择，如数字纪念章、纪念币、纪念邮票等。与旅游纪念品类似，数字化纪念品主要承载的是纪念意义，是为了长久保存某段旅行的记忆而购买的物品，它们大多仅有纪念功能，少部分也有使用功能（赵勤恒，李旭，2016）。不同的是，数字化纪念品并非以实物的形式存在，而是需要借助现代化的数字技术方能保存，同时与高度同质化、复制性强的普通旅游纪念品不同，数字化纪念品拥有数字版权和唯一的数字凭证，不仅有纪念意义，还有收藏意义，因此也有许多人认为数字化纪念品属于数字化收藏品。数字化纪念品同样面向的是青年群体，这一群体对区块链技术更感兴趣，追求独一无二、仅属于自己的纪念品，偏好反映个人和社会历史的数字文化存档。

数字化艺术品是指利用计算机技术生成的具备某种艺术价值的一组数据。根据《艺术品经营管理办法》，艺术品通常包括绘画、书法篆刻、雕塑雕刻、艺术摄影、装置艺术、工艺美术等，以及它们的有限复制品。与传统的物理创作的艺术品相似，数字化艺术品同样具备唯一性和收藏价值，有时也被归属于数字化收藏品。数字化艺术品一方面指的是对原有的经典艺术作品进行数字化转化，另一方面是指运用数字化技术手段进行当代艺术创作。在数字化艺术品中，数字技术作为创作或演示过程中的重要组成部分，表现形式包括但不限于图像、影像、音频等，但数字化艺术品的本质只是一串有丰富内涵的数字代码（张艺璇，向勇，2023）。基于区块链技术，数字化艺术品有自己独一无二的身份标识，在互联网上人们可以轻松实现交易，也能够快速地追溯和确权（张劼圻，蒋菁，2022）。数字化艺术品的目标市场是青年群体，尤其是青年群体中热爱传统艺术或现代艺术的人群，他们希望通过数字化艺术品来体现自己独特的艺术品位，追求艺术品的个性化、透明化、便利化，希望能够随时购买或出售自己钟爱的艺术品。

二、文创商品的数字化应用

上文详细介绍了数字文创商品的类型和瞄准的目标市场，基于此，本部分进一步阐述在文创商品当中，数字化技术如何得到应用，以及通过应用这些数字技术，能够为文创商品带来哪些新的发展和机遇。表 4–6 列出了不同类型的数字文创商品对应使用的数字技术、实现的基本功能或意义，以及相应的案例。

表 4–6　数字文创商品的数字化应用

数字文创商品类型	使用的数字技术	意义 / 功能	举例
数字化收藏品	区块链、NFT、元宇宙、云计算、数字化、VR、AR、AI 等	1. 重新定义互联网时代虚拟物品的价值和消费模式 2. 为消费者提供永久的数字收藏品 3. 为消费者提供独一无二的数字资产，提升藏品的稀缺性	河南博物院 3D 版“妇好鸮尊”、定鼎中原系列数字藏品、敦煌系列数字藏品、西安—大明宫系列数字作品等
数字化纪念品	5G、区块链、NFT、元宇宙、云计算、VR、AR、AI 等	1. 颠覆原有纪念品的高度同质化、可复制性的特点 2. 推动文旅纪念品的设计、制造和营销创新 3. 开创数字化与实体纪念品结合的旅游商品新零售模式	海洋 NFT 数字盲盒、上海地铁“城市天际线”纪念品、《只此青绿》数字藏品纪念票、话剧《红楼梦》数字纪念票等

续表

数字文创商品类型	使用的数字技术	意义 / 功能	举例
数字化艺术品	数字媒介(数字绘画、数字摄影、数字影像、三维建模、虚拟现实等)、区块链、NFT 等	1. 为艺术家和创作者提供了一个全新的创作和表现平台 2. 增强艺术品的生命力，让经典 / 现代的艺术品接近社会大众 3. 融合传统艺术与数字艺术，增加艺术品的形式	上海交响乐团发行的音乐 NFT 艺术品、中国青年出版总社联合 Meta 平台发布的《双饮图》、千里江山宫猫入画图、李洋作品《画梦 30 年》等

无论是数字化收藏品、数字化纪念品，还是数字化艺术品，都是依赖数字技术才能存在的文创商品类型，可以说，离开了数字技术，这些文创商品将不复存在。因此，对于数字文创商品而言，数字技术是其发展的根基，也是改变传统文创商品的创意、生产、加工、传播、流通和消费等方式的关键。区块链(Blockchain)技术和 NFT(Non-Fungible Tokens，非同质化代币)技术是数字文创商品中的核心技术，正是因为它们具有在数据上不可篡改、数据可回溯、公开透明的技术特点，才让数字文创商品得以出现(刘倩倩，贺晨芝，陈晓扬，张喆昱，2023)。区块链技术可以让互不信任的人，在没有权威中间机构的介入下充分信任对方，并由此进行信息与价值互换。NFT 是一种被称为区块链数字账本上的数据单位，每个代币可以代表一个独特的数字资料，可作为虚拟商品所有权的电子认证或证书，因此 NFT 可以代表艺术品、纪念品、收藏品等独一无二的数字资产。在区块链技术和 NFT 技术的共同支持下，文创商品得以实现数字化发展。

数字文创商品除了上述共同数字技术外，也存在着一定的差异。在数字化收藏品中，还运用了元宇宙、云计算、数字化、VR、AR、AI 等数字技术，经典的案例包括河南博物院 3D 版“妇好鸮尊”、定鼎中原系列数字藏品、敦煌系列数字藏品、西安—大明宫系列数字作品等。通过运用数字技术，数字化收藏品重新定义了互联网时代虚拟物品的价值和消费模式，不仅为消费者提供了永久的数字收藏品，更为他们提供了独一无二的数字资产，提升了藏品的稀缺性。

【同步案例：敦煌神鹿呦呦系列】

2022 年 9 月 28 日，由央视网孵化建立的数字藏品发售平台“央数藏”上线了敦煌神鹿呦呦系列数字藏品，通过数字化的方式呈现与传播敦煌文化。这一系列数字藏品以“神鹿呦呦”为主要载体，同时从敦煌文化中著名的故事传说与历史人物中寻找创作灵感，并在设计过程中参考唐卡设计，利用鹿神彩绘花纹及互动3D场景来表现不同的主题故事，共包括三款故事向藏品，两款历史向藏品，以及一款文化向藏品。在发售形式上，敦煌神鹿呦呦系列数字藏品以盲盒形式共计发行了8 400份，其中三款故事向藏品各2 100份，两款历史向藏品各900份，文化向藏品300份。用户通过下载央视影音App，进入首页或“我的”页面，点击“央数藏”即可进行收藏。购买敦煌神鹿呦呦系列数字藏品的用户还有机会享有各种福利，如集齐该系列六款藏品将有机会抽取盲盒。此外，收藏者还可能获得官方赠送的实物周边、数字藏品空投、央视网选优惠券等奖品，也可能获邀参与央视网主办的线下活动，包括节目录制、大型活动、赛事等。

资料来源：梦回敦煌、神鹿为伴，央数藏上线敦煌神鹿呦呦系列数字藏品．中国青年网，2022-09-27.

数字化纪念品中的数字技术还包括5G、元宇宙、云计算、VR、AR、AI等。目前知名度较高的数字化纪念品包括海洋NFT数字盲盒、上海地铁“城市天际线”纪念品、《只此青绿》数字藏品纪念票、话剧《红楼梦》数字纪念票等。基于这些数字技术的运用，数字化纪念品颠覆了原有纪念品的高度同质化、可复制性的特点，既推动了文旅纪念品的设计、制造和营销创新，又开创了数字化与实体纪念品结合的文旅商品新零售模式，为消费者提供了更加多样化的消费选择。

【同步案例：上海地铁“城市天际线”】

2023年2月5日，Metro大都会（上海地铁专用App）推出了以“城市天际线——吴中路地铁站”为主题的数字文创纪念品，整合数字文创和乘车权益，为用户出行带来惊喜。有别于普通的数字纪念品，除纪念功能外，“城市天际线”还叠加了乘车功能，不同的纪念品可以叠加不同次数的乘车权益，让用户以不同的价格来购买，同时还可以享受到纪念品更加丰富的实用功能。“城市天际线”主界面采用邮票小型张的收藏概念，点击相应窗口，可以看到不同角度的IP形象大图，呈现吴中路地铁站匠心独具的设计。点击点位图可以看到地铁站设计的细节，站台天花板上的一个线性LED灯带，光带的运动轨迹和站台两边地铁的行驶方向一致。360度的全景效果突破二维平面，带给用户身临其境的感受。当用户拿着手机，站在实景场地中移动手机时，屏幕的场景画面会与实景同步。IP的动效展示带来更多的视觉体验，纪念品的展示、纪念品背后的故事，以及乘车功能，共同构成了这一数字化纪念品。

资料来源：上海地铁首发“数字文创纪念品”．上海地铁官网，2023-02-06.

数字化艺术品主要还使用了数字媒介技术，如数字绘画、数字摄影、数字影像、三维建模、虚拟现实等，例如上海交响乐团发行的音乐 NFT 艺术品、中国青年出版总社联合 Meta 平台发布的《双饮图》、千里江山宫猫入画图、李洋作品《画梦 30 年》等。数字技术赋予了艺术行业新的活力。它不仅为艺术家和创作者提供了一个全新的创作和表现平台，也通过数字技术增强了艺术品的生命力，让经典或现代的艺术品接近社会大众，让大众也能理解艺术品所要表现的深刻内涵。此外，数字化艺术品融合了传统艺术与数字艺术，增加了艺术品的形式，让艺术的传承和弘扬渠道更加多元化。

【同步案例：超现实艺术家 Beeple 的作品】

2021 年，在英国拍卖行佳士得举办的数字艺术品（NFT）拍卖会上，超现实艺术家 Beeple 的作品以 6 934 万美元（约 4.51 亿元人民币）拍卖价格成交。画家 Beeple 原名迈克·温克尔曼（Mike Winkelmann），是一名来自美国威斯康星州的 39 岁男性，这幅名为"Everydays：The First 5000 Days"的艺术作品是一幅 21 069×21 069 像素的拼贴画，准确地说，是一个 316MB 的 JPG 文件，集合了 Beeple 从 2007 年 5 月以来每天创作的全部艺术品，转为非同质化代币（NFT）出售。NFT 全称 Nonfungible Token，是一种存在于区块链的加密数字资产，非常适用于数字艺术品、Video、IP，不可替代的 Token 是唯一的数字标记。这些数字艺术品托管在区块链上，不能互换，并且可证明是稀缺的，像佳士得这样著名的拍卖行已经接受了这一新技术并赋予了其合法性。竞拍成功的买家是 NFT 工作室和基金 Metapurse 创始人 MetaKovan，在采访中他说这件作品会成为"这一代人最有价值的艺术品"。很多人从报道这次拍卖的新闻头条首次知道 Beeple 的名字，这场艺术拍卖盛事亦令 NFT 升温，它将如何影响未来的艺术市场引人关注。

资料来源：4.51 亿元天价数字艺术品拍卖之后的思考 . 第一财经新闻，2021-03-15.

综上所述，数字技术为文创商品开辟了一条崭新的道路，文旅经营者可以直接向消费者提供数字形式的具有唯一性特征的文创商品，供消费者留作纪念或收藏，解决传统文创商品高度同质化、可复制等问题。值得注意的是，数字文创商品虽然存在，但并不一定会成为文创商品的主流，其虽具有收藏性、纪念性和观赏性，但整体而言只能针对部分青年群体，大众群体可能仍然更愿意接受实物形式的文创商品。尽管如此，数字技术对文创商品的开发仍然具有重要意义，在实践中应得到关注。

三、实例分析

上文详尽地介绍了各类数字文创商品的策划、含义、目标市场、数字化应用等内容，为了加深学习者对这些知识的理解，本部分借助对“乐山大佛数字纪念票”这一数字文创商品案例的分析，启发进一步思考。前文中指出，数字文创商品策划最关键的是聚焦于核心的创意内容，这一创意需要具备深刻的文化底蕴和价值内涵，创意不仅要足够抽象，还要有刺激性的视觉元素和精炼的艺术语言，要能够向文旅消费者传达其中蕴含的文化精髓。因此，只有在创意上用心策划，才能吸引消费者购买。

乐山大佛智慧旅游有限公司成立于 2017 年 9 月，由乐山大佛旅游投资开发集团有限公司和浙江深大智能科技有限公司共同出资组建。乐山大佛智慧旅游有限公司是一家按照“旅游 + 互联网 +N”的发展思路和“起源乐山、立足四川、辐射西南”的发展定位，倾力打造目的地产品、服务、营销创新推广的旅游互联网企业。2022 年，乐山大佛智慧旅游有限公司进行了一场关于“乐山大佛数字纪念票”的文创商品策划，作品名称为“夜游三江大佛”。

“乐山大佛数字纪念票”的策划根植于乐山大佛本身和乐山本地的历史文化，希望通过这一数字纪念票让文旅消费者更加了解“大佛故事”。具体而言，乐山大佛又名凌云大佛，地处四川省乐山市，岷江、青衣江和大渡河三江汇流处，与乐山城隔江相望，是世界上最大的石刻弥勒佛坐像，通高 71 米，是我国现存最大的一座摩崖石刻造像。乐山大佛坐落在三条大江之间，传说江水由龙王掌管，古时三条大江波涛汹涌，出行舟楫经常倾覆，海通禅师一是为镇压作乱的龙王，二是为减少水势，故而开凿大佛，保一方百姓平安。

在这一个小小的纪念票中，还蕴藏着丰富的文化内涵细节。如图 4-1 所示。(a)图是青龙傍身。在乐山大佛周围，有一条青龙伴其左右，这是掌管江水的龙王，龙王在大佛身后意味着乐山大佛有着掌控龙王的本领，可护佑水边居住百姓的安全。(b)图代表人杰地灵。其中亭子是载酒亭，是后人为纪念苏轼而建。传说苏轼在这里读书期间，载酒泛舟，悠游于山水之间。宝塔是灵宝塔，建于唐代，相传海通法师的骨灰就安入灵宝塔中。(c)图是六度文化，是以弥勒成佛的六个阶段为设计理念，设置布施、持戒、忍辱、精进、禅定、般若六个节点，让文旅消费者感受弥勒佛成佛之路的非凡过程。(d)图是夜游三江，是乐山特有的游玩体验。夜景分为四大篇章，依次是古城再现、国画山水、国画城市、睡佛初醒。古城墙在光影中连成一体，宛如水上的金色纽带，临江而立的楼观与灯火，映射出古城壮美、古朴、沧桑的轮廓，更加全面地演绎乐山故事。

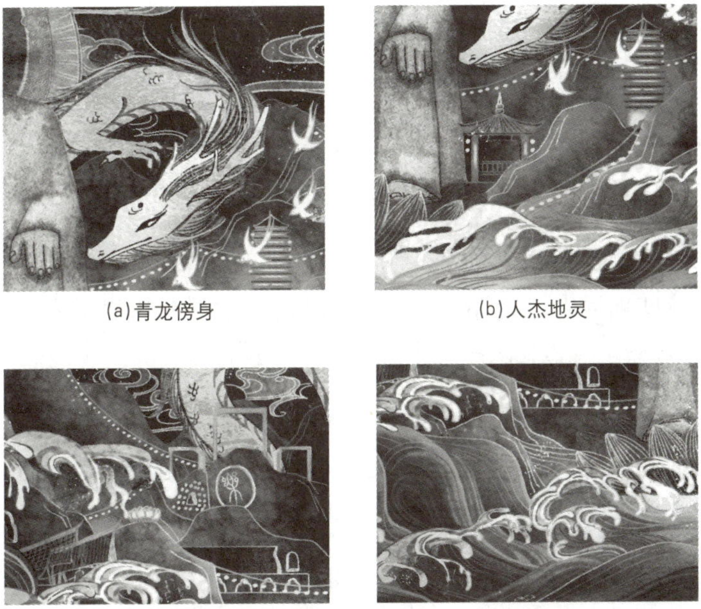

(a)青龙傍身　　(b)人杰地灵

(c)六度文化　　(d)夜游三江

图 4-1　乐山大佛数字纪念票的设计细节

实际上，这一数字纪念票并非是平面的，而是三维立体且可动的纪念票，是数字藏品的一部分，主要发挥旅游纪念品的纪念功能。这一数字纪念票依赖于数字技术，主要采用区块链技术进行 IP 版权保护及确权，每一个纪念票都有独一无二的链上序列号。旅游者在购买乐山大佛数字纪念票后，将收藏在官方小程序中，每一个数字藏品都代表特定作品、艺术品和商品或其限量发售的单个数字复制品，也就是说，每位文旅消费者都将拥有独一无二的数字纪念票，相关信息一经上链不可篡改，为文旅消费者提供了独特的珍藏和纪念价值。

由乐山大佛数字纪念票的策划实例可知，进行数字文创商品策划应牢牢把握文化内涵，充分运用文化知识和地方知识去进行文创商品的设计。具体来说，对某一文化内涵的把握不应局限于某个物品或某个故事，而要有历史观和系统观，历史观体现在对故事来龙去脉的把握和呈现上，系统观则体现在对故事发生背景及场景的联系与结合上。一个小小的数字文创商品，不仅要讲述某个历史故事，更要传达出这一历史故事背后呈现的文化脉络，让文旅消费者能够穿越时空，真正地理解故事的内涵。数字技术为文创商品赋能，让商品不再是静止的状态，通过让商品流动起来增强了其故事感，也强化了文旅消费者对文创商品背后故事的理解。

本章小结

数字文旅策划是促进文旅产业与数字技术进行融合的现实支撑，也是推动文旅产业数字化转型的关键。基于这一理解，本章展开了数字文旅策划的实务分析，并分别探讨了三大数字文旅策划类型，即数字文旅项目策划、数字文旅节事活动策划、数字文创商品策划。

数字文旅项目策划可划分为数字文博、数字景区/景点、数字酒店/民宿、数字夜游四个项目策划。在这些项目中，数字技术的应用有助于丰富项目内容、增强文旅消费者体验、完善管理机制等，是促成特定文旅项目落地的重要技术手段。

数字文旅节事活动可划分为沉浸式演艺、沉浸式展览展示、沉浸式节日庆典、沉浸式会议四个类型。整体而言，数字技术主要是一种辅助性功能，为这些活动赋能，增强原有场景的体验感、沉浸感，同时，数字技术也能为文旅节事活动带来了一些新的发展机会。

数字文创商品包括数字化收藏品、数字化纪念品和数字化艺术品三个类型，主要依靠的是区块链技术和 NFT 技术。数字文创商品是依赖数字技术才能存在的独特文创商品类型，因此数字技术是其发展的根基，也是改变传统文创商品的创意、生产、加工、传播、流通和消费等方式的关键。

通过本章的学习，同学们不仅了解了数字文旅策划的基本内容，把握了数字文旅发展的具体方向，也认识到了数字文旅策划工作中的重点和难点。

练习与实践

1. 学习了本章知识，你掌握了哪些数字文旅策划的要点？请列出要点并举例说明。

2. 请简述数字文旅项目、数字文旅节事活动、数字文创商品的含义，并列举它们之间在应用数字技术中的异同点。

3. 请选择你感兴趣的任意一种数字文旅策划类型，尝试依照本章知识进行一次策划。

即测即评

第三篇　数字文旅管理

第五章 文旅产业数字化管理

学习目标

1. 理解数字文旅产业治理的核心概念和重要性,了解数字化与文旅产业结合的背景。
2. 掌握基于大数据的文旅规划与宏观决策方法,能够运用大数据分析技术进行文旅业务规划和宏观策略制定。
3. 熟悉文旅市场监测与治理的重要内容,包括市场监测与信息公开、文旅市场数字化治理的方法与工具。
4. 了解文旅产业监测与管理的重点领域,包括数据资源整合与共享、产业运行监测与管理、文化遗产数字化保护的关键技术和策略。
5. 探讨数字文旅产业管理在推动文化和旅游可持续发展中的作用和挑战。

1. 在数字化背景下,文旅规划和宏观决策的精准性和科学性得到显著提升。

2. 数字化使文旅市场监测与治理变得更加精细和实时,从而打造诚信的、真实的、公平竞争的市场秩序。

3. 数字化监测与管理可以更准确地掌握市场动态和文旅消费者需求,同时为文旅产业带来更多的创新和发展机遇。

4. 利用数字化手段保护文化遗产时,要注意尊重历史和文化的完整性,避免因技术发展而破坏文化遗产的真实性和独特性。

案例导入

湖北省智慧旅游省级综合平台

第一节 旅游目的地数字治理

一、旅游目的地服务供给中的政府治理

数字治理理论是治理理论与互联网数字技术结合而催生的新公共管理理论，它强调基于信息技术的管理系统变革以及政府与公众互动方法变革的重要性。

旅游目的地服务供给是由政府主导驱动，文旅企业、行业协会、居民和文旅消费者等多利益主体协同供给的综合服务供给行为。这里的综合服务可以理解为“一揽子文旅设施和服务”，包括文旅场所、住宿、餐饮、交通、文旅活动和辅助服务等。由于多数文旅资源具有强公共属性，这就要求政府以增进人民福祉作为文旅治理的出发点和落脚点，保障旅游发展成果全民共享。同时，旅游目的地服务涉及交通、通信等跨部门、跨地域、跨平台的整合协调，而政府在调动这些资源上具备绝对优势。因此，政府在协调过程中起主导作用，并承担着纠正文旅市场失灵的职责。除政府主导作用外，其他供给主体的作用同样关键。尤其是在数字技术的推动下，产业融合、无边界化成为文旅供给体系创新发展的重要体现，要求文旅服务供给体系的构建主体更加多元化。

二、数字治理中的政府角色

数字治理理念包括用数字技术治理、对数字技术治理和数字社会中的治理。不同理念下，政府在高质量文旅服务供给生成过程中扮演的治理角色及影响机制呈现异质性。

“用数字技术治理”，侧重于运用数字技术手段，对内提升政府管理效能，对外提升政府透明度和公共服务水平。其本质上更接近于电子政务或数字政府的内涵。在“用数字技术治理”的理念下，政府主要是作为数字技术使用者，基于大数据、物联网和云计算支撑的大型文旅数据中心，通过对文旅消费者或服务供应商行为的监测与跟踪促进文旅服务优化升级。由于对文旅治理中数字化应用的认识普遍囿于技术嵌入，导致数字技术使用者这一角色长期受到关注。用数字技术治理被称为一般意义上的数字治理，其特征是依赖技术本身的促进作用，但欠缺数字理念层面的系统思考。尽管如此，实践中各地政府持续推进数字技术设施建设（包括基础设施建设、数据中心建设及数字应用开发等），强化数字技术在文旅公共服务和政府管理职能中的效用，也推动了优质数字文旅产品和服务供给。该治理角色主要通过两条路径影响文旅服务供给：一是通过数字驱动的公共服务直接提升服务供给质量。即政府全面集成分析文旅场所、交通、住宿、通信等多源异构数据，形成对文旅市场供需间表现特征与匹配

效率的数字洞察，并在此基础上通过文旅大数据推动目的地服务精准供给。二是政府通过对服务供应商实行数字化监管，间接提升服务供给质量。即运用区块链等信息技术手段，实现对文旅场所、旅行社、旅游购物商店等服务供应商的高效管理，规范文旅市场秩序。

“对数字技术治理”或“数字社会中的治理”，强调数字治理不仅是政府自身的数字化变革，更是政府在数字时代广泛深远的社会变革和管理方式创新。该内涵下的研究会以更加开阔的视角来审视政府、企业和社会等多主体在信息社会形态中的相互作用关系，并强调通过治理体系和治理能力变革，适应乃至促进整个社会的数字化转型。在“对数字技术治理”及“数字社会中的治理”的理念下，要求目的地政府推动数字理念变革，由一般性公共服务治理转向目的地整体文旅服务供给的治理，促进数字技术更好地应用于全域文旅服务供给，从而有效应对数字时代的各类复杂问题。近年来，政府作为数字平台建设者回应上述要求，政府数字治理平台不仅是数字治理中普遍的政府治理平台，更是兼具公共性和商业性的多元主体协作供给平台，从而以数字服务平台形式促成新的信息交流、价值共创及全要素赋能等模式效应，推动目的地多元利益主体间的文旅资源共建共享共有，实现文旅服务供给提质升级。对数字技术治理主要通过两条路径影响文旅服务供给：一是政府搭建包括自身在内的全域文旅服务主体间的协作共享平台，整合文旅资源要素，促进多方合作互补。例如，政府发挥数据总量优势，以数据共享形式助力文旅企业拓展业务、精准营销及制定商业规划；企业发挥市场数据和技术优势，助力政府形成集成化、多元化、定制化的服务功能，从而提升目的地综合管理和服务供给质量。二是面对广大散客的碎片化需求，政府搭建本地服务供应商与文旅消费者间的互动平台，协助文旅供应商打造更具本土特色的文旅服务，推动形成个性化和差异化区域文旅服务供给体系。在该平台中，服务生产方式由单一主体生产转为多主体生产共创，大量灵活的个体文旅服务供应者，包括餐厅、民宿经营者、导游、司机等都有权提供服务，甚至形成在文旅利基市场中满足长尾需求的能力。总的来说，数字平台是政府根植于文旅消费市场需求而形成的新型文旅服务供给生产组织架构。该平台能极大减少服务主体间的认知与沟通成本，实现资源互补、互惠共赢、协同发展。

三、数字治理的影响因素

数字治理对高质量文旅服务供给的作用主要受到技术维度和组织维度的影响。

在技术视角下，以智能信息与通信基础设施建设、大数据、物联网、区块链等为代表的数字技术和数字基础设施是技术维度的核心要素。

在组织视角下，数字治理有效的先决条件是再造组织架构和运营流程，并开发新的目的地管理方法以适应数字时代的新变化,而非简单的技术实施。这其中政府支持、领导力、人力资本等要素发挥着重要作用。其中,政府支持包括财政资源、数字化发展政策、便利条件等因素。正向的政府支持可以促进服务改进和创新。政府领导者可以通过参与式治理,建立以数字化为发展重点的制度并积极变革管理向数字化过渡,从而营造数字友好的目的地创新环境,而充足的人力资源能保证目的地有能力开发响应复杂文旅需求和竞争的新功能系统。

(1) 数据共建共享。数据共建共享是指由政府搭建文旅大数据平台,推动政府内部及政企间的数据共享利用,从而为目的地政府洞悉文旅市场规律及趋势、预测文旅消费者行为提供数据资源体系支持,推动服务创新从浅层技术驱动转变为价值数据驱动,实现供需动态匹配。例如,杭州"城市大脑"文旅系统对内推行多级多部门数据互联互通,对外推动政企双向数据开放共享,内外协同实现管理数据和商业数据叠加,从而以数据综合分析研判支撑政府决策和治理、以数据关联应用改善公共服务、以数据交换共享助力企业经营管理,从多维度促进高质量服务供给。

(2) 数字基础设施。数字基础设施是数字经济的基础保障,包括 5G、数据中心、人工智能等新一代信息通信技术,以及基于上述数字技术形成的各类数字平台。数字基础设施作为技术运行的先决条件,全面深入数字文旅管理、服务和营销等领域,不仅为治理数据畅通搭建起"信息高速公路",还为智慧景区、智慧出行、沉浸式娱乐体验等数字文旅服务提供"底座"保障。

(3) 注意力分配。注意力分配是政府工作的关键启动要素,要求目的地政府以推动高质量文旅服务为发展使命,制定有效的公共政策,并跟踪项目建设进展,依据市场反馈和技术迭代及时作出工作调整。各个目的地政府在注意力分配方面存在差异,这种差异就会导致数字治理出现不同的结果。例如,有些目的地城市自我国正式提出智慧旅游战略以来持续投入高注意力,保持对数字文旅服务质量的持续追踪,并根据数字消费趋势及时制定新方案。有一些目的地城市因为领导更替而出现注意力中断,还有部分目的地政府没有及时出台鼓励政策和规范文件,导致企业发展数字化时战战兢兢,低注意力分配使区域数字文旅发展始终在原地徘徊。

(4) 动态能力。动态能力原指企业整合、构建和重新配置内外部资源以适应复杂环境变化的能力,主要包括感知、利用和重组资源的能力。公共部门同样需要培育动态能力,以适应公众日益增加的服务需求和频繁的政策变化等各类复杂环境,尤其是在面临快速巨变的数字经济时动态能力更为重要。旅游目的地数字治理情境下的动态能力可以定义为"目的地政府跟踪感知文旅市场的动态变化,把握机遇并通过资源重组满足文旅消费者需求的能力”。主要体现为政府凭借数据分析与应用能力及新媒体洞察力，来更好地识别和应对复杂文旅变化趋势。文旅数据的采集是没有尽头的，数据量会越来越大，涉及范围越来越宽，需要持续跟进学习，不断培养数据分析和应用能力。同时，文旅部门要学习和利用新媒体营销手段，抓住互联网营销机遇为历史文化资源的活化复兴创造条件。组织条件中的注意力分配是培育动态能力的前提条件，组织会依据注意力方向和刚柔性质选择性培育动态能力。

(5) 智慧应用场景。智慧应用场景是指5G、大数据、云计算、物联网、人工智能、虚拟现实、增强现实等现代信息技术，在文旅服务、文旅管理、文旅营销、文旅产品等领域的综合集成应用成果，如智能营销、智能导览、沉浸式体验等。智慧应用场景与文旅消费者体验关系紧密，被认为是数字文旅体系建设的重要一环。智慧应用场景作为影响数字治理的环境条件之一，体现了区域文旅数字资源和数字应用的供给水平。我国不同的目的地政府在应用智慧场景时采用了不同的策略。如桂林市、九江市等景区型旅游城市的智慧应用场景主要是围绕景区的智慧预约预订、智慧导览讲解等，文旅服务供给相对单一；而上海市、成都市等体验型旅游城市，除了建设景区应用场景外，还会围绕着全域文旅服务开发数字文旅营销、智慧交通调度、智慧酒店入住等应用场景，拥有丰富的文旅服务供给。

(6) 旅游经济水平。旅游经济水平是指区域内由文旅消费者活动引起的，文旅者同文旅企业间以及文旅企业同相关企业间联系所产生的经济水平，通常以旅游收入衡量。区域旅游经济水平表征着目的地需求水平，会影响服务主体的供给理念，进而作用于服务供给质量。对目的地政府而言，在旅游经济高水平地区，文旅产业可能升级为支柱型产业，促进政府注意力分配及财政支持倾斜；在旅游经济低水平地区，政府也可能加大建设力度来弥补市场不足和支持市场发展。对企业来说，旅游经济高水平地区的企业，经济实力、数字技术设施、数字化发展理念等表现较好，有助于以数字驱动实现高质量文旅服务供给。智慧应用场景与旅游经济水平两个环境要素分别反映了目的地供需表现。

第二节　文旅规划与宏观决策

数字技术的广泛应用不仅改变了文旅产业的运作方式和服务模式，还对文旅规划和宏观决策产生了深远的影响。文旅数字化时代的到来意味着海量数据的涌现，这些数据可以帮助我们深入了解文旅市场和文旅消费者行为。通过数据分析，文旅规划者能够制定更精准的目标，预测文旅趋势，并优化文旅产品和服务，以满足文旅消费者需求。充分利用数字化技术或大数据,能够更好地应对文旅规划与宏观决策中的挑战,实现文旅产业的可持续发展。

一、基于大数据的文旅规划

在数字化时代,大数据成为文旅产业发展的重要驱动力。通过海量的数据收集、整理和分析,基于大数据的文旅规划能够为目的地和文旅从业者提供更准确、更科学的决策支持。

(一)基于大数据的文旅规划内容

1. 文旅市场分析

通过收集和分析文旅市场的数据,包括文旅消费人口统计、消费行为、偏好等,文旅规划者可以深入了解不同市场的需求和趋势。这将有助于确定目标市场、产品定位和推广策略,提高文旅产业的市场竞争力。

2. 文旅资源评估

基于大数据的文旅规划能够对目的地的文旅资源进行评估和分析,包括自然景观、文化遗产、旅游设施等。通过评估文旅资源的质量和可持续性,规划者可以更好地保护和利用这些资源,实现资源优化配置。

3. 文旅趋势预测

大数据分析能够揭示文旅产业的发展趋势,如热门旅游目的地、流行的文旅活动等。通过预测趋势,文旅规划者可以及时调整文旅项目开发策略,抢占市场先机,提高目的地的吸引力。

4. 目标市场确定

基于大数据的文旅规划允许规划者更准确地确定目标市场。通过分析文旅消费者的偏好、消费习惯和消费兴趣,可以有针对性地推出特定的文旅产品和服务,以吸引更多的潜在消费者。大数据可以跟踪和分析文旅消费者的行为轨迹,通过深入了解文旅消费者行为,文旅规划者可以提供更加个性化的文旅服务,提高文旅消费满意度和忠诚度。

(二)基于大数据的文旅规划意义

1. 提高决策的准确性和科学性

传统的文旅规划往往依赖于经验和直觉,容易受主观因素影响。而基于大数据的文旅规划可以通过客观的数据支持,帮助决策者做出更准确、更科学的决策,降低决策风险。

2. 提升文旅规划质量

文旅规划者通过对文旅资源进行评估和分析,可以使文旅资源能够更加精准地匹配文旅消费者需求。通过分析文旅资源的使用情况和文旅消费者的需求偏好,可以合理配置资源，提高资源利用率，同时避免资源的过度开发与浪费。另外，基于大数据的文旅规划能够深入了解文旅消费者的需求和偏好，提供更加个性化的文旅服务和体验。这将有助于吸引更多的文旅消费者，提高目的地的口碑和美誉度。

3. 提升文旅规划效率

传统的文旅规划往往依赖于有限的调查和统计数据，效率较低且容易出现偏差。而大数据技术能够实现数据的实时采集和分析，从而大幅提升文旅规划的效率和准确性。

4. 实现可持续发展与文旅产业创新

大数据的应用使得文旅规划者能够更加全面地考虑可持续发展因素，包括环境保护、社会责任和经济可行性。通过科学的数据分析，文旅规划者可以制定符合可持续发展理念的规划方案，保障文旅产业的可持续发展。另外，大数据分析为文旅产业带来了创新的机会。通过对数据的深度挖掘，可以发现新的文旅业态、新的营销模式和服务方式。

综上所述，基于大数据的文旅规划对于文旅产业的发展具有重要的意义。它能够提高决策的准确性和科学性，优化文旅资源配置，提升文旅体验，促进文旅产业的创新和可持续发展。在数字化时代，文旅规划者应充分利用大数据分析工具，将数据驱动的思维融入规划过程中，实现文旅产业的高质量和可持续发展。

二、基于大数据的宏观决策

在数字化时代，大数据技术的应用为文旅宏观决策提供了强有力的支持。大数据的广泛运用使政府和相关机构能够更全面地了解文旅市场和产业发展趋势，从而做出更明智的宏观决策。

（一）基于大数据的文旅宏观决策内容

1. 市场监测与趋势分析

通过大数据技术，政府和文旅机构可以实时监测文旅市场的变化，了解文旅需求的动态变化和潜在的市场趋势。基于数据分析的市场监测有助于做出及时的宏观决策，优化文旅资源配置，适应市场的快速变化。

2. 文旅政策制定

大数据可以提供更准确的市场情报，帮助政府制定更具前瞻性和针对性的文旅政策。政策制定者可以根据数据分析的结果，优化文旅产业结构，引导文旅投资，促进文旅业良性发展。

3. 文旅产业链优化

通过大数据分析文旅产业链上各环节的数据，决策者可以了解整个产业链的运行状况，找到潜在的短板和优化空间。优化文旅产业链有助于提高整体效率,减少资源浪费,推动产业链持续、协调发展。另外,通过大数据分析文旅消费者的偏好和兴趣,政府和旅游机构可以精确地确定旅游目的地的开发方向和规划布局。

4. 文旅消费者可持续发展

基于大数据的宏观决策还可以帮助政府和相关机构更好地考虑文旅消费者的可持续发展问题。通过分析文旅消费者的影响和效益,可以制定合理的发展规划和措施,实现文旅消费者长期可持续发展。

(二)基于大数据的文旅宏观决策意义

1. 提高决策的科学性和精准性

传统的宏观决策往往依赖于有限的数据和主观判断,具有很大的局限性。而基于大数据的决策能够提供更全面、客观的市场情报,使决策更科学、更精准。

2. 强化政策的针对性和灵活性

大数据分析为决策者提供了更深入的市场洞察,使政策制定更加针对具体问题,更具前瞻性。政策制定者可以根据数据分析的结果灵活调整政策,适应市场的动态变化。

3. 优化资源配置和提高效率

基于大数据的决策使得文旅资源能够更加合理地配置和利用。政府和机构可以根据市场需求和数据分析结果,优化资源配置,提高资源利用效率,避免资源的浪费与重复建设。

4. 促进文旅产业的创新和转型

大数据的应用鼓励文旅产业采用新兴的数字技术和商业模式,推动行业的创新和转型。决策者可以基于大数据的分析结果,推动文旅产业向数字化、智能化方向发展,提高行业竞争力。

因此,基于大数据的文旅宏观决策为文旅产业的发展提供了新的机遇与优势。通过全面的数据分析和市场洞察,政府和相关机构能够做出更科学、精准和有针对性的决策,提高决策效率,优化资源配置,推动文旅产业创新和可持续发展。

第三节　文旅市场监测与治理

随着数字化时代的到来,数字技术在文旅市场监测及治理中得到广泛应用,提升了市场监测能力和治理水平。“十四五”文化和旅游市场发展规划强调文化和旅游市场数字治理,数字化背景下的文旅市场监测及治理是文旅产业发展的必然要求。通过数字技术的应用，文旅市场能够更加高效、科学地运行，为文旅消费者提供更优质的文旅体验，为文旅产业的可持续发展奠定坚实的基础。

一、文旅市场数字化治理概念

文旅市场数字化治理强调利用数字技术手段来规范和优化文旅市场秩序。其中的一项重要任务是建立数字化的文旅监管平台，实现对文旅企业、导游和文旅服务质量的监管。通过建立电子化的许可证和监管档案，政府部门可以更加高效地对文旅从业者进行管理和监督，减少不合规行为。此外，数字化监管平台还可以整合各类数据，进行风险预警和文旅事件应急响应，以维护文旅消费者和市场的安全。

二、文旅市场治理内容

文旅市场治理内容包括文旅市场准入管理（旅行社业务经营许可证和营业执照）、文旅商品管理、文旅经营行为管理、文旅合同管理、文旅广告管理、文旅投诉管理等。

文旅市场治理也属于文旅产业管理服务，是促进地方文旅产业发展和保证旅游活动顺利进行的重要举措。主要包括文旅市场秩序维护、文旅消费者投诉维权和文旅安全保障。文旅市场秩序维护主要是指文旅行政管理部门对文旅市场的监管职能，加强对市场经营主体的管控，依法打击查处各类涉文旅违法、违规行为，着力规范文旅市场秩序，切实维护广大文旅消费者的合法权益。文旅消费者投诉维权主要是指文旅消费者的正当、合法文旅权益受到侵害时，文旅消费投诉及处理等内容。文旅行政管理部门在行业管理中的主要任务就是增加投诉受理渠道，使文旅消费者的投诉能够得到及时有效的处理，提升消费者满意度。

三、文旅市场数字化治理内容

（一）信息公开

数字化背景下文旅市场治理是指对文旅市场进行实时、准确、全面的数据收集、分析和评估的过程。并且文旅主管部门加强文旅市场信息的公开和发布，提供市场数据和趋势分析，帮助文旅从业者和决策者了解市场状况和需求变化，有针对性地进行管理和决策。

（二）文旅市场大数据分析

通过大数据技术，我们可以获取大量的文旅相关数据，包括文旅消费者数量、文旅消费、文旅场所流量、在线评论和舆情等信息。这些数据的收集和分析能够帮助政府部门、文旅企业和相关机构更好地了解市场状况和消费趋势,有针对性地制定文旅政策和规划,提高市场透明度和预测能力,以及时应对突发事件和挑战。

(三) 舆情监测与分析

1. 舆情监测

利用舆情监测系统实时监测舆情数据。舆情数据包括各社交网站、论坛、OTA 评价、新闻媒体报道、百度搜索指数等数据。舆情数据可通过爬虫系统获取,无法通过爬虫获取的数据可通过购买方式获取。

2. 舆情分析

运用大数据技术对采集到的文旅舆情数据进行清洗、分类、内容类型权重分析、语义分析、情感判断等操作,在数据自动处理结果基础上,再通过舆情分析人员对分析结果进行二次梳理与加工,实现对文旅舆情热点事件研判、负面舆情发展趋势等分析,通过数据可视化技术实时展示舆情分析结果,最终形成舆情分析报告,为管理者提供市场管理决策依据。

(四) 文旅诚信管理

运用数字技术围绕吃、住、行、游、购、娱 6 个文旅生态要素,采集相关文旅诚信数据,构建文旅诚信数据库,以服务文旅消费者和文旅经营者为出发点,设计开发文旅诚信服务平台,实现对文旅经营者与文旅消费者行为信息的归集、评价分析、公示与预警等基础功能,通过互联网及媒体公布文旅经营者诚信评价、失信企业信息、失信文旅消费者信息,为文旅市场的监管、预警、防范提供支撑。

1. 针对文旅经营者的诚信评级及公布

文旅诚信评级及公布功能针对文旅经营者的经营行为而设定,其评价指标主要包括投诉率、投诉处理反馈情况、文旅消费者评价统计、经营资质是否合格、经营行为是否合规、经营材料是否齐备、价格透明程度和税务上缴情况等。通过以上评价指标,通过互联网、报纸等各类媒介周期性地公布文旅企业诚信评级,并和文旅相关部门共享文旅诚信数据,对于严重失信文旅经营者实施联合惩戒。

2. 针对文旅消费者的诚信评价及公示

并非只有文旅经营者有不诚信现象,文旅消费者的不诚信行为也屡有发生,主要表现为旅游不文明行为、文旅消费过程中的不守信行为等。通过诚信平台收集或登记文旅消费者不诚信行为或消费记录,运用大数据技术及诚信评定数据模型,对文旅消费者的信用等级进行自动评价，必要时结合黑名单系统，对不诚信文旅消费者进行公示和惩戒。

（五）文旅综合执法平台

建立文旅投诉处理机制与文旅市场综合执法平台，及时处理文旅消费者的投诉和纠纷，保护文旅消费者权益，维护市场秩序和良好的文旅形象。

四、文旅市场数字化治理的特点与意义

（一）数字化治理的特点

1. 数据驱动

数字化治理以数据为基础，通过数据分析和挖掘提供决策支持，实现文旅市场智能化管理。另外，数据驱动的方法让文旅市场决策更加科学和准确，减少了主观判断和盲目决策，提升了治理效率。

2. 智能监管

数字化技术使文旅监管更加高效和精准，实时监测和预警有助于快速应对突发事件。智能监控系统和预警系统让文旅管理部门能够更及时地发现问题并采取应对措施，避免事态恶化。

3. 公开透明

数字化治理倡导信息公开与透明化，增加了政府与企业之间的互信，提高了文旅市场的公平竞争性，也让文旅消费者对文旅市场有更多了解和信心。

4. 安全保障

通过智能监控、人脸识别、紧急呼叫系统等技术手段，提升文旅产业安全管理水平，保障文旅消费者的安全，降低文旅活动安全风险。

（二）数字化治理的意义

数字化治理是数字文旅发展的重要基础，有助于构建数字文旅生态系统，推动文旅产业的智能化、现代化发展。文旅市场数字化治理在文旅产业发展中具有重要意义。

1. 提升市场监测与治理效率

数字化手段使数据采集和分析更加高效，能够及时掌握市场变化和问题，快速做出决策和应对措施。

2. 优化文旅服务质量

通过个性化服务，满足文旅消费者多样化的需求，提高文旅服务质量，增加文旅消费者的满意度和忠诚度。

3. 增强市场透明度与公信力

信息公开与透明化使文旅消费者能够了解真实的文旅市场情况，增加文旅消费者对文旅市场的信任，增加市场的透明度，提高文旅市场的公信力，促进市场规范健康发展。

4. 加强文旅安全保障

智能监控与安全保障系统能够及时发现和处理安全隐患，提升文旅安全管理水平，降低文旅安全风险，提升文旅消费者的安全感，保障文旅消费者的人身安全。

5. 推动文旅产业创新与升级

数字化治理促进了文旅产业与信息技术的深度融合，推动文旅产业创新与升级，促进行业的健康可持续发展。另外，数字化治理可提供更精准的市场信息，有助于文旅企业了解市场需求，推出创新产品，促进文旅产业升级和转型。

综上所述，文旅市场数字化治理在文旅产业发展中扮演着关键角色，它通过数据驱动、智能化监管、信息公开与透明、个性化服务和安全保障等特点，提升文旅市场的运行效率与质量，推动文旅产业迈向更加智能化、可持续发展的新阶段。

第四节　文旅产业监测与文化遗产保护

数字化背景下的文旅产业监测与管理是行业发展的关键环节。它通过数据收集与分析、智能化管理、市场预测与趋势分析等手段，为文旅产业提供更有效的决策支持和运营优化，能够更好地适应市场需求，提高经营效率，实现可持续发展。

一、文旅产业数据资源管理

（一）产业数据资源分类

2020 年中共中央与国务院印发的《关于构建更加完善的要素市场化配置体制机制的意见》首次明确将数据资源作为生产要素。文旅产业数据资源管理具有两层意义。第一，整合文化和旅游相关的数据资源，包括文旅场所信息、交通信息、酒店信息等，实现数据的共享和交互，能够为产业监测与管理提供数据支撑（表 5-1）。第二，制定数据管理政策和标准，确保数据合理使用和保护，推动数据开放和共享，以促进数据驱动的创新和决策。

表 5-1　数据资源类型及内容

数据大类	数据子类	数据内容
宏观数据	经济数据	旅游收入、旅游支出、经济贡献、就业情况、产业增加值等
	环境数据	空气质量、噪声水平、景区环境评估、生态保护措施等
	文化遗产数据	文化遗产保护状况、修复工作、文物流失情况、考古发现等
	资源数据	文化资源、旅游景点、文旅产品资源、文物保护状况等
产业数据	行业数据	文旅产业务量、文旅企业数量、行业增长率、市场份额等
	景区数据	景区入园人数、景区流量、游览时间分布、热门景点排名、景区设施使用情况等
	酒店数据	酒店入住率、客房利用率、房价、客房类型、用户评价等
	交通数据	交通流量、交通工具选择、交通拥堵情况、航班 / 车次准点率等
	博物馆数据	博物馆藏品数量、展览数量、参观人数、教育活动数量等
	活动数据	活动参与人数、活动类型、参与度、反馈和满意度调查、活动效果评估等
客源数据	文旅消费者数据	文旅消费者数量、来源地、年龄、性别、消费行为、满意度、行为轨迹等
网络数据	综合数据	网络搜索量、社交媒体活跃度、网络广告点击量、在线预订数据等
	社交媒体数据	用户评论、分享、点赞、话题讨论、情感倾向、社交影响力等
	评价数据	文旅消费者的评价和反馈，包括文旅场所、酒店、旅行社的评价和星级评分等
	舆情数据	社交媒体、新闻、论坛等渠道上关于文旅产业的舆情信息和用户观点
	运营商数据	移动数据流量、手机定位数据、移动用户活跃度、手机信号强度等

文旅产业常见的数据资源主要包括四大类：宏观数据、产业数据、客源数据和网络数据。

1. 宏观数据

宏观数据是影响数字文旅产业发展的外部经济和社会文化环境数据。其中，经济数据关注文旅产业的贡献和经济效益，包括文旅收入、支出和增加值等，为政府决策提供重要参考。环境数据考虑文旅场所的生态环境和环保措施，以确保文旅产业的可持续发展和环境保护。文化遗产数据涵盖文化遗产保护状况、修复工作、文物流失情况和考古发现等。文化遗产数据的收集有助于了解和保护珍贵的文化遗产资源，促进文化遗产的可持续发展和传承。资源数据涵盖文化资源、旅游景点和文旅产品资源的情况，为文旅产业的产品开发和资源整合提供支持。

2. 产业数据

产业数据是数字文旅产业中各细分行业的相关数据。其中，行业数据包括整个文旅产业的运营状况和市场份额，可以了解行业发展趋势和竞争情况。景区数据涵盖景区的运营情况，包括入园人数、游览时间分布、热门景点排名等，帮助优化景区资源配置和运营管理。酒店数据反映酒店的入住率、客房利用率、房价等信息，有助于酒店业务规划和服务质量提升。交通数据关注交通工具选择、交通流量和准点率等，为文旅消费者提供便捷的交通出行信息，提高文旅消费者满意度。博物馆数据反映博物馆的运营情况和参观者数量，包括博物馆的藏品数量、展览数量、参观人数等。通过博物馆数据，可以了解博物馆的影响力和吸引力，评估文化教育活动的效果。活动数据反映文旅活动的参与度和效果，通过满意度调查评估活动效果，为活动策划和营销提供依据。

3. 客源数据

客源数据具体指文旅消费者个体相关数据，包括文旅消费者的基本信息和消费行为，通过满意度调查和文旅消费者行为轨迹分析，了解文旅消费者对文旅产品和服务的满意度和偏好。

4. 网络数据

网络数据是基于互联网的与文旅产业发展密切相关的数据。其中，综合数据包括：网络搜索量，可通过搜索引擎的搜索词数据了解文旅消费者对目的地、文旅场所等的关注度和热度；社交媒体活跃度，反映了文旅产业在社交媒体上的曝光度和用户参与程度；网络广告点击量，可帮助评估网络广告的效果和推广效果；在线预订数据，反映了文旅消费者对文旅产品的需求和预订情况。社交媒体数据是监测文旅消费者对文旅产业的评价和影响力，通过情感分析，了解用户对文旅产品和服务的情感态度。评价数据是文旅消费者对文旅产业的评价和反馈，包括文旅场所、酒店、旅行社的评价和星级评分。通过评价数据，可以了解服务质量和用户满意度，帮助产业管理者改进和提升。舆情数据是关于文旅产业在社交媒体、新闻、论坛等渠道上的舆情信息和用户观点。通过分析舆情数据，可以了解公众对文旅产业的关注度、热议程度，及时了解并回应可能的危机事件和舆论风险。运营商数据包括移动数据流量、手机定位数据等。移动数据流量反映了文旅消费者在特定地点的集聚情况，有助于了解文旅消费者流量的分布和趋势。手机定位数据则可用于文旅消费者的轨迹分析,了解文旅消费者在消费过程中的行为和偏好。

(二) 数据资源开放共享及其意义

数据资源开放共享是指将文旅产业收集的数据资源向公众、企业和政府等对象开放,与其共享。各方可以充分利用多样化的数据,全面了解文旅产业发展和市场趋势,以作出科学决策。数据资源开放共享具有以下重要意义。

1. 促进合作与创新

数据资源开放共享鼓励不同单位之间合作与交流。通过共享数据,不同利益相关方可以更好地合作,共同推动文旅产业的创新和发展。

2. 改善决策与规划

共享数据使决策者能够更全面地了解市场需求、利益相关者行为和竞争状况。这样的信息可以帮助政府和企业作出更明智的决策和有效的规划。

3. 提升服务质量

共享用户评价数据和反馈,文旅企业可以及时了解文旅消费者需求和意见,从而改进产品和服务,提高消费者满意度。

4. 促进数字文旅发展

数据资源开放共享为数字文旅发展提供了强有力的支持。通过数据的整合和分析,数字文旅平台可以为文旅消费者提供个性化推荐和定制化服务,提升文旅体验。

(三) 数据资源开放共享方式

1. 开放数据门户网站

建立专门的数据门户网站,集中发布各类数据资源。这样的网站通常提供数据的搜索和下载功能,方便用户快速获取所需数据。

2. 数据共享平台

搭建数据共享平台或数据交换平台,允许数据提供者和数据使用者在平台上交换和共享数据。这样的平台可以由政府或第三方组织负责运营。

3. 开放 API

通过开放应用程序接口(API),允许第三方应用程序和开发者访问和使用数据。这种方式可以促进更广泛的数据应用和创新。

4. 数据集市

类似于电商平台,建立数据集市,数据提供者可以在这里出售或共享数据,数据使用者可以选择购买所需的数据。

5. 数据许可

为数据资源制定明确的数据许可协议，明确数据共享的使用条件和权限，确保数据的合法使用和保护。

二、产业运行监测内容

在数字化时代，运行监测将成为文旅产业管理和决策的重要手段，为文旅产业的持续发展提供重要的支撑，对于推动文化和旅游产业健康发展、提升服务质量、优化资源配置以及应对市场风险等具有重要的意义。

文旅产业的监测内容涵盖了从文旅消费者数据、文旅经济指标到文旅安全、网络舆情等多个方面。这些监测内容有助于文旅产业实现精细化管理、精准化运营，提升服务质量，适应市场变化，推动产业的可持续发展。同时，数字化技术的应用也为文旅产业监测提供了更高效、精确的手段，使得文旅产业监测与管理更加科学化与智能化。

文旅产业运行监测的主要内容包括：

(1) 文旅产业经济指标监测。监测文旅产业的经济指标，如文旅产业总产值、就业人数、贡献率等，为政府和企业了解产业的贡献和经济效益提供数据支持。

(2) 文旅投资监测。监测文旅产业的投资情况，包括资金来源、投资项目类型和区域分布等。

(3) 文旅安全监测。监测旅游目的地的安全情况，包括自然灾害、交通事故、公共卫生事件等，以便及时采取安全措施和预警。

(4) 在线预订监测。通过监测在线文旅预订平台和电商网站的数据，了解文旅产品的销售情况，预测文旅需求和趋势。

(5) 旅游交通监测。监测交通运输工具的使用情况，包括航班、高铁、公路客运等，以及交通拥堵情况，为旅游路线规划和交通资源优化提供数据支持。

(6) 文旅场所客流监测。监测文旅场所的文旅消费者流量、游览时间、消费者满意度等，帮助文旅场所进行合理规划和管理，提升文旅消费者体验。

(7) 酒店和住宿监测。监测酒店入住率、房价、房型偏好等数据，帮助酒店业进行定价和服务优化。

(8) 文旅环境监测。监测旅游目的地的自然环境、气候条件和生态状况，以及人工环境如文旅设施、基础设施等，为文旅消费者提供更好的文旅体验和保障。

(9) 导游监测。监测导游是否具备合法的资质和许可证，包括相关培训和考试证书。定期审查导游的资格，并确保他们的证件是有效的。

(10) 旅行社监测。监测旅行社的经营许可证和合规性，确保其合法经营，遵守相关法规和标准。

(11) 文旅服务质量监测。监测文旅企业的服务质量和水平，包括旅游接待、导游服务等。

(12) 文旅舆情监测。监测社交媒体平台和网络上与文旅相关的信息，包括用户评论、文旅企业口碑等，了解公众对文旅服务的反馈。

(13) 文旅投诉监测。监测文旅投诉和纠纷情况，及时解决问题，提高文旅企业的信誉和口碑。

三、产业运行监测主要手段

文旅产业运行监测的主要手段包括数据收集和技术应用等方面。

(一) 数据采集

数据采集是产业运行监测的基础工作。所采集数据包括国家统计局、地方统计机构以及相关行业协会等的相关统计数据，文旅企业的经济指标，如收入、利润、从业人员等，相关产业运行数据，如预订数据、文旅消费者入园数据、文旅消费者消费数据、交通数据、环境数据、网络舆情数据、文旅消费者投诉数据等。

(二) 技术应用

利用数字技术设计开发产业运行监测软件或平台，开展相关产业数据的收集、处理、分析和展示，可以更全面、准确地了解文旅产业的运行情况，为政府和企业提供决策支持。

(1) 大数据分析应用是文旅产业监测中的一项重要技术应用，通过收集和分析大量的数据，可以发现潜在的趋势和关联性，进而利用大数据分析来预测文旅消费者流量、优化文旅场所运营、精准推送营销活动等。这有助于提高文旅产业的效益和竞争力。

(2) 通过旅游 GIS（地理信息系统）整合不同领域的地理信息数据，包括地形、交通、气象、文化资源等，这些数据可用于地理空间分析和可视化，如文旅场所地图、文旅消费者分布图、资源分布等。

(3) 通过数据爬虫技术采集互联网数据，收集文旅消费者对重点景区、宾馆酒店、餐饮、文保单位的评价数据，实现对文旅消费者评价及网络舆情进行实时监控，及时掌握文旅消费者的满意度与评价内容，消除或改善文旅消费者不满意的产品与服务，提升文旅消费者服务质量与满意度，改善与提升文旅市场环境。

四、文化遗产数字化保护

（一）文化遗产数字化保护概述

文化遗产数字化已经成为文化遗产保护的重要手段。面对环境变化、人为破坏以及自然灾害等威胁，数字化保护为我们提供了有效的解决方案。通过高精度的三维扫描和图像记录，以数字形式保存、呈现和传承文化遗产的信息和价值，让文物、艺术品、历史文献等脆弱的文化遗产得以保存和传承。数字化保护不仅促进了文化交流与分享，也为各学科研究者提供了跨界合作的机会。同时，数字化保护还可以应对突发事件与灾害，为文化遗产提供备份与保护。

（二）文化遗产数字化保护主要手段

文化遗产数字化保护的具体举措涵盖了多个方面，从数字化采集到数据存储、展示与传播。以下是其中重要的数字化保护举措：

1. 数字化扫描与建模

对文物、艺术品和历史文献等进行高精度的数字化扫描和建模是数字化保护的核心举措。通过 3D 扫描技术，可以将文物的形态、结构和纹理等细节准确地记录下来，并生成高质量的数字模型，保留文化遗产的原貌。

2. 数据库与信息管理

建立文化遗产数字化保护的数据库，对文物、艺术品等信息进行有效管理。将采集到的数字化数据整合存储于数据库中，建立文化遗产数字化资源库。

3. 数字档案建设

建设数字档案是保护文化遗产的关键步骤。这包括将数字化扫描和建模的数据进行整理、分类、存储和备份，以确保数据的安全性和可持续性。数字档案的建设还应注重标准化，以便于数据的共享与合作。

4. 虚拟展览与传播

通过虚拟展览平台，将数字化保护的文化遗产以 3D 模型、图片和视频等形式呈现给公众。这使得文化遗产能够跨越时空限制，实现全球范围内的展览与传播，促进文化的交流与分享。

5. 数字化保护与修复

利用数字化模型进行虚拟修复，预测古建筑或文物的修复效果，为实际修复提供指导。

对文物修复过程进行数字化记录，以保留修复前后的状态。

6. 灾害备份与恢复

数字化保护为文化遗产在面临突发事件和自然灾害时提供备份和恢复机制。将数字化数据存储在多个地点，并定期进行备份，确保即使实物遭受损毁，数字化版本仍能恢复文化遗产的原貌。

这些举措是文化遗产数字化保护的重要组成部分。通过全面的数字化工作，我们能够更好地保护和传承宝贵的文化遗产。同时，数字化保护还将为我们了解历史、促进文化交流与合作提供强有力的支持。

案例阅读

淳安县“守艺人”平台——文化遗产数字化保护平台

本章小结

本章主要介绍了数字技术在目的地治理、文旅规划与宏观决策、文旅市场监测与治理、文旅产业监测与管理中的应用及意义。文旅管理部门通过数字技术加强了文旅规划的科学性、管理决策的正确性，提高了市场监测的实时性与行业管理水平。

第一节介绍数字化时代目的地政府对文旅产业管理的思路转变、目的地政府在数字化治理中的角色以及影响目的地数字化治理的影响因素。

第二节介绍基于大数据的文旅规划和宏观决策的内容及意义。大数据技术的运用使得文旅规划更趋精准和科学化。同时，基于大数据的宏观决策使政府和相关机构能够做出更科学、精准、有针对性的决策，提高决策效率，优化资源配置，推动文旅产业的创新和可持续发展。

第三节聚焦于文旅市场监测与治理。数字化时代，市场监测和信息公开变得尤为重要。通过监测文旅消费者的行为、评论和反馈，可以实时了解市场动态，及时调整经营策略。数字化治理则能够更有效地应对文旅市场的问题,从而维护市场的公平和秩序。

第四节介绍文旅产业的监测与管理。数据资源整合与共享是实现有效监测的基础。不同部门和企业之间的数据共享,能够更全面地了解文旅产业的运行情况,从而进行更准确的决策。文旅产业运行监测与管理是保障文旅产业健康发展的关键,通过数据分析可以及时察觉问题,进行风险防范和优化调整,确保文旅产业的可持续增长。

另外,数字技术为文化遗产的保存和传承提供了新的途径。通过数字化手段,可以高精度地记录、保存文化遗产的信息,从而避免时间和环境的侵蚀。数字化保护还能够使得文化遗产得到更广泛的传播,促进文化遗产的保护与传承。

练习与实践

1. 基于大数据的文旅规划在哪些方面能够发挥重要作用?请列举至少三个方面,并简要说明其意义。

2. 为什么基于大数据的宏观决策对于文旅产业的发展至关重要?请举例说明一种宏观决策如何利用大数据来支持产业的可持续发展。

3. 请解释什么是文旅市场的数字化治理?提供一个实际案例,说明如何利用数字化治理手段来解决文旅市场中的问题。

4. 产业运行监测与管理为什么对文旅产业的可持续发展至关重要?提供一个例子来说明如何通过数据分析实现文旅产业的优化和风险防范。

5. 请解释数字化保护对于文化遗产传承的重要性。列举至少两个数字化保护的优势,并说明如何通过数字化手段实现文化遗产的传播。

即测即评

第六章 数字文旅企业管理

学习目标

1. 理解数字化与文旅企业发展的关系。

2. 掌握数字技术在文旅企业管理中的功能与作用。

3. 明晰文旅企业数字化的动机及其机制。

1. 树立正确的技术观，理解颠覆式创新技术在企业发展过程中应用的必要性。

2. 体会建设技术强国，实现高水平科技自立自强的重要性和必要性。

3. 了解科技创新成为国际战略博弈的主要战场，围绕科技制高点的竞争空前激烈，加快实现高水平科技自立自强是推动高质量发展的必由之路。

案例导入

字节跳动的数字生态创新

第一节　文旅企业数字化战略转型与实施

一、数字化战略的内涵及意义

文旅企业数字化战略是指文旅企业追随技术趋势，利用数字资源来制定和执行组织行为的战略。从本质上说，文旅企业的数字化战略是大数据、物联网、云计算和人工智能等新兴技术所促成的企业数字化转型。这种转型包括文旅企业内部数字化转型和外部供应链数字化转型。

由于新产品、新工艺和新形式的出现，技术变革正在从差异化的侧面作用于社会。技术因素包括不同的行为和制度，这些行为或制度能够创造新知识并将其转化为价值。在技术变革日新月异的背景下，文旅企业必须全面研究技术因素。企业采用新技术越及时，就越有机会获取更高的市场份额与市场回报。因此，任何文旅企业都应继续进行环境扫描，以确定当前技术的潜在替代品，以及能够为企业带来竞争优势的新技术。

传统的企业战略研究集中于企业的增长、扩张、竞争等战略，由于技术因素在文旅企业发展中的突出作用，在如今的企业战略管理中，倾向于把数字化战略作为适应技术趋势的企业目标，明确文旅企业数字化战略推进的必要性决策程序与实施路径。

二、文旅企业数字化战略与竞争优势

数字技术的变革，正导致世界科技和产业产生蜕变，逐渐成为各类产业融合与创新的内驱力。目前，国家正以强烈的热情发起并促进产业数字化转型，各级政府相继公布对应政策，支持文旅企业数字化转型，推动数字技术和产业资源的应用与发展，开辟数字蓝海。鉴于文旅产业新形态持续更新的情况，文旅产业的数字化融合将成为文旅产业发展和创新的强大引擎，加速产业的创新和优化，提升文旅产业的整体竞争力，以及资源配置效率。

互联网作为一项重要的技术进步，为文旅企业提供了一种卓越的能力，得以扫描、监测、预测和评估它们所在的总体环境中的各种状况。文旅企业应持续不断地对互联网的功能进行研究，预测未来的发展趋势，利用它为顾客创造更多的价值。

互联网为文旅产业带来了诸多潜在机遇，数字技术已成为文旅企业所追求的一个明显的技术机遇。新兴端口的大量增加，成为沟通和贸易的主要形式。实际上，每一个新版本硬件产品的推出，其附加的一些功能和软件应用都为各类文旅企业带来了发展的机会窗口。

三、文旅企业数字化战略决策

(一) 企业环境分析

1. 内部环境

文旅企业战略的制定,不仅要考虑外部环境的机遇与威胁,还需要考虑企业自身的情况,包括企业的优势和劣势。尤其是在外部环境一致的情况下,文旅企业就更加需要调动内部的资源与能力的组合,以实现可持续的竞争优势。企业内部环境包括企业所掌控的资源和企业的能力,以及在此基础上形成的核心竞争力(见图 6-1)。

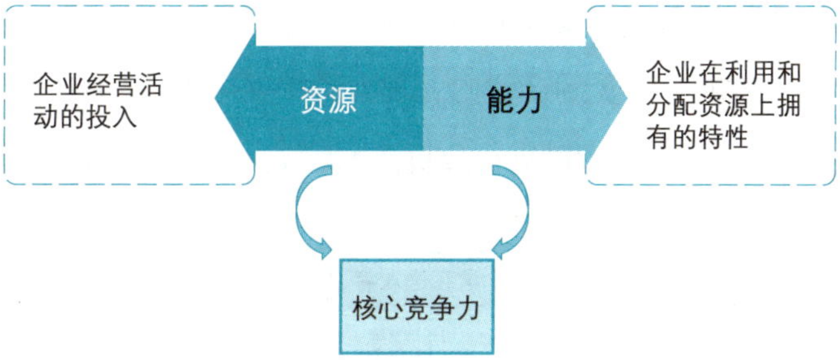

图 6-1　文旅企业内部环境要素结构

2. 外部环境

任何一个文旅企业都不是孤立存在的,必须适应外部环境并与所处环境产生各种各样的联系。随着信息通信、交通运输等技术的飞速发展,全球与地方的竞争格局产生了巨大的变化,规模经济、大规模的广告预算等传统竞争优势的来源,如今已经很难再有效地帮助文旅企业获得较大的竞争优势。

文旅企业管理者必须树立新的思维模式,重视灵活性、速度、创新、整合,以及由不断变化的环境条件带来的挑战。对文旅企业来讲,进行战略管理能有效提升企业的成功概率,更好地应对当前的竞争格局。企业外部环境主要包括政治环境、经济环境、社会环境、技术环境和生态环境,其中技术环境对文旅企业数字化战略起着关键作用。

技术环境是指一个国家和地区文旅企业所面对的技术水平、技术政策、新产品开发能力,以及技术发展和革新的动向等。技术因素不仅包括引起划时代变革的发明,还涵盖在企业生产中具有应用前景的新技术、新工艺、新材料的出现与发展。技术进步为文旅企业提供了发展机遇,同时也威胁着部分企业的发展。

第一,技术革新的机遇。新技术的出现催生文旅产业新的业态与产品,推动文旅企业新的市场和业务领域的开拓。技术进步在利用新技术、新工艺、新材料等多种方式提供高质量、高性能的文旅产品和服务的同时，还极大程度上降低了产品成本。新技术的变革可以降低或消除某些产业的进入壁垒，极大缩短产品的生命周期，同时新技术的产生还会导致工作方式、消费方式和生活方式的重大改变。由于互联网的兴起，全世界的信息资源都可以共享，产业间的距离逐渐拉近，行业门槛也相应降低。

第二，技术革新的挑战。新技术是具有创造性的颠覆式创新，在给文旅产业和企业带来市场机遇的同时，也会把一些企业淘汰。这就导致技术创新给企业研发带来压力，给企业战略的弹性与灵活性带来考验，还导致更多的新兴文旅企业诞生，带来更激烈的市场竞争。

（二）竞争性分析

大数据时代，数字化战略转型是文旅企业提高竞争力的重要战略之一。基于波特五力模型，文旅企业数字化发展必然受到产业内五种力量相互作用的影响（见图 6–2），以下将对推动文旅企业数字化发展的作用力量进行分析。

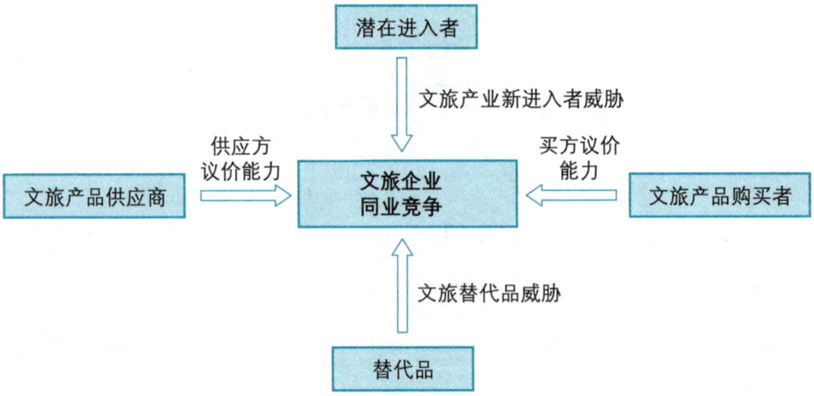

图 6–2　文旅企业竞争模式

1. 文旅企业供应商的议价能力

在文旅企业数字化转型中，供应商将数据作为产品和服务的生产要素，以此提高企业的盈利能力与产品竞争力。如果供方所提供数据要素的价值在买方所需产品中占据较大比例，即供方成果以数据赋能产品，受到买方青睐，则购买者付出的成本较高，那么供应商会具有较强的议价能力。

2. 文旅产品购买者的议价能力

产品购买者可以有多种选择，以实现自身对文旅产品及服务的需求。如果有不同文化产品供应商可供选择，则购买者的议价能力强。从数字化角度来看，文旅产品购买者增强对数字技术的理解和掌握，能够提高购买者对文旅企业产品的议价能力，助力数字技术赋能产品。

3. 文旅产业新进入者的威胁

数字化作为文旅企业转型的时代要求，加上一系列政策助力，推动了一部分企业在数字领域先行先试。随着信息壁垒不断被打破，新进入的文旅企业将对传统企业形成强有力的冲击和挑战，传统文旅企业在面临新进入企业威胁时，也会寻求转型机遇，推动整个产业迭代升级。

4. 文旅替代品的威胁

文旅企业还会受到替代品企业的影响。企业在数字化发展过程中衍生出来的新型数字化产品，会逐渐替代传统企业生产的文化产品。为应对数字产品带来的替代性冲击，文旅企业的数字化转型势在必行，必须重视由数字技术赋能的文旅产品的开发。

5. 文旅企业同业的竞争

文旅企业制定发展战略的目标在于提高自身发展能力。文旅产业内，同一细分领域企业之间的利益是紧密相连的。文旅企业数字化转型可以通过制定文旅产品低价战略或差异化战略，吸引消费者的注意力，逐渐积累竞争优势和良好的口碑，最终形成可持续的发展动力和竞争力。

总之，对于文旅企业而言，数字经济的到来，要求文旅企业必须进行数字化战略转型才能有效抵御五种竞争力量。

（三）战略决策程序

文旅企业数字化战略的决策形成是由决策主体、决策手段、决策对象构成的系统，其运行是逻辑分析与综合决策的过程，一般分为四个阶段。

1. 问题识别

阐明问题是为了明确文旅企业数字化战略决策的目标，决策目标是决策的前提和出发点。此阶段，文旅企业需要发现和提出数字化方面的问题，准确表述目标，明确约束条件。

2. 信息收集

通过收集信息，文旅企业可以了解其他企业的数字化战略转型状况，明确内外部环境，为方案的提出奠定基础。

3. 谋划方案

备选方案的提出包括数字化战略方案提出和方案筛选等过程。谋划备选方案时，应尽可能多地提出备选方案。同时，根据适应性、可靠性、抗干扰性、可操作性等原则筛选具备相应特征的方案。

4. 方案评价与选择

评价是选择的依据，选择是评价的结果。选择数字化战略方案需要按照一定的择优原则，从已有备选方案中根据评价指标，按照一定的评价方法，选择最优的文旅企业数字化战略方案。

四、文旅企业数字化战略实施路径

（一）优化数字化战略，提高文旅企业服务水平

在积极实施数字化战略的前提下，文旅企业应当不断创新，优化数字技术的应用水平，以提升服务质量。首要之处在于，文旅企业需要设定清晰的数字化战略目标，其中应考虑文旅消费者在消费体验过程中可能遇到的各种问题，利用数字化技术精准定位消费者群体，满足不同消费者群体的各类需求。在确立目标时，文旅企业需整合数字化技术解决方案并持续监测效果，以优化数字化战略，最终为文旅消费者提供高质量的服务体验。

（二）制定个性化文旅产品，满足消费者个性化需求

随着文旅消费者需求日益多样化，文旅企业运用数字化技术分析和满足消费者个性化需求具有较强的迫切性。文旅企业需要把握消费者需求的差异性，为各群体打造适宜的、专业的旅游线路。同时也需要依靠数字化技术刻画文旅消费者的消费偏好，通过分析消费习惯以提供对应的个性化产品及服务，提高文旅消费者满意度，扩大市场份额。

（三）深度赋能文旅融合，提升文旅品牌体验

“以文塑旅，以旅彰文”是文旅融合的重要内涵，文旅企业应当制定数字化发展战略，深度赋能文化元素与旅游产品的融合，创造符合消费者口味的文旅产品。借助视觉、沉浸、生成等数字化技术，从传统文化中挖掘故事线索，打造独有的、在地性的主题 IP，设计集主题性、人文性和娱乐性于一体的场景空间、互动环节，借助数字化技术实现深度、自然的文旅融合，提升文旅品牌体验。

（四）确定目标市场，打造精密的数字化系统

在文旅企业制定数字化战略时，首当其冲是要确立发展目标和市场定位，然后采用数字化技术打造精密系统，为企业提供准确有效的信息，以便精准定位和及时满足消费者需求，从而更好地服务文旅消费者。构建数字化系统的深远意义在于其可以持续监测消费者需求的变化，不断创造符合当下消费者需求的特色文化文旅产品。

第二节　文旅企业内部数字化管理

一、内部数字化管理的内涵和意义

文旅企业内部数字化管理是指文旅企业依托计算机、通信和网络等数字技术，通过技术手段对管理对象及流程进行量化处理，以实现对文旅企业研发、计划、组织、生产、协调、销售、服务、创新等内部职能的有效管理。这种管理方法有助于企业提升运营效率，优化资源配置，提高服务质量，促进创新发展，增强市场竞争力。

随着新兴数字技术的发展，人类社会迎来数字化时代，基于工业时代发展而来的文旅企业管理理论与方法正受到极大挑战，文旅企业需要数字化转型，建立数字化时代文化和旅游企业管理的新理论体系。

文旅企业数字化管理的核心在于利用先进的国际互联网技术、计算机设备以及软件和相应工作流程，将现代化的管理理念、管理方法和管理手段充分数字化，从而全面提升文旅企业管理效益和效率，实现管理层对文旅企业的智能化指挥控制以及信息交流的自动化，进而推动企业管理水平不断提升和发展。

文旅企业数字化管理的含义表述如下：① 目标层面。为了实现文旅企业管理决策的科学化，不仅要提升企业管理效率，还要降低文旅企业运营成本，以争取市场份额，最终加强企业的核心竞争能力。② 手段层面。为了达成这一目标，需要充分运用先进的管理理念，充分利用计算机网络技术和管理软件技术。③ 应用范围层面。文旅企业的各个职能部门都应该纳入数字化管理范畴，包括研发、生产、营销、人力资源、财务、物流等多个职能部门。④ 管理层层面。涉及高级经理层的决策层、中间管理层的战略层和基础业务层的战术层。⑤ 功能层面。文旅企业数字化管理体现在生产经营管理的数字化方面，包括业务数据的数字化、业务流程的数字化、管理决策的数字化以及商务电子化等方面。⑥ 组织层面。文旅企业数字化管理构成一个集管理人员、业务人员、管理流程、业务流程、生产流程和信息技术工具于一体的综合系统。

二、文旅企业数据中台建构

在文旅企业的数字化转型中，大数据扮演着至关重要的角色。随着信息技术不断进步，许多企业已经开始采用信息化管理。在各个企业系统中，积累了大量与企业运营过程相关的数据，但由于一些业务系统和数据之间缺乏互联互通，且标准不统一，导致各个子系统之间存在数据孤岛的问题。在这样的市场环境下，“数据中台”是目前文旅企业实现精细化管理数据、提升价值、有效服务前端业务的有效途径。

中台概念与前台和后台相对应。文旅企业数据中台构建包括数据采集、建模、分析、治理、应用，从而使文旅数据的价值释放。数据中台也是企业数据资产管理的中心。构建数据中台共享数字化是文旅企业管理转型的起点，即文旅企业通过连接、共生和协同等概念，针对来自企业内外部的大量、完整、多类型和异构的文旅数据，运用数据采集、数据加工和数据挖掘等技术进行数据的处理和管理，实现数据价值最大化，推动整个文旅产业实现数字化转型，充分发挥文旅大数据在信息决策上的重要作用。数字中台的构建包括以下几个层面：

(1) 数据基础层。数据基础层涵盖了文旅企业在数据采集、数据计算和数据存储等方面的广泛内容。在共享服务中心的支持下，数据中台对企业级各类数据的采集范围进行扩展，致力于建立文旅企业内部各业务系统数据之间互连互通的企业级数据中台。共享服务中心作为数据中台的技术基础，为其提供计算和存储能力。

(2) 数据体系层。在数据应用过程中，效率被认为是至关重要的层面，特别是在市场瞬息万变的情况下，以数据驱动为基础的信息化体系需要拥有对文旅企业管理迭代和业务变革的高效响应能力。在数据基础层，数据中台主要负责从企业的不同部门收集数据，并没有对数据进行一定的整合，这些数据仍然保持着原始的组织结构。为了达到数据的高效调用与作用升级的目标，需要通过构建统一数据仓库、设定数据标签，以及进行数据开发建模等方式对数据做出预处理。

(3) 数据治理层。共享服务中心在进行数字化改造升级以后，汇总了大量不同类型的数据，已经转变为文旅企业的大数据中枢，然而文旅企业至今面临着从这些数据中挖掘价值、推动业务变革困难的问题。多变的云环境、各种数据类型以及海量数据的存在，给共享服务中心带来了艰巨的挑战，涉及数据质量管理、数据隐私和安全等方面，这正是当下这个阶段共享服务中心需要提升的方面。解开以上这些困局的钥匙就是在数据中台进行数据治理。数据治理以数据资产为中心开展，旨在为文旅企业不同层面决策制定提供相关技术、流程、标准和政策各方面服务。

(4) 数据应用层。数据应用层专注数字服务效能的长期积累和沿袭利用，以正面支持文旅企业的业务增长。依托数字服务的差异性，文旅企业数据中台提供的数字服务可分为两大类：其一是将数据整合到企业各类业务中，利用海量数据和多样数据模型进行场景化应用；其二是在长期积累数据的支撑下，通过人工智能技术展开深度挖掘，达到数据智能应用的目标，最为典型性的案例即为智能财务。

【同步案例：数据中台建设与陕旅集团数字化转型之路】

“如果人生只有一次看实景演出的机会，把它留给《长恨歌》吧……”抖音上，一位旅游博主在推荐西安华清宫景区时说。在抖音以“长恨歌”作为关键词搜索，类似内容还有很多，既有“华清宫景区”官方账号发布的演出花絮，也有旅游博主讲解《长恨歌》背后唐明皇与杨贵妃荡气回肠的爱情故事。

疫情防控常态化下，海内外游客的流动性受限，《长恨歌》却先后在2020年十一期间和2021年五一、端午小长假期间开启了“三场模式”，即每晚演出三场，却仍是一票难求，“长恨歌现象”引发大众关注。

陕旅集团数字化转型技术负责人表示：“我们手握华清宫这个优质旅游文化资源，在数字化转型过程中，要考虑怎么去较大限度地发挥利用。”

1. 数据中台助力传统旅游企业转型

对于数字化转型，陕旅集团有着更长远的规划和布局。过去在互联网企业才有的数据中台组织职能被陕旅集团运用了起来。陕旅集团打造了以业务系统和IoT系统为核心的数据层、以数据中台和媒体中台为核心的中台层、以“超级App+小程序”和协同办公为核心的应用层三层技术支撑体系。以“媒体中台”为例，陕旅集团选择了与字节跳动旗下的智能科技品牌火山引擎合作，为数字生态下陕旅集团的新媒体矩阵建设、引流转化、直播拼团赋能，打造线上分享到线下体验的闭环，打通了线上线下的用户。

有了陕旅集团在以上方面的数字化技术支撑，旗下华清宫等景区也开始加强数字化的应用。

2. 探寻文化的年轻化表达

作为《长恨歌》故事发生地、实景演艺演出地，华清宫以6 000年的温泉利用史、3 000年的皇家园林史著称，文化和旅游资源不可谓不丰富。在文化和旅游消费面临巨大变革的当下，利用好本地资源，打造当代年轻人青睐的观赏度高、体验性强的产品，成为华清宫景区改革的核心诉求。

万星璀璨、如梦如幻的《长恨歌》，让一个传统人文景区活化成了充满年轻时尚气息又没有丢失历史灵魂的新目的地。陕旅集团负责人表示，“现阶段的转型成绩显著，我们也得到了诸多年轻游客、旅游散客的青睐。80后成了《长恨歌》客群主力，占比超过70%。数据显示，《长恨歌》业绩亮眼，2021年上半年演出场次较2019年同期增长9%、接待人次增加12%”。

3. 发力营销打造“好内容中心”

“《长恨歌》演出在抖音上走红，实际已经成为华清宫景区的巨大流量入口。”陕旅集团负责人对此深有感触。他介绍，从数字化转型开始，陕旅集团就成立了专门的数字文旅实验室，其中一个重点建设的板块叫作“好内容中心”。

2020年年底，陕旅集团旗下的华清宫景区与巨量引擎合作了名为“心动的国潮”抖音挑战赛，利用华清宫深厚的历史底蕴，借助短视频展示手段，邀请游客来演绎汉服换装打卡，激发年轻群体对传统文化的好奇心和体验欲望。一段时间内，这项打卡挑战成为全网热捧的流行文化。活动期间，抖音整体的曝光量达到了2.3亿次，用户投稿汉服换装的视频量达到1.9万条，在没有商业流量助推的情况下，用户投稿的单条内容点赞量突破了18万次。

从关注现象趋势，到企业的产品升级、营销升级和品牌升级，从景区开发到产业链整合，从短视频直播内容营销到数字化生态共建，通过数据中台建设和系统的数字化转型，与合作伙伴一起，探索文化和旅游产业的新思路和新模式，共同实现“创新、合作、赋能与增长”。这是陕旅集团在数字化转型上探索出来的经验和企业发展的必经之路。

资料来源：文旅企业“数字化”如何发力？. 中国旅游报，2021-07-31.

三、文旅企业内部业务数字化管理

文旅企业数字化涉及企业管理的方方面面，包括文旅产品与服务生产管理数字化、市场营销数字化、人力资源管理数字化等，此处主要阐述数字化为企业组织管理、企业财务管理和企业人力资源管理带来的变化。

（一）组织数字化

管理学中，组织被认为是承载企业战略目标的关键结构，包括架构体系、技术支撑、执行标准和资源整合等要素，并且其层级制度被视为现代组织结构的根本特质。泰勒提出的“职能工长制”、法约尔倡导的“直线职能制”以及韦伯的“科层制”为机械层级制这种组织体系的确立奠定了基础。现今企业通常采用中枢集权的职能型垂直结构、控股公司结构以及以总部和分公司之间权力下放为特征的多部门结构等基本层级制度。虽然出现了超事业部型、矩阵型、混合型等新型组织架构，但其整体变革的基础和优化的依据还是层级制。组织的关系架构由内部关系和外部关系构成，内部关系主要涉及组织成员的岗位关系和权力分配顺序，而外部关系则包括与产业链当中不同环节企业的合作、互补或竞争关系。

当前，文旅企业正处于信息时代，大数据技术和信息技术的广泛应用导致企业不同层面的组织性质产生巨变。首先是组织及其相关要素的边界变得模糊。其次，传统自上而下的组织决策体系和运作规范不再能够高效、敏捷和灵活地应对高速变化的外部市场现状，传统的企业层级组织结构正在变成束缚文旅企业增长的镣铐。同时，大数据、AI、5G、互联网以及区块链等新的数字技术的运用正在推动文旅企业走向数字化转型的重要节点。在数字化转型的过程中，文旅企业的组织变革涵盖以下几个方面：

1. 组织结构的变革

企业的运营核心机制是其组织结构，这决定了企业内部与外部的权责分配、沟通交流、任务实施以及资源配置等关键因素，直接影响着企业的运行效率和企业的运营状况。市场环境的不确定性对新时代的文旅企业组织架构提出了新的挑战，数字化转型正在改变文旅企业的组织运作方式。在数字化时代，文旅企业组织体系具有较多与传统架构差异化的特征。第一，组织结构扁平化趋势。传统的组织结构通常是垂直型、多层级且相对封闭的科层制，必须企业中枢集权控制，导致信息沟通滞后，决策的执行效率不高。因此，为了提高效率，组织必须收缩层级、化解信息壁垒，建立分散决策的扁平化结构体系。第二，组织结构平台化趋势。平台化的组织体系有两方面的含义：首先，着重于满足顾客需求和分析市场数据，即所谓的“应用前台 + 数据中台 + 技术后台”模式；其次，关注文旅企业自身的经营管理，以数字化管理平台作为核心，消除企业各部门之间的信息交流障碍，处置好由扁平化导致的管理挑战，实现在不同部门之间的整合和协同运营。第三，虚拟组织的涌现。虚拟组织的出现完全是互联网技术和数字化技术与企业组织管理深度融合的结果，虚拟组织的特点是临时性、任务导向、资源导向。第四，人机关系的演变。在信息社会，诸如云计算、大数据、AI、虚拟现实等技术在文旅企业运营和发展过程中具有超常的价值，一线工作者不仅是技术和设备的操作者，还形成了一种新型的人机协同关系。第五，新型数字化管理职位的兴起。在文旅企业数字化转型的过程中，许多单位开始设立数字创新部门、首席数字官等新的职能组织和职位，以协调内部的数字化转型事宜。

2. 组织文化的变革

在数字化转型的背景下，文旅企业需要拥有独特的组织文化。必须认识到组织文化并不存在绝对的优劣之分，至关重要的是其是否与文旅企业的发展方向相契合。同时，组织文化必须具有与时俱进的特质，能够突出当下环境对组织的客观需求，从而融入组织的核心价值观和执行准则之中。文旅企业在贯彻实施数字化转型决策时，不仅会面临自身内部的抗衡，也会遇到组织运营惯性所带来的束缚，进而妨碍数字化转型的有效展开。应对数字化转型的挑战，唯有积极推动组织文化的变革，使其融入开放、创新、协作和勇于尝试的理念中，文旅企业才能更好地促进数字化转型并实现目标。

3. 组织流程的变革

企业在创造价值的过程中形成组织流程,包括在企业执行中的各种正式或非正式行为、模式。组织流程是企业运行的根本,是业务流程的关键支撑,业务流程和企业的价值实现之间存在着方式与目标的紧密关系。随着数字化转型的兴起,文旅企业的价值实现手段面临着迭代,因此企业必须对业务流程和组织流程作出相应的调整以符合新的情景。具体而言,组织流程必须与业务流程相协调。数字化转型对组织流程提出了新的要求,主要通过三个方面显现:首先,通过采用并行流程替代串行流程和授权层级,将现有的流程从单向转变为多向交互式流程,以增加组织流程的运行效能;其次,技术变革背景下资源配置优化、模块化生产方式下的松耦合架构,使得组织流程具有更强的动态化和柔性化特征;最后,数字技术赋予组织流程更强的能力,引发企业原始数据集与组织流程的出色契合。

4. 领导方式的变革

文旅企业数字化转型下领导方式变革主要来自四个方面的原因。第一,由于组织结构变得更加扁平化和自组织化,企业的领导授权方式产生了新的发展。第二,远程办公的普及带来了管理场景和领导力发挥场景的变迁。第三,算法决策正在不断地对领导者的角色定位产生影响。第四,互联网社会剧烈波动的雇佣关系导致领导者与员工之间的联系减弱。由于这些新的情况,传统的领导方式在当下情境中变得难以发挥价值。在文旅企业组织变革之前,领导者必须深刻认识到内生性变革的重要性。首先,在授权方面,由于扁平化和自组织要求工作更加灵活,领导者必须赋予基层更宽泛的自主决策和执行权。不应过度干预具体的执行环节,而应设定战略性目标,提出总体性要求,给基层自主完成任务保留空间。其次,基于远程工作和弱关系背景,许多领导者过去依赖的激励方式已逐渐失去功能,尤其是精神奖励在远程情境下效用越来越低。因此,领导者需着重关注激励的时效与导向。最后,大数据和AI所使用的算法决策使决策结果更加科学化,但也让决策过程成为黑箱。在当前数字化背景下,算法决策需要和人工决策相互协调与融合。领导者必须在两者中取得平衡,同时倾听基层组织意见,让参与决策的人听到一线员工的声音。

在数字化转型的背景下,文旅企业组织架构的变革呈现出独特的特点。在理性层面上,组织变革具有创造性破坏的性质;在权变层面上,组织变革具有动态性和权变性的性质;在系统哲学层面上,组织变革具有系统综合的性质。不同层面的差异化特征共同描绘了数字化转型过程中文旅企业组织变革的全貌。

(二) 财务管理数字化

财务管理数字化是文旅企业运用大数据、云计算、人工智能、区块链等数字化技术进行财务业务的数字化流程再造和智能化改造，旨在提高财务运营效率，从而更好地支持企业的价值管理和经营决策的过程。

数字技术的发展对文旅企业的财务管理产生了重要影响。首先，数字技术颠覆了传统的财务管理方式。随着企业数字化转型的推动，文旅企业的财务管理也随之得以提升，这就让财务处理不再囿于传统的标准化规范，转而实现自动化、智能化运转，有效收缩了烦琐的事务性工作，进而增强了管理者和基层组织的工作效率。在智能的财务管理基础之上，可以给予更为精准的方案，增加财务信息的实际功用。其次，数字化技术有助于提升财务管理的精细化水平。一旦文旅企业实现财务流程的数字化转型，便能够对不同的职能部门实现更加精细化的管理，特别是在提高工作效率和降低成本方面将获得明显的益处。最后，数字化技术促进了财务从业者的工作能力提高。数字化赋能财务管理，给财务部门、财务主管以及一般财务人员带来了巨大挑战。

在文旅企业财务信息智能化的框架内，需要服从数字信息科学的基本规则，并满足财务管理智能化的技术原理。在数字化和人工智能两个方面形成闭环节点，并强调这两个维度的价值。这种闭环节点是财务智能化应用的基础，为实现财务管理智能化提供支持：

(1) 智能化财务中台。财务中台是财务总账系统和文旅企业业务系统间的枢纽，通过连通业务系统自动汇集、生成、审查与复核财务数据，是企业数据中台的重要分支部分。

(2) 人机智能化交互场景。人和机器通过视频、图像、语音、文本等多种形式，在移动终端上建立多个动态对话用户模块界面进行交互。

(3) 电子发票云服务场景。由于国家对电子发票运用的推进，电子发票云服务平台可以提供多种开票方式，满足不同场景的开票需求。

(4) 财务专家系统应用场景。需要做的仅是将文旅企业的各项业务行为整合至财务专家系统事件库中，激活企业所使用的财务智能引擎，从而引发财务控制的整体运转机制。系统将自行运转财务专家模块，实现业务数据的全面分析，涵盖范围涉及员工费用报销、成本和预算分析，财务与税务管理、资金控制，以及业绩评估等一系列涉及企业财务的方面。

(三) 人力资源管理数字化

文旅企业数字化人力资源管理与传统的管理规范存在显著的差异，数字化的管理表现出创新性及前瞻性。人力资源管理的概念是对员工的行为、态度、绩效及其影响的各项政策、规章和管理实践的综合描述。通常情况下，文旅企业的人力资源管理包括企业中不同部门的岗位设计、岗位分析、人力资源规划、人才招聘与培养、薪酬与绩效评估、员工关系管理等不同层面。将数字化技术融合到人力资源管理中可增强管理的信息化、智能化水平。与传统的人力资源管理比较,数字化人力资源管理依赖于数字技术,并在此基础上实现延伸,在理念层面是更先进、科学的管理模式。

1. 人力资源管理架构与理念的变革

(1) 人力资源管理架构的变革。在互联网社会,文旅企业的人力资源管理部门正不断调整其管理规范和管理标准,这意味着企业在人力资源管理框架层面必须做出改变。传统人力资源管理部门主要为公司自身的各个职能单元提供支持服务,而运用数字化管理规范的人力资源部门正在发生职能转换,衍生为文旅企业领导层制定决策给予数据层面协助的部门。所以,人力资源管理的体系和结构也随之发生变化。在重构人力资源管理的新框架时,文旅企业必须巩固自身各个职能单元间的数据沟通,借助数字平台达成实时信息交换和共享,以使人力资源管理部门可以更有效地进行人力资源运作。

(2) 人力资源管理理念的变革。在人力资源管理部门的管理规范和体系不断调整之际,文旅企业的人力资源管理部门必须更新其管理思维。新型的人力资源管理方法以大数据分析为关键步骤,通过对数据的分析与探究发现人力资源漏洞,而后完成人员的妥善安置。因此,人力资源管理视角的转变必须由对自身思维的信任变为对数据分析的信任。

2. 人力资源工作的变革

(1) 人才招聘管理模式的变革。随着互联网社会的来临,人力资源管理不再只是关注基层组织的日常管理,而是转变为支持文旅企业繁荣成长的重要角色。在招聘方面,传统的招聘网站和猎头服务逐渐被取代,取而代之的是利用大数据技术所做的具有针对性的员工能力查找,以提高发掘适合的高级人才的效率。这种方式可以降低文旅企业在人力资源管理上的成本,为企业未来的增长提供有力支持。

(2) 员工评估考核的变革。一般的文旅企业人力资源部门通常通过定期考核来管理员工,这种方法除了考核频率低的缺点以外,还极为缺乏对员工管理的灵活性。在数字化时代,员工的管理将转变为动态评估,具有更大的灵活性,同时可以掌握更科学的实时数据。在人力资源分析方面,这些评估数据将与员工的其他相关资料综合起来,采用大数据来对各级岗位人员进行深入探究,以此增加人力资源评估的切实可靠性。

(3) 人力部门工作模式的变革。在传统的文旅企业中,人力资源部门通常依赖于惯有的经验进行操作,这种工作规范以发现问题为起点,直到问题得以解决为止。然而,在互联网时代,人力资源部门需要转变操作规程,将重点从惯有经验转向大数据分析技术,操作规程也随之调整为从预测问题出发,直至解决问题为止。这种转变一方面可以提升人力资源部门的工作效率；另一方面，有助于增强部门解决问题的能力，从而积极促进文旅企业长期繁荣。

(4) 对员工离职情况的预测与准备。通过应用大数据中枢平台，人力资源部门可以了解以往离职员工的统计数据，创建员工离职预测平台，以精确估算员工的离职意向。在此基础上，人力资源部门可以实施准备措施并及早干预，使文旅企业能扭转被动局面，积极处理员工离职问题。

第三节　文旅企业供应链数字化变革

一、文旅企业供应链概述

文旅供应链涵盖了提供文化和旅游产品和服务以满足文旅消费者需求的全部供应商。其中部分企业会直接与供应链中的经营商或零售商合作，而另一些则会间接产生联系。同时，文旅供应链也包含那些文旅消费者在消费过程中直接向其购买商品或服务的目的地其他供应商。

旅行社在传统文旅供应链中扮演着核心企业的角色，通过实施供应链管理，连接了食宿、行程、游玩、购物、娱乐等各类前向供应商以及分销商、零售商和最终用户。近年来，一些学者提出了构建以景区为核心的绿色文旅供应链的概念，将文旅供应链的范围扩大至包括垃圾处理等更广义的层面，甚至倡导将文旅在线平台视为文旅供应链这个大的体系的核心环节。

传统旅游供应链存在信息不对称情况，尤其是在涉及文化产业的情况下更加显著。由于文旅产业参与者的专业化背景、地域差异以及利益纠纷等多种因素，信息无法顺畅传递，导致反馈变得不够全面。文旅产业经过多年的发展已经构建起一套运行机制，主要由专业企业负责文旅产品的策划开发与销售，同时扮演连接各方并掌握全方位信息的关键角色，其内部人员专业水平高且信息渠道广泛可靠。然而，旅游目的地和文旅消费者作为信息传递链的两端却处于信息不对等的劣势。目的地仅了解自身文旅场所状况、运营状况及当地市场信息，而对文旅市场整体发展趋势、文旅消费者来源等了解有限，必须依赖于旅行社。此外，由于文旅产品的特殊性，在不同导游服务和不同文旅消费者的视角下，会获得不同评价，这加剧了文旅消费者难以获得文旅服务品质信息的问题。因此，在数字化时代，文旅企业供应链亟须改革。

二、文旅企业供应链合作的技术转型

文旅企业供应链数字化是以融合新兴数字技术和供应链运营模式为基础产生的，其核心是运用汇总的大数据，通过不同类型的人工智能算法，实现文旅企业在供应链各环节的预测、计划、执行和决策等活动，从而消除供应链中信息传递的障碍，实现供应链管理的“数字驱动”。数字化转型是新兴迭代技术与文旅企业现有业务紧密结合的结果，而在数字经济时代，供应链管理也将迎来深刻的变革。

数字化供应链管理是以核心企业为中心的结构体系，基于与文旅企业自身和其他的不同类型信息化系统、平台的对接，达成数据的传递与汇集，进而最大限度地分析数据，并与对应的业务和职能部门相结合，以完成供应链各环节管理的一体化，优化文旅企业的绩效，同时尽可能地减少经营风险。数字化供应链是指将数字内容从供应链的起点传送到终点的电子化过程。供应链管理的首要目标是精准、高效地实现供给与需求的匹配，因此这一目标必须是首要考虑的问题。不断更新迭代的数字技术对供应链数字化转型给予了关键支持，通过在底层架构、技术路径、产品形态以及运行方式等层面的顶层谋划，可支撑供应链的高效运行和持续优化，形成建设文旅企业核心竞争力的关键节点。

总结以上内容可知，供应链管理数字化转型的关键在于应用多种数字化工具和方法，以及文旅企业在战略、业务流程与技术架构等方面的全面数字化转变。只有成功完成变革，并达成供应链管理过程中的低本高效原始目标，文旅企业才能称得上完全实现供应链管理的数字化转型。

【同步案例：携程集团供应链数字化转型之路】

2022 年 4 至 6 月，携程在大陆以外的业务预订量增长超过一倍，欧美市场的预订量比疫情前水平更高。2022 年上半年，携程的 App 首次跻身全球旅行品类 App 下载排行榜 Top10。携程集团对于各品牌的成长，充分给予发展空间，“自发成长”为完整的“生态系统”。所以，携程有更充足的信心，服务好合作伙伴和客户，为“全球化复苏”铺路，也为“海内外目的地”注入动能。

在刚刚过去的第三季度，携程商旅的业绩恢复基本达到了 2019 年同期的水平，尤其是商旅酒店，从 2019 年至今虽然有起伏，但是整体增长趋势明显，并且强劲。面对如此成绩，携程集团商旅事业部 CEO 表示，携程商旅打造了一套以人、数、智为核心的服务能力体系，这套服务体系在其原有的数智商旅解决方案的基础上重塑了人的价值和数智的含义。

携程平台主要有四套工具：酒店管理系统 Rezen One、宾客服务系统即会员体系 Rezen Stay、供应链系统 Rezen Merchant 和企业管理系统 Rezen Business。系统、工具、数据这些技术基建，是服务好线下业务的基础，供应链系统是其中的关键。Merchant 一站式酒店解决方案将通过技术的不断迭代，提升合作伙伴的运营能力、营销能力、服务能力，共同推动酒店行业数智化发展，提升整个行业的效率及用户体验。Merchant 将服务于住宿业相关的供应商，为他们打造一个以产业全流程入驻、酒店采买为闭环的在线商城。Merchant 集结了工程筹建、酒店设计、视频宣传、广告投放、品牌推广等众多服务项目，着力打造一个从项目装修筹建到酒店产品宣传售卖的酒店经营全流程产品服务提供平台。

携程集团商旅事业部 CEO 表示："第一部分是技术的力量，借助数智的力量，深化与企业用户、生态伙伴的共创共生，以命运共同体的信念打造我们解决方案中的核心——智能管理。用数据、智能为生态伙伴、企业客户提供管理方案以及管理的解决方案。第二部分，做好数字化流程梳理和应用，才能与更多伙伴协同，实现整体降本增效。此外，优秀的企业需要优秀的内部机制，我们把这三个维度有机结合，实现商旅的转型，得到一个公式，也就是 S=A（IM）的平方。这将为我们提供商旅管理的方法论。"

携程应用数字技术，整合了供应链流程，提升了供应链合作伙伴的服务能力。

资料来源：从全球合作伙伴峰会，看携程做的几件大事．品橙旅游，2022-12-05.

三、文旅企业供应链组织架构革新

文旅产业是一个综合性产业，是由提供各种能满足旅游者需求的产品或服务的行业所构成，包括旅行社、餐饮、酒店、交通、娱乐、购物等。在传统运作模式中，旅行社是文化旅游供应链各环节企业之间的枢纽，承担着重要的企业间的协调功能，扮演着联系各个环节的纽带角色。在直接与文旅消费者互动过程中，旅行社熟知文旅消费者的需求，量身定制符合文旅消费者口味的文旅产品和服务。基于这一基础，旅行社在供应链中寻找合适的供应商采购对应的产品或服务，将不同产品组合起来提供给文旅消费者。所以，传统文旅供应链运作的模式以旅行社为各环节的中心，连接不同的相关企业，共同为文旅消费者提供服务。

（一）传统文旅供应链结构问题突出

传统文旅供应链模式的特征包括委托代理关系复杂、费用高、效率低、不具有市场灵活性，从而降低了文旅企业在市场中的竞争力。

1. 委托代理关系复杂

在文旅供应链中，涉及烦琐的委托代理关系，其中文旅企业既是委托方又是代理方。举例来说，为了提高效率，旅游者将旅游行程的安排交给组团社，此时文旅消费者充当委托方，而组团社则担任代理方。为了在压缩运营成本的同时可以给旅游者带来更专业化的服务，组团社通常将业务转包给目的地的地接旅行社。为了追求效率最大化，地接社会将业务再次转包给下一级地接社，或者直接外包给产品和服务供应商，从而将地接社再次转变为委托方的身份。不同环节承担了多重角色，这使得委托代理关系过度混乱和复杂。

这种烦琐的代理委托关系可能会对文旅消费者的利益和人身安全造成严重损害。其一，文旅消费者的真实需求可能在各转包中出现传递错误，导致文旅供应商无法给予文旅消费者预期的产品与服务，从而使文旅消费者的体验和利益受损。其二，随着委托链的延长和委托环节的增多，潜在风险也会相对增加。一旦文旅供应链中的某个企业出现差错，就可能对文旅产品的质量造成影响，最终破坏文旅消费者的利益。同时，过长的委托链也可能增加文旅供应链内部各环节企业交易的时间成本和金钱成本，最终这些成本可能被转嫁给文旅消费者，进而损害文旅消费者的利益。

2. 服务平台和电子交易手段不完善

目前，我国文旅企业在信息化方面参差不齐。许多企业在传统供应链上的数字化进程仍然远未达到较为完善的水平。一部分文旅企业只是建立了数字化系统，却未能实现内外部数据有效对接，部分文旅企业的网站仅有文旅信息，不支持预订和交易功能。当下，主要旅行社集团和部分大型国际旅行社已经开始使用信息管理系统和业务管理系统，其应用规模和深度也在迅速发展。然而，由于文旅企业的信息化水平参差不齐，且新系统的应用水平不高，企业之间没有高效的信息传递方式，致使传统文旅供应链模式不能很好地满足文旅消费者个性化、多样化的需求。这种情况就会引起文旅消费者满意度降低，文旅市场机会丧失，进一步导致整个供应链利益的损害。

3. 运营效率低下

个性化旅游目前是旅游业较为热门的话题，自驾游和自助游等出游模式逐渐变成流行趋势，越来越多的旅游者按照兴趣爱好来规划旅游行程。文旅消费者希望依据个人的旅行愿望自由搭配文旅服务，因此需要文旅企业有丰富的文旅产品和服务，以及不同的营销组合供给。然而，当下文旅供应链模式的运行过程中，旅行社缺乏强大的掌控能力促使文旅供应商与其展开有效合作。传统模式下供应链整体的效率优势不能完全施展，症结在于我国旅行社发展时间不长，对文旅供应链中的各个环节掌控能力不足，未能有效凝聚供应链中的各类企业。旅行社与供应商之间仅仅保持烦琐的委托代理关系，这导致文旅消费者需求信息出现变形和失真，同时供应链各环节的服务质量和运营效率也被波及。最终导致文旅消费者的实际体验与期待产生较大落差，引发文旅消费者不满和投诉。

综上所述，传统文旅供应链以旅行社为中心存在效率不高的问题，无法跟上文旅产业快速发展的步伐。为了克服以旅行社为核心的传统文旅供应链的缺点，积极转变文旅供应链的运营模式变得尤为迫切。因此，以文旅网络供应商为核心的供应链管理模式应运而生。

（二）文旅企业供应链结构变革

随着数字经济和电子商务的蓬勃发展，专注于文旅领域的网络供应商应运而生。这些专业化的文旅网络供应商为文化和旅游交易搭建了高效的平台，构建了以网络供应商为核心的文旅供应链模式。文旅网络供应商具有以下几个显著优势：

1. 成本低廉

与传统的文旅经营方式相比，文旅网络供应商利用先进的互联网和信息技术成功地降低了经营成本。具体体现在以下几个方面：首先，文旅网络供应商通过网络促销推广文旅产品，如多媒体网络广告，有助于节省印刷宣传册和传统媒体广告费用；其次，与其他文旅服务供应商合作可以有效减少采购成本；再次，文旅网络供应商直接与游客联系，省去了代理和零售商的费用；最后，通过建立网络门市，文旅网络供应商成功地降低了实体店面成本以及运营所需的各项费用。

2. 服务个性化

未来的文旅市场呈现出旅游者越来越倾向于自主化、个性化的趋势。传统旅行社在面对日益个性化的文旅市场时，尽管努力改变经营模式，不断创新产品和服务，推出符合文旅消费者需求的新文旅产品形式，提高服务水平以迎合文旅消费者需求，但仍存在难以迅速有效地洞察文旅消费者需求、积极作出回应，无法提供全面、优质且具有吸引力价格的产品或服务这一固有弱点。

而文旅网络服务提供商能够随时为来自全球的文旅消费者服务，包括但不限于文旅产品介绍、文化和旅游常识、旅游攻略，以及产品的在线预订等。文旅消费者能够通过此平台全面掌握目的地的吃、住、行、游、购、娱等信息，并进行比较、分析，从而科学地制定旅行决策。一旦有了决策，文旅消费者便能够依据个人需求在互联网上灵活地选择合适的文旅产品与服务，制定旅行路线，依托在线预订和支付完成剩余的流程。

3. 时空无界性

文旅产业是由提供各种能满足文旅消费者需求的产品或服务的企业所构成，包括旅行社、餐饮、酒店、交通、娱乐、购物等企业。由于文旅产品与服务的同步性，其生产和消费几乎同时进行，不考虑物流环节。文旅供应商仅需在互联网上展示其丰富的文旅产品信息，文旅消费者便能便捷地在线挑选符合需求的文旅产品并进行预订，剥离了时间的束缚和空间的限制。

由于在线旅游交易的特点是降低了时空摩擦，因此文旅网络供应商能够依靠数字技术全天候提供各种文旅服务，汇总文旅相关信息，掌握随时迭代的文旅需求，及时发现并解决产品或服务中可能存在的问题，从而提高产品质量。另外，文旅网络供应商在拥有庞大的文旅消费需求信息后，能够对所有的需求信息进行分类处理和分析，以协助企业制定更加科学的决策。

四、文旅企业供应链业务流程变化

在文旅企业供应链中，各企业间必须密切合作，方能为文旅消费者提供全面的文化和旅游体验。通过建立计算机网络系统，实现了数据信息的便捷流通，推动了信息在合作企业、服务商和分销商之间的传递，提升了合作企业之间的紧密联系。这一密切协作的益处主要体现在以下几个方面：

（一）文旅企业信息共享

为了成功经营文旅企业，经营者需要及时、准确地获取各个协作部门的复杂信息，这些信息变化多端。数字化供应链系统是满足这种需求的最佳选择，其中包含了各国文旅场所、文旅活动项目、多种套餐旅游线路、行程安排、价格、酒店设施、等级和房价等内容。只要旅行社连接到这个平台，就能够迅速、便捷地查询到相关的文旅信息，快速、精准地回答文旅消费者的提问，并提供相应的产品，这是传统非数字化方式所无法实现的。

（二）文旅企业间业务处理高效衔接

文旅业务牵涉广泛，内容繁多。在企业经营中，涉及旅游团的日程安排、预订量的平衡、车辆和导游的科学调配，以及与相关酒店、景点之间的费用结算等复杂工作，这些需要与相关供应链环节合作才能较好地完成。在数字化供应链环境下，可以依托企业间的互联网数据传输而精准、有效地完成这些任务。例如，文旅企业能够与航空公司合作，实现航班信息查询、购票、出票等功能，在处理交易中完成旅客信息的自动收集并整合到航空公司的旅客数据库和内部管理系统中，同时完成财务统计工作。

（三）销售资源共享

在互联网时代，文旅企业能够共享在线销售渠道，实现自身产品的网络销售，并代理其他企业的产品和服务。随着各类文旅企业参与在线预订系统，这些系统将提供更多样化的产品，扩展代理点并拓宽销售渠道，实现互利的合作关系。

数字化系统的推广使得大量文旅企业逐渐构建起一个高效的社会化协作网络。数字化供应链的建构不仅丰富了文旅产业的信息来源，加快了文旅产业的需求反应速度，也提升了生产系统的决策效率，促进了文旅产业运营水平的提升。

案例阅读

全球第一家旅行社的数字劫难

本章小结

文旅企业是探讨数字化最具实践价值的尺度，不同于行业层面的宏观阐述，文旅企业数字化管理需要从相对微观的层面揭示数字化的原理、过程与价值。本章内容给文旅从业人员带来一定的启发。

文旅企业数字化战略转型与实施至关重要。第一节阐述数字化战略作为文旅企业适应技术环境变化的重要战略，其实施的必要性，以及数字化战略的决策程序和实施路径。

文旅企业中的内部管理数字化是转型的重要部分。第二节“文旅企业内部数字化管理”首先对文旅企业内部数字化管理的内涵和意义进行阐述，紧接着对文旅企业数据中台建构进行介绍，然后具体介绍文旅企业内部不同部门的数字化管理。

第三节着重强调数字化背景之下，文旅企业供应链各环节协同服务的技术转变，尤其是对供应链组织架构和业务流程变革进行了重点阐释。

练习与实践

1. 思考除本章内容外，数字技术对文旅企业的影响还体现在哪些方面？

2. 查找文旅企业数字化战略实施成功的典型案例，并解读数字化转型过程和成功的原因。

3. 对比制造业企业和文旅企业的数字化战略，尝试从不同方面对其异同点进行剖析。

即测即评

第七章　文旅企业智能化服务

学习目标

1. 理解数字化文旅企业服务管理的基本概念和理论框架。
2. 理解数字技术在文旅服务流程中扮演的角色。
3. 掌握数字技术在文旅服务现场管理、服务流程管理和人机协同中的功能、作用。

1. 加快服务业高质量发展，是推动转型升级、实现经济高质量发展的内在要求，是推动经济加快恢复增长的现实需要。

2. 数字文旅服务是传统旅游服务业的数字化转型，能够有效助推旅游业提质升级。

3. 以数字技术赋能文旅服务，是适应文旅消费者消费升级，满足人民对美好生活向往的重要途径。

案例导入

机器人酒店

第一节　文旅服务及其数字化

文旅活动是一项需要文旅消费者全身心参与的消费活动。文旅消费者不仅需要“在场”，还需要与文旅服务提供商发生各种接触和互动。服务是文旅产品的重要表现形式。当各种数字技术介入一线服务后，文旅服务获得了更多的创新机会，同时也面临更多新的挑战。本章将带领同学们了解文旅产业中的服务理论，理解数字技术怎样影响文旅服务，以及我们将如何通过人机协作提供高质量的文旅服务。

一、数字文旅服务的本质

数字文旅是将现代数字技术应用于文旅产业的一种模式，其本质是为文旅消费者提供更加个性化、智能化、便捷化的文旅服务，从而满足文旅消费者对高质量文旅体验的需求。

（一）个性化

个性化的数字文旅服务主要是通过对文旅消费者的需求和偏好进行深度理解和分析，提供符合文旅消费者个人特点的产品和服务。例如，通过对文旅消费者搜索、预订和消费的数据进行分析，对文旅消费者进行用户画像分析，并根据画像，为文旅消费者推荐个性化的旅游路线和服务。此外，AI 技术的发展也使得文旅企业可以提供更个性化的服务。例如，通过机器学习，可以预测文旅消费者的需求和行为，为他们提供个性化的推荐。

（二）智能化

智能化的数字文旅服务主要是通过人工智能（AI）和大数据等现代科技手段，实现文旅服务的自动化和智能化。例如，AI 聊天机器人可以为文旅消费者提供 24 小时的智能咨询服务；基于机器学习的推荐系统可以根据文旅消费者的历史行为和偏好，自动推荐文旅产品和服务；虚拟现实和增强现实技术可以为文旅消费者提供仿真的文旅体验和丰富的文旅信息。这些智能化的服务不仅提升了文旅消费者的体验，也提高了文旅企业的服务效率和质量。

（三）便捷化

便捷化的数字文旅服务主要是通过利用移动互联网和云计算等技术，实现文旅信息的即时获取、文旅服务的在线预订、文旅体验的快速分享。例如，文旅消费者可以在手机 App 上查看全球的文旅信息，预订酒店和机票，规划旅游路线，分享旅游照片和心得等。此外，数字支付、电子票务等技术也使得文旅消费的支付和检票更加便捷。这些便捷化的服务大大提高了文旅消费者的消费效率，使他们可以更专注于文旅体验本身。

二、文旅服务的数字化改善

文旅服务不同于有形商品，是由一系列活动组成的流程。服务的一般特征包括无形性、生产消费同时性、异质性和不可储存性。

（一）服务无形性及其数字化改善

文旅服务的无形性表现在其为文旅消费者提供的是一系列以流程贯穿的活动。文旅消费者在消费文旅产品后得到的是体验和心理感受。除了个别情况（如餐饮服务和旅游结束后购买的文创产品），文旅消费者并不占有任何有形物品。文旅服务的无形性使文旅消费者对其质量的评价变得非常困难。文旅消费者常常通过主观感知来评价服务，这些主观评价会在文旅消费决策之前影响文旅消费者对文旅活动和旅游目的地的选择，会影响文旅消费者在消费过程中对后续行程的态度和预期，也会影响文旅消费者在消费后对文旅服务产品的评价和口碑。然而，对于文旅企业和目的地管理部门，一方面，每位文旅消费者会产生怎样的感知是一个无从了解的黑箱；另一方面，企业和旅游目的地提供的服务质量到底如何，文旅消费者也无法预先获知。这是传统文旅服务面临的无形性的挑战。

数字技术通过帮助增加有形证据来缓解服务无形性的挑战。第一，利用虚拟现实技术进行文旅产品的有形展示，从而使文旅消费者在进行消费决策时能够获得更加直观和全面的认知，进行更为准确的决策。例如，不少酒店预订平台支持 VR 视频选房服务。文旅消费者能够在计算机或手机屏幕前 360 度观看希望预订的房间布局和细节，从而对不同酒店房间进行预先比较。第二，借助数字化手段进行规范的流程制定和说明，使文旅消费者或潜在文旅消费者对抽象的服务流程获得具象的认识。例如，携程针对团队游服务的流程进行了标准化、可追踪的携程自营服务 SOP（标准运营流程）项目的开发和推广，这一项目可以通过“旅行足迹”将行程可视化，将团队游用户的每一个订单、每一段行程的信息和服务质量充分透明展现。第三，社交媒体的出现促成了用户生成内容（UGC）的繁荣，这些用户生成内容产生大量关于某一具体文旅产品的客观信息和主观评价，间接帮助（潜在）文旅消费者完善对文旅产品的全面认识。

【同步案例：携程自营服务 SOP】

通过借鉴快递物流行业的透明性和实时性，以及装修业的服务标准化流程，历经三年的打磨，携程团队游服务 SOP 系统在 2023 年年初开始交付供应商测试。

经过 5 个月的测试反馈和逐步完善，5 月 31 日，携程正式对外发布业内首个团队游服务SOP——携程自营服务SOP，将多年积累的服务行为标准化，并以此管理团队游中服务的每一个环节，让服务在科技的驱动下实现线上线下一体化，变得可感知、可追踪。

据了解，携程自营服务SOP为导游服务、行程安排、用车、酒店、用餐等70多个行前、行中、行后环节均制定了详细的履约标准，并且通过"旅行足迹"将行程可视化，将用户的每一个订单、每一段行程的信息和服务质量充分透明展现。

例如，针对纯玩无购物的行程，如果导游带领旅游者前往过购物店，"旅行足迹"系统上会有记录，可判定导游是否违规带客购物。旅游者可凭借"旅行足迹"系统的记录为自己维权保障"不被购物"。而消费者及其亲属，也可在携程App的订单中查看本次行程的旅行足迹，确保实际游览行程与产品信息披露一致。

张祺透露，目前携程整个国内自营有4 000多条产品已经覆盖了电子工牌和旅行足迹的系统，这些产品涵盖了31个省份、自治区和直辖市有2 500多个目的地。在携程平台上，约7成的自营团队游订单已经涵盖这套系统。根据携程的计划，今年内将此服务覆盖至自营品牌下国内全量的团队游订单，未来还将推广到非携程自营的全平台产品。

另据了解，未来海外的相关技术问题得到解决后，该系统也将全面接入携程平台的海外团队游业务，让客人的出境游行程更加安心。

资料来源：数字化技术将打破旅游业"服务难追踪"壁垒．品橙旅游，2023-06-08.

（二）生产消费同时性及其数字化改善

在服务流程中，文旅消费者和生产者直接发生联系，因此，生产与消费两个过程统一。例如，主题公园的服务生产是从旅游者走向入口闸机那一刻开始的，直到旅游者离开主题公园，旅游者的服务消费和主题公园的服务生产才结束。文旅服务的这种特性表明，消费者只有而且必须参与到服务的生产流程才能最终消费到服务。消费者不仅能观察生产流程并且参与生产流程，因此，他们会影响服务交易的结果，这为文旅服务管理带来许多挑战。比如，文旅消费者与服务人员之间的互动影响其对服务质量的感知；文旅服务不能提前检验质量，服务人员的灵活应变能力对处理各种突发状况非常重要；服务过程以及这一过程中服务提供的方式和态度在一定程度上影响文旅消费者的体验和感知。

文旅消费者与文旅企业或旅游目的地发生的任何服务接触与互动都直接影响服务评价。为了管理好服务流程，文旅企业需加强实时监控能力，鼓励文旅消费者参与服务流程。数字技术在应对服务生产消费同时性方面产生了有效的解决对策。第一，数字技术帮助服务企业重新梳理服务流程，对服务流程实施标准化规范，从而减少潜在的服务失误。利用数字孪生工具，服务企业可以将实际服务流程进行数字重现，梳理其中的多余与不合理的环节，优化服务流程和协作分工，从而实现服务流程的标准化。第二，生产与消费同时性使企业难以通过集中化来获取显著的规模经济效益，为此文旅企业可以考虑让文旅消费者参与到文旅服务的设计、生产、交付、维护以及信息共享等活动中去，从广泛而深入的文旅消费者参与中获取收益。例如，敦煌研究院与腾讯集团推出的“敦煌诗巾”项目，允许文旅消费者通过微信小程序与敦煌石窟进行深度互动，参与定制并购买敦煌壁画图案的丝巾文创产品。这是经典的文旅消费者体验式互动营销，不仅提高了文旅消费者的体验感，也为敦煌的旅游文创设计提供了新的思路。

（三）服务异质性及其数字化改善

异质性指文旅服务的构成要素和服务质量经常变化，文旅消费者、员工、管理人员以及环境等任何一个要素发生了变化都会对服务流程和服务结果产生影响。从服务员工一方看，因为每位服务人员自身的能力和想法不尽相同，不同的服务人员提供的服务不同；另外，因为人的行为要受到其情绪、情感以及精力、体力的影响，同一服务人员在不同的时间和场合也不可能提供完全相同的服务。从消费者一方看，不同的文旅消费者有着不同的服务认知、价值观念和背景，所以不同文旅消费者对同一服务会产生不同的服务质量评价。文旅消费者参与服务生产过程的积极程度也有所不同，表现在是否会清晰地表达自己的需要，是否积极地与服务人员交流互动，这些都会对服务产出造成影响。此外，还有许多因素影响着文旅服务的稳定性。如在旅游旺季，由于文旅消费者过多，服务人员就有可能人为地降低服务标准，以加快服务速度。在文旅企业经营中，经常有需要第三方提供服务的情况，如旅行社组织的团体包价旅游，通常需要航空公司、酒店等企业为文旅消费者提供相应的服务，这就会加大服务的可变性，更加难以有效地控制服务质量。因此，我们经常遇到的情况是，在同一时间参观同一文旅场所，会出现两极化的评价：有人拍手称绝，也有人失望至极。文旅服务的异质性使服务管理和控制变得更加困难。文旅消费者可能由此对文旅企业及其提供的服务产生不确定性或不信任感。

文旅企业除了采用服务流程的标准化来尽量保证服务质量的稳定性，还可以利用数字技术的力量降低服务的异质性。数字技术可以在以下三方面发挥作用：第一，建立内部数据中台，保证一线员工实时掌握服务所需信息，支持员工精准决策，以便提供优质服务；第二，使用智能自动化技术替代员工完成部分简单重复性劳动，利用技术的标准化减少服务的不确定性；第三，利用数字技术积累文旅消费者行为数据，建立畅通的文旅消费者沟通渠道，追踪文旅消费者满意度，发现和改善质量较差的服务。

（四）服务不可储存性及其数字化改善

旅游服务的不可储存性是由其无形性决定的。服务无法像有形产品那样被储存，如果生产或制造出来的服务没有被及时地消费掉，就只有浪费掉。如旅游淡季时酒店未出租的客房、航空飞机上未售出的座位等。总之，由于文旅服务的不可储存性，文旅企业无法享受到保持稳定生产水平而带来的经济利益，从而加深了旅游服务供需之间的矛盾。文旅市场的需求波动难以协调，并不可避免地影响服务质量。

文旅服务的不可储存性特征意味着文旅企业和旅游目的地的计划服务能力非常重要。例如，文旅消费者对旅游景区、文博展馆以及配套的餐饮、交通、住宿等服务需求在旅游旺季和淡季存在巨大的差异，而且淡季的剩余供给是无法存储到旺季销售的。面对不可存储的服务供给，文旅企业需要提升计划服务能力，通过配给的方法来规划服务。在这方面，数字技术也展现出强大的用武之地。第一，利用数字平台为文旅消费者提供易于使用的线上预订服务，这样可以根据文旅消费者的需求情况和自身服务能力进行调节，从而减少文旅消费者的等待和流失。第二，利用企业积累的市场数据建立自身销售预测模型，通过差异化定价进行收益管理。收益管理是酒店、航空等服务企业应对供需不平衡的常用策略，而大数据工具的引入能够使企业的定价更加科学合理，获得更优化的收益管理方案。第三，补充性服务、自动化和增加文旅消费者工作参与等措施，也可以在一定程度上缓解文旅服务供应商面临的压力。

以上是文旅产业作为服务业面临的一般特征。除此以外，文旅服务还具有区别于其他服务产业的特殊性，如综合性、情绪性和艺术性。

三、数字化对文旅服务特殊性的赋能

与其他服务行业相比，文旅服务具有很强的综合性。这种综合性表现在两个方面。第一，文旅消费须在一定时间段内完成，需要各种不同的服务环节紧密连接。这就要求文旅服务必须具有完整性、系统性和科学性，不能有任何细微的疏忽和大意，否则会造成整个服务失败。这种完整性和连贯性在包价旅游服务上表现最为突出。第二，文旅服务涉及的部门和行业众多，其中包括基本的餐饮、住宿、导游、购物、娱乐、演出等服务，还有其他部门提供的银行、保险、外汇、海关等服务，另有间接向文旅消费者提供产品和服务的行业、部门，如环保、教育、卫生、商业、市政建设等。文旅消费者对于文旅活动的评价是基于整体认知的，个别环节或部门的服务失败可能导致文旅消费者对整体旅游活动的评价偏低。因此，不同服务行业和部门之间的服务水准保持一致，服务流程无缝衔接，对于文旅消费者满意度有重要影响。多环节多部门协作是文旅服务综合性的本质特征,数据信息同步共享是增强各部门协作的关键。数字化技术在产业层面和企业层面使用不同策略联结不同业务部门,从而为文旅服务的综合性提供技术支撑。这部分内容在第五章和第六章已分别进行展开,在此不再赘述。

文旅消费者对所获得服务的期望,不仅是满足某种功能,更需要得到精神上的满足,如包括自我欣赏性的自尊和社会认可性的他人尊重,具有明显的个人情绪化色彩。与之相对应,员工为满足文旅消费者的需求,不仅付出脑力劳动和体力劳动,也要付出情绪劳动。情绪具有波动性和感染性。员工的愉悦情绪会感染文旅消费者获得积极的情绪体验,而如果服务很差激起消费者的不满情绪,事后的服务补救则可能付出很大代价却得不偿失。另外,文旅消费对精神享受的追求要求服务过程中显示出艺术的魅力,通过接待语言和劳动操作两个方面给人以美的享受。语言交流是文旅消费者接触服务的最初阶段,亲切的表情、生动的语言、和蔼的语气、得体的手势,都能使文旅消费者感到满意;许多劳动操作的熟练技巧甚至可以达到近乎艺术表演的程度,干练、利索、敏捷、轻盈的动作能使人产生音乐节奏和舞蹈造型的和谐美感。

情绪性和艺术性体现了文旅服务以人为本的核心特质。文旅消费需要情绪体验和艺术体验,而情绪体验和艺术体验源于人类的感性和创造性,并在人类员工与消费者之间的互动中产生。目前的数字技术无法替代人类员工实现这两类价值,这是文旅一线员工的不可替代的优势。数字技术虽不能直接应对情绪性和艺术性带来的挑战,却可以通过强大的信息收集、处理和分析能力,赋能员工,使一线员工为消费者带来更好的情绪体验和艺术体验。

从以上分析不难看出,数字化技术能够通过多种手段有效缓解服务特性中的瓶颈。但我们也需要注意到,文旅服务是以人为本的产业,数字化技术不能完全替代人类员工为文旅消费者提供温暖而富有人情味的服务,因此做好员工与技术之间的分工协调对于提升服务质量尤为重要。

第二节　数字文旅服务流程管理

在数字化时代,数字技术对文旅消费者游前、游中和游后的行为影响日益深刻。这一影响的发生归功于移动通信技术的发展,以及文旅价值体系内流程的数字化演进。本节将分别从文旅消费者和文旅服务提供商的视角解释不同旅游服务流程阶段的数字技术需求和应用重点。

一、游前阶段

（一）文旅消费者视角

与互联网技术尚未普及时相比，文旅消费者可以在更多的考虑因素和更广泛的替代方案中进行消费决策。对文旅消费者来说，这一阶段涉及的主要活动依次为比较替代方案、与亲友商议、确定最佳选择、在与服务提供商的实时沟通过程中计划消费细节、预订产品，最后，为所订购的文旅产品付款。

在这一阶段，文旅消费者花费较多的时间和精力获取与消费和旅游目的地相关的信息。根据文旅产品的复杂和风险程度的高低，文旅消费者采取不同的文旅决策行为。对于相对简单而风险较低的产品（如机票预订、酒店预订），大多数文旅消费者使用旅游电子商务平台或文旅企业官方网站或应用程序进行快捷的预订；而对于较为复杂、风险较高的文旅产品（如包价旅游产品、出境游产品等），则需要更广泛地收集信息，并获得个性化的建议。在这一阶段，文旅消费者主要通过三种渠道获得信息：一是直接与文旅服务提供商进行沟通，包括传统的面对面沟通、电话沟通和基于互联网的线上客服沟通等。二是通过对用户生成内容网站和社交媒体的搜索浏览获取信息。这一渠道已成为目前最主要的文旅信息收集渠道。文旅消费者认为用户生成的信息相对企业来源的信息更为可靠和有用，能帮助其选择良好性价比的产品，并避免做出错误的决定。三是借助智能手机、计算机、特殊平台或智能镜头设备在增强现实或虚拟现实技术的加持下，进行虚拟游览，在非真实环境中调动所有感官，在前往旅游目的地之前形成对文旅吸引物的直观认知。

（二）文旅服务商视角

与文旅消费者游前信息收集和文旅消费决策相对应的，是文旅服务商的信息供应以及产品开发与优化。

1. 信息供应[①]

在文旅服务产业链中，与文旅消费者接触最早的服务商是信息提供商。信息提供商目前主要存在六类发展模式（见表 7-1），并且不断有新兴模式快速涌现。其中以数据为核心进行业务衍生的 UGC 与交易平台类企业，在现有的竞争格局下显示出未来更大的商业价值空间。

① 罗兰贝格管理咨询公司. 旅游 3.0：数字化旅行变革时代中的应对之道.2016,8.

表 7-1　信息提供商类型与发展模式

信息提供商类型	发展模式	举例
UGC（用户贡献内容网站）	基于用户内容分享构建的旅游交流平台	小红书、抖音、穷游、马蜂窝、TripAdvisor
交易平台	整合各方资源，打造 B2C 和 C2C 平台	携程、去哪儿网、飞猪
搜索引擎	综合搜索引擎	Google、Booking
	垂直类搜索引擎	
社交网络	利用社交分享和口碑推荐进行旅游营销	微信、微博、Facebook
私人定制	完全基于个性化需求的专业旅游定制服务	无二之旅、Womtrip Club、百悦逸游
反向定价	由客户定价，依托历史数据分析决定交易与否	Tingo、FlatClub

UGC 的商业模式包含三种路径。第一，信息提供商企业在其大量用户贡献的数据基础上，对同类信息纵向提取，随后横向呈现，进行数据的结构化转化和分类展示，进而为用户在制定文旅消费计划时提供参考。第二，通过对同一用户不同行为的综合数据提取和整理，描绘其文旅消费习惯画像，提前预判并推送酒店、自由行等产品预订，进而打造搜索比价业务。第三，获取各 OTA、中小型旅行社等服务供应商的产品及价格，通过导流获得产品销售分成，或通过“尾单销售”和“预售 +C2B 产品定制”等模式直接与资源供应商合作，获取分销渠道高额利润部分。

交易平台企业的商业模式则可以概括为深耕技术，通过挖掘大数据价值，数据驱动，解决用户需求。以飞猪旅行的前身——阿里去啊为例。阿里巴巴集团投资旅游信息上市公司石基信息帮助酒店与“去啊”直连，实时反馈房价、房态信息，帮助酒店打造在线直销平台；石基入股 Snapshot，切入酒店数据运营，形成“去啊 + 石基 +Snapshot”，以技术为驱动深耕酒店业，整合出住前、住中、住后的数据链条，挖掘其中的大数据价值。同时，基于阿里的庞大生态体系，去啊联合芝麻信用推出“信用住”，基于用户芝麻信用开展酒店住宿后付模式，以及“信用签证”服务，利用阿里背书消费者信用能力，帮助其免除签证办理环节中的种种麻烦手续。目前，该业务已全部整合至飞猪旅行。

2. 产品开发与优化

资源提供端企业（交通、酒店、文旅场所等）与集成分销企业（传统旅行社与 OTA）在这一阶段要推动潜在文旅消费者做出消费决策。这里不仅涉及电子商务、支付系统等一般数字交易技术，而且不同性质的企业还面临完全不同的数字化挑战。例如，航空业致力于航空服务产品的菜单式细分和数字化，帮助文旅消费者获得更个性化的乘机体验；酒店住宿领域重视直销能力建设，通过多样化营销手段吸引潜在文旅消费者；OTA 的重点是通过客户反馈数据挖掘优化现有跟团游产品，提升用户体验；旅行社的比较优势则集中于产品打包与线下服务能力，因此，通过内部数字化整合加强资源系统以提升产品打包能力与前置线上服务是线下旅行社数字化提升的重要方向。

【同步案例：传统旅行社 Tui 的数字化转型之路】

Tui 自 2012 年起在全球范围内推行 IT 系统一体化整合，整合范围包括全球 180 个国家的呼叫中心、官网与线下门店。整合后的后台系统优势主要体现在：(1) 产品设计人员可以实时查看所有资源可得性与价格动态，并基于此进行更为丰富与灵活的产品设计，提供给消费者更多选择。(2) 消费者的所有产品预订可以实现实时确认，缩短购买时间。(3) 由于 Tui 在全球大部分目的地均设有地接社，因此借助于整合后的 IT 系统，消费者在下单起即可与目的地地接客服就行程的具体安排、调整建议进行沟通。这一线下服务的前置化有助于满足客户差异化需求，提升客户体验。(4) 降低运营成本。在 IT 系统一体化整合的基础上，Tui 同时推出 Tui Digital Assistant App，旨在打造端到端（End to End）的一站式体验。消费者在 App 内即可实现旅游产品购买、航班值机、酒店入驻办理、客户实时沟通、行程后的体验分享等全部内容。(5) 线下门店智能化转型。Tui 在其智能体验门店推出虚拟现实体验产品，用户可以在店内免费体验 Oculus 显示器头盔的 360 度环境虚拟现实产品，更加直观地感受景点的美好音效和视觉效果。除此之外，基于一体化 IT 系统，用户在智能体验门店同样可以利用 IPAD 就目的地、旅游产品具体安排与地接人员进行实时沟通，保证了客户服务人员在客户旅行前和旅途中对客户进行持续的服务，提高服务质量。

资料来源：旅游 3.0：数字化旅行变革时代中的应对之道．罗兰贝格管理咨询公司，2016，8.

二、游中阶段

（一）文旅消费者视角

游中阶段的文旅消费者被两种心理所左右。从功用性的角度，文旅消费者希望文旅服务商能够提供方便、快捷的服务；从体验性的角度，文旅消费者希望在消费过程中获得原真性的、本土化的文旅体验。

一方面，文旅消费者在交通、住宿、信息获取等实现消费目的的功能性环节对花费时间和经济成本十分敏感，服务流程是否烦琐、是否需要学习、是否需要长时间等待会对文旅消费者的消费体验有很大影响。为此，资源提供端企业需要整合不同服务环节，通过服务流程再造优化文旅消费者体验。例如，史基浦国际机场通过行李智能管理系统的实施使处理行李的能力大幅度提升 40%，每年处理行李的能力达到 7 000 万件。同时。机场行李处理速度也得到了有效提升，从每小时处理 5 000 件行李提升到每小时处理 9 000 件行李，大大提升了运营效率和中转旅客的客户体验。酒店则借助 IT 技术，使客人使用智能手机就能实现智能自动化服务。比如获取数字钥匙并进入自己的房间，甚至可以办理退房手续、召唤机器人完成客房服务等。

另一方面，对于观光游览、休闲娱乐和文化艺术探索，文旅消费者基于享乐和体验的目的，希望实现与消费对象的深层次互动。文旅消费者拥有一个新标签：SoLoMo。So 代表 Social media，指文旅消费者是社交媒体的忠实用户；Lo 代表 Local，即本地化，指文旅消费者通过目的地居民常用的本地应用程序搜索信息，以增强目的地体验感；Mo 代表 Mobile，即移动网络，指文旅消费者总是使用移动设备。实际上，在文旅产品的消费阶段，文旅消费者会不断连接并下载有关地点、餐馆、酒店、其他服务提供商、价格、活动、当地传统、天气状况、特别优惠、环境紧急警报、交通时间表等信息。文旅消费者使用应用程序和其他服务来获取并共享信息、照片、视频和其他内容，然后使用这些内容与他们所属的社交网络进行互动。消费期间线上线下的交互改变了文旅体验，有机会让文旅消费者的整个社交网络通过对文旅消费者见闻的评论和反应实时参与到文旅消费者的个人文旅体验中。文旅消费者倾向于根据情境使用不同社交媒体来分享内容，这成为他们加强个人认同以及获得社会支持的一种方式。为此，旅游目的地的运营一体化建设成为目的地数字转型的主要任务，形成以文旅消费者为核心的一体化整体解决方案，提高了旅游目的地业务效能，帮助文旅消费者实现无缝衔接的深度沉浸式目的地体验。

（二）文旅服务商视角

通过构建统一的运营管控平台，辅助管理者从运营、会员、收入、渠道等维度，通过数据大屏和移动数据等可视化方式，实现对目的地的综合运营监控。大型综合旅游目的地包含酒店、餐饮、商业、游乐设施等众多不同的业态，保障整个园区的顺畅运营其实非常具有挑战性。而搭建综合管控平台，能够使管理者从文旅场所环境、文旅消费者游玩状态以及文旅场所设备等多个维度，了解整个园区的实时运营状态，以及时调整运营策略。具体来说，到达目的地（文旅场所）的文旅消费者可以分为两类：住宿消费者和不住宿消费者。

不住宿消费者当天结束游玩后即离开，就要根据这类文旅消费者的行程安排提供停车场、园区活动、排队情况、地图或语音导览等服务。针对住宿消费者，除上述服务外，还涉及酒店入住、行李存放以及餐饮等问题，这就需要管理者通过统一的平台收集和分析不同的用户数据，以制定精准的服务方案。

【同步案例：奇幻谷度假区“智慧游园”新型游玩模式】

为提升旅游者入园体验，襄阳华侨城奇幻度假区洞察旅游者需求，全新上线“奇喵导游”智慧导览小程序。“奇喵导游”导览小程序基于技术的数据分析和挖掘功能，为旅游者提供更加精准、个性化的导览服务，不仅通过排队时间预测系统为旅游者提供排队时间提醒功能，还可以自动识别且为旅游者推荐适合的演出场次，并在演出前进行提醒，帮助旅游者更好地规划旅游路线。值得一提的是，为提升“智慧游园”的互动性和体验感，“奇喵导游”导览小程序通过技术，为旅游者提供超现实的导航功能，旅游者可以在手机上实时查看景区的导览信息，收获沉浸式游园体验。富有主题特色、内容涵盖全面的“奇喵导游”导览小程序，既是带领旅游者畅游园区的技术导游，也是旅游者获得最新园区活动、福利信息的重要平台之一，其便捷、实用、高效的智慧化设计备受旅游者称赞。

此外，襄阳华侨城奇幻度假区更是基于多业态数据整合、各业态协同效应的核心诉求，投入近亿元打造智慧文旅体系，搭建旅游目的地综合智慧化平台，树立旅游度假区领域的数字化标杆，为华中乃至全国文旅行业数字化转型升级提供创新参考路径。以其核心产品奇幻谷大型宇宙探索主题乐园为例，园区全面覆盖“人脸识别”系统，实现“刷脸一秒入园”“预约排队”“刷脸储物”等便捷功能，打造“智慧游园”体验，发挥“技术+”优势，成为领先行业的标杆产品。

资料来源：“技术+AR”科技赋能，襄阳华侨城奇幻度假区打造新一代智慧旅游度假区．主题公园界，2023-05-16.

三、游后阶段

（一）文旅消费者视角

文旅消费后阶段，文旅消费者通过分享和重温消费经历来确认他的身份并为刚刚完成的体验赋予更多意义。与游中阶段的分享不同，一旦文旅消费者回到日常生活，他们可以通过更深思熟虑的复述来重温文旅体验。故事是围绕个人和个性化的各种内容元素的拼贴而构建的，文旅消费者通过讲故事创建起个人认同和社交形象。在游后阶段的分享中，文旅消费者成为文旅价值生态系统的推动者和共同创造者。

（二）文旅服务商视角

在游后阶段，文旅服务商需要针对消费者游后需求，进行相关投诉的处理、消费者评论答复及关系维护等。为此，旅游目的地和文旅服务商可以通过会员体系建设、积分回馈、满意度调查、发放优惠券和年卡等举措促进产品二销、积极口碑营建和忠实文旅消费者的培育。

第三节　数字文旅服务现场管理

一、文旅服务现场的数字服务接触

文旅服务现场是文旅消费者文旅体验的发生场所，文旅消费者在这一场所与文旅吸引物、服务环境、服务设施设备、服务人员发生面对面的接触和互动。这些面对面的服务体验将对文旅消费者的整体消费感受产生最为直接和深刻的影响，因此也被称为服务的“真实瞬间”（Moments of Truth）。文旅消费者在接受服务时会与多种形式的接触点发生互动，包括技术接触点、物理实体接触点、人际接触点、隐形接触点等。不同阶段、不同形态的接触点串联起来形成服务界面（Service Interface），进而形成整个服务过程。

【知识链接】服务接触系统模型

美国学者格鲁诺斯（Gronroos C.）提出的服务接触系统模型对服务接触过程进行了详细描述（见图 7-1）。这一模型将服务系统分为前台、后台和其他接触点三个部分。前台包括内外部设施、服务人员与设备，它是服务传递的核心要素，也是服务传递系统，直接影响文旅消费者对服务的满意度；后台由企业使命、服务理念以及核心技术构成，是服务运营系统，也是服务过程开展的重要驱动因素；间接因素（其他接触点）在服务过程中对文旅消费者感知不会产生直接影响，但是会间接影响文旅消费者对服务质量的感知，如广告、口碑等。

目前数字技术已经广泛应用于服务接触系统中的前台、后台和其他接触点。但在文旅服务现场，主要涉及的数字技术是位于前台、与一线员工和文旅消费者直接发生接触的智能自动化技术。

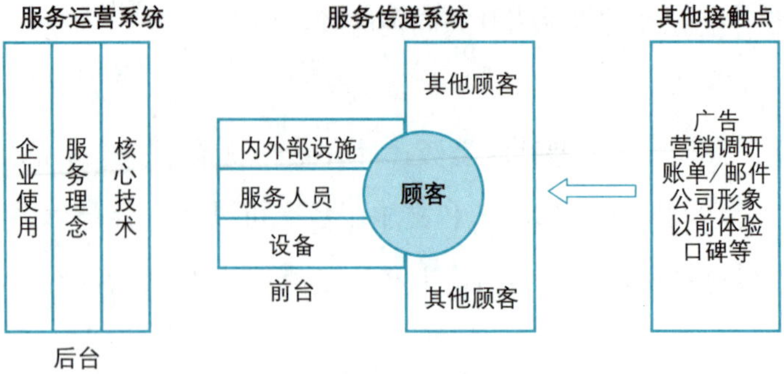

图 7-1 服务接触系统模型

近年来，数字技术逐渐在文旅服务一线普及应用，极大地提高了服务效率和文旅消费者服务体验，并改变了文旅一线的服务方式，出现了无接触服务、无人酒店、服务机器人、自助导览等新型文旅业态和服务模式。智能自动化是服务场景下的主要技术载体，帮助服务一线实现如解答文旅消费者咨询、配送客房用品、协助文旅消费者自助完成门票核销、入住登记等服务流程。

二、数字服务接触模式

智能自动化技术介入服务一线，彻底改变了传统文旅消费者与服务员工的互动模式，并为文旅消费者带来新的体验。表 7-2 展示了智能自动化技术介入服务一线的四种模式。

表 7-2 智能自动化接入服务一线的四种模式

模式	关系图示	智能自动化技术角色	举例	特征
模式 1：技术补充	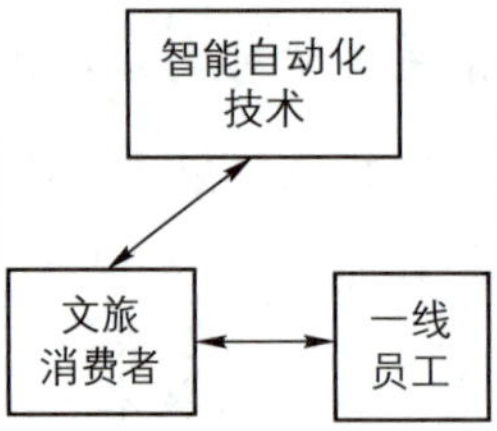	引导 / 强化	• 智能推荐 • VR 选房	与技术深度融合；实现服务预览；更灵活地互动，精准满足需求，可视化，沉浸式学习，交互式参与，实现体验创新
模式 2：技术生成	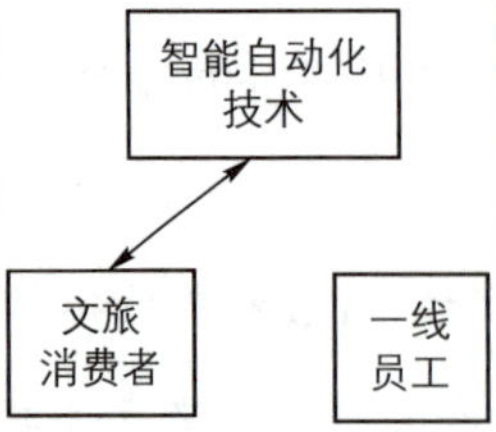	替代	• 自助入住机 • 智能语音客服 • 智慧客房控制系统 • 聊天机器人	便捷、高效、自动化，任务响应，创新，环境作为交互载体，用户友好

续表

模式	关系图示	智能自动化技术角色	举例	特征
模式 3：技术中介	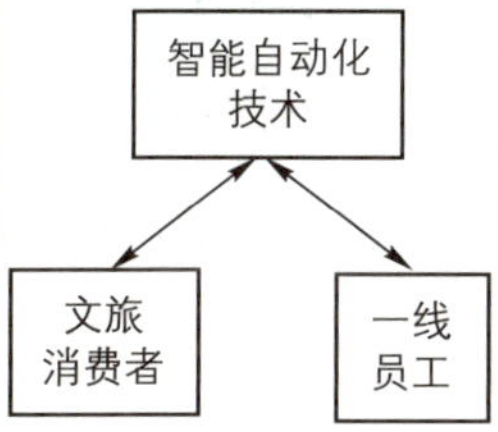	媒介	• 社交媒体线上服务 • 生产/配送机器人	用户友好，容易使用，快速响应，功能简单，精准定制化
模式 4：技术促进	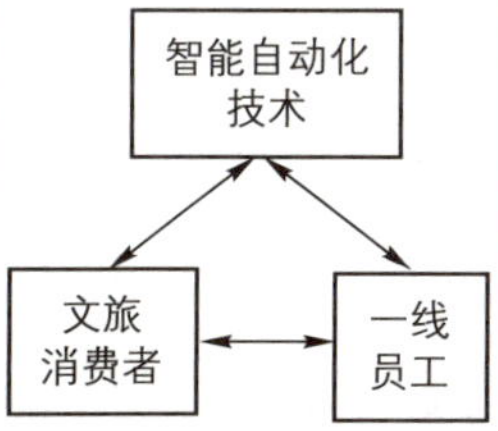	增强	• 顾客关系管理系统 • 服务机器人	个性化，自动化，深度学习，复杂性，交互，人性化导向，重视审美，情绪和创新

资料来源：根据 Li MingLong 等（2021）整理 .

（一）技术补充型服务接触

技术补充型服务接触多发生于文旅消费者抵达服务现场前，技术在其中主要发挥引导作用，多作为一种服务营销方式，以刺激文旅消费者对需求的个性化感知，增强文旅消费者与服务企业的接触。在这种服务接触中，文旅消费者在技术的支持下获得更丰富或者有效率的消费体验，同时与技术发生直接接触。智能推荐和虚拟现实技术的智能选房应用都属于这类技术接触模式。技术补充型服务接触模式对于服务企业与文旅消费者双方的好处在于，企业可以根据消费者浏览记录（搜索引擎、在线旅游网站、社交媒体等）、交易记录，进行适当的数据处理，并基于运算结果对文旅消费者进行智能推荐，实现精准营销；文旅消费者则可以及时地根据自己的需求，通过设备（如智能手机、语音机器人）的智能推荐迅速、准确地找到心仪的产品。通过这种积极的互动，文旅消费者可获得更高的认知价值、功能价值、情感价值，从而提高文旅消费者的体验和满意度。

（二）技术生成型服务接触

在技术生成型服务接触模式中，智能自动化技术与文旅消费者的服务接触发生于文旅消费者抵达服务现场后，且文旅消费者与技术发生直接接触。在此种模式下，智能自动化技术替代人类员工完成简单的机械劳动和程序化服务流程。不需要经过人际交互，技术便能够以更快、更个性化的方式服务文旅消费者。当前，技术生成型服务接触大体可分为以下三类：(1) 自助服务技术，被用于提供简单的、标准化的、重复性的服务，如自动驾驶汽车、自助入住机、自动售货机、智能电话客服等。这些技术的应用简化了服务流程，节省了时间和成本。文旅消费者可以乘坐自动驾驶汽车抵达或离开目的地酒店；在酒店服务前台，文旅消费者受到智能聊天机器人的接待，并使用自助入住机办理客房入住；智能电话客服可以根据语音识别，解决简单的文旅消费者需求。(2) 智能家居、智能监控等技术，可以基于经验数据进行学习和适应，为文旅消费者提供更温情、细致、安全的服务。物联网、大数据的技术可以记录文旅消费者在接待服务中对客房（温度、湿度、光亮度、位置等）、餐厅（座位、环境等）等的习惯和偏好。这样一来，当文旅消费者再次前往消费时，技术会自动设置与文旅消费者偏好匹配的最佳模式。(3) 增强现实、聊天机器人等具有基础的沟通能力和个性化适应能力的技术，可以通过语音、面部识别和动作识别，并结合经验和环境条件帮助文旅消费者改善决策。

技术生成型服务接触能够为文旅消费者提供高效、便捷的服务，减少了消费者与人类员工不必要的互动如排队、问候等所需花费的大量时间和精力，从过程的各环节为文旅消费者创造良好体验，给文旅消费者带来更高的灵活性、便利性和满意度。当然，与人类员工相比，这些技术也可能缺少相应的人文关怀。

（三）技术中介型服务接触

技术中介型服务接触，是以技术为中介的远程服务接触。在这种模式下，技术承担辅助或中介作用，在服务接触中补充服务人员的能力，跨越服务的时空障碍，能够在一定程度上同时为文旅消费者和企业降低成本。随着信息科技的迅速发展，文旅消费者的服务接触点在不断扩大，接触模式也在不断丰富，人们日益倾向于通过智能手机解决需求问题，文旅消费者通常可以通过电话、网站或邮件等社交媒介实现预订酒店、餐厅或旅游行程等在线旅游服务。

技术中介型的单向人机交互还存在于服务机器人与文旅消费者的互动中。这里的服务机器人具有技术性的生产或配送技能，但不具备复杂和灵活的语言沟通能力。例如，在酒店，文旅消费者可以使用智能手机或服务机器人点餐，服务机器人可以为文旅消费者提供客房送餐服务、充当调酒师等。但是服务机器人在接待业的引入也会给文旅消费者带来恐惧和不安全感，这种风险感知削弱了文旅消费者总体满意度与其分享意愿之间的关系；而基于文旅消费者的享乐动机而生的服务机器人具有新奇感和独特感，会吸引文旅消费者主动互动，使后者尝试通过与机器人合作创造新体验。

（四）技术促进型服务接触

技术促进型服务接触发生在人工智能技术和员工共同为文旅消费者提供服务的情况

下。在这种模式下，文旅消费者、员工和人工智能之间发生全方位的交互。人工智能可以记录文旅消费者的偏好信息并访问互联网大数据，从而产生更好的客户关系管理（CRM）系统和更有效和定制化的服务。该模式与技术中介型服务模式的不同之处在于，这一模式下的智能自动化技术具有更高水平的自主性、智能性以及数据存储和检索能力。技术促进型服务接触依赖于人工智能、员工和文旅消费者之间的合作。对于使用人工智能的文旅消费者来说，在服务的评估阶段对服务表现和预期有控制感对获得服务满意非常重要。员工还应该与文旅消费者保持和谐的关系，让人工智能充当一种人际屏障，减少不必要的打扰，但不能减少消费者满意度。

应妥善管理技术促进型服务接触体验。为了创造灵活、一致和标准化的服务体验，需要考虑智能自动化技术设计（例如通知和可操作性）、文旅消费者特征（例如文化和个性）和服务政策（例如参与和投诉处理），因为这些因素会影响文旅消费者使用数字服务接触技术的感受，如技术接受度、满意度和服务体验。

三、数字服务接触技术的感知属性与文旅消费者体验

（一）数字服务接触技术的感知属性

数字服务接触技术的感知属性是直接面向文旅消费者服务的技术所具有的可感知特征和价值，可划分为工具性、社会性和拟生性三个维度。

工具性维度涵盖了服务接触技术的功能性特征。服务接触技术的工具性属性突出了其在机械性能和信息服务方面相对于员工服务的优越性和智能性。当前文旅服务业一线的智能自动化技术尚未体现出较高的智能水平，仍处于较初级的发展阶段。

社会性维度表现为服务接触技术作为拟社会实体的特征，反映了服务接触技术类似服务员工的亲和力形象特质。

拟生性维度显示了服务接触技术表现出的类似生命体的特征。拟生性包含的变量如“生机勃勃”“有生命的”和“能感受情绪的”更接近于猫、狗等生物的形象特征，但未体现出明显的人类特征，如人的外形、思维模型和情感特征等，这是“拟生性”与“拟人性”的差别。

（二）数字服务接触技术对文旅消费者体验的影响

数字服务接触技术随着技术发展，已具备机械、分析和初步的社会互动能力。智能自动化技术是数字服务接触技术的典型代表。作为新的社会实体，智能自动化技术通过类似人类的行为，与员工、顾客共同创造服务体验。在文旅服务领域，智能自动化技术通过服务氛

围营造和服务能力提升两条路径来改善顾客体验。

1. 智能自动化技术营造愉悦氛围

智能自动化技术的造型、动作方式和语音表达等方面表现出明显的拟人或拟生化，并能够与顾客进行简单的社会化互动，如打招呼、致谢等。不少顾客能从中感知到自然的社交线索，进而产生亲近感和愉悦体验。例如，在描述智能自动化技术服务体验时，顾客会不自觉地采用拟人化语言描述智能自动化技术的动作和形态，并且对于智能自动化技术互动的社会化体验表达出积极的态度。互动对于社会临场感的感知意义重大，只有能够与智能自动化技术顺利互动，顾客才会感到智能自动化技术是用户友好的，并且在与智能自动化技术共处时从生理、认知和情感上都感到舒适。智能自动化技术通过模仿人类社交行为、遵循社会规范来营造高的社会临场水平。在高水平社会临场体验下，顾客会对智能自动化技术产生亲近和信任的情感，进而体验到融洽的服务氛围。但另一方面，由于当前智能自动化技术的局限性，顾客对接待的更多体验来自服务员工深层次的情绪劳动，如员工的感同身受和随机应变能力。智能自动化技术目前只能实现浅层次情绪劳动，如问候和简单寒暄。随着与智能自动化技术接触时间的增加，顾客会由于智能自动化技术反应的程序化和单一性而感到乏味，不再满足于简单的交互体验。因此，未来的数字服务接触技术设计需要增强情感识别和响应能力，以实现更优的社会化互动体验。

2. 智能自动化技术提升服务能力

智能自动化技术将被动的自助式服务转变为主动服务，同时满足顾客对便捷和周到的要求。主动服务能力是基于自动化技术实现的。随着技术的进步，智能自动化技术的移动性、交互性和灵活性不断增强，能够主动感知顾客需要和环境变化，并提供相应服务。例如，当酒店客人进入大厅，礼宾机器人主动迎接客人并将行李送至客人房间；当客人询问某一服务设施时，机器人主动为客人引领和介绍。智能自动化的主动服务扩展了接待业服务内容。例如，目前应用最广的酒店配送机器人帮助酒店补充了外卖快递上楼服务和商品零售服务。另外，部分酒店将小程序电商平台与智能货柜和送物机器人组合构建无人智能零售系统，小商品销售量的增加进一步扩大了酒店服务范围，增加了营业收入。顾客一方面出于对新技术的好奇，另一方面出于隐私安全的考虑，更愿意使用智能自动化技术服务。

智能自动化技术还可以在三个方面实现对个性化服务的支持：第一，智能自动化技术主动服务的结果使员工节省出更多时间和精力关照顾客的个性化需求。第二，智能自动化技术作为服务设施的控制枢纽，帮助顾客根据自己的需求选择服务。如很多酒店采用的客房智能音箱，其本质是人工智能技术支持的房控系统，即顾客通过对智能音箱发出语音指令，控制房间的光线、温度以及各种设备的运转。第三，智能自动化技术作为智慧系统的组成部分，基于物联网和大数据技术，及时收集关于顾客偏好和消费习惯的信息，使一线员工的服务更加精准化、个性化，从而使传统偶然性的交易型服务有条件转换为习惯性的关系型服务。智能自动化技术利用工具属性提供主动服务和个性服务支持，从本质上来说，是对一线服务员工的赋能：一方面，智能自动化技术擅长简单重复、程序化的体力劳动，能够将员工从琐碎枯燥的简单事务中解脱出来，使其有更多的精力关注顾客多样化和个性化的需求；另一方面，智能自动化技术的人工智能“大脑”能够收集和分析顾客消费行为规律，帮助一线员工提升服务水平。

第四节　文旅服务中的人机协同

一、人机协同策略

人机协同是指服务一线员工与智能自动化技术在服务传递中相互协调、沟通、互动，以共同完成服务的过程。尽管目前学界和业界对于人工智能将在何时以怎样的方式威胁到人类的工作尚存在争议，但已取得的共识是现阶段以及不久的将来，人工智能会在机械能力和分析能力两个层面表现出绝对优势，但在直觉能力和共情能力方面较难替代人类。因此，人类员工与智能自动化技术协同工作是未来服务业一线工作模式的必然趋势。人类员工与智能自动化技术在服务工作中各有所长、优势互补，只有协同工作才能提升工作效率和工作质量。

【知识链接：服务能力的类型】

一切服务工作都涉及四种能力类型中的一种或多种。这四种能力类型按照人工智能实现的难易程度，由低到高分别是机械能力、分析能力、直觉能力和共情能力。

(1) 机械能力。机械能力是指自动执行日常重复任务的能力。这种能力可能看起来不是特别智能，但对许多任务来说是必不可少的。对于人类来说，机械过程不需要太多的创造力，因为过程已经进行了很多次，因此只需要很少或根本不需要额外的思考。因此机械劳动力是低技能劳动力，通常不需要高级培训或教育。客服中心话务员、零售业务员、侍应生和出租车司机都是以机械能力为主的工作岗位。机械AI与人类相比具有绝对优势（例如，不会疲劳，不易出错)。机械 AI 依靠观察来实现重复的行动和响应，因此适用于简单、重复、没有太大变化的工作任务。

(2) 分析能力。分析能力是处理信息以解决问题并从中学习的能力。这是关于信息处理、逻辑推理和数学技能。人类通过学习专业知识和专业认知思维训练获得分析能力。例如，与计算机和技术相关的工作人员、数据科学家、数学家、会计师、财务分析师、汽车服务技术人员和工程师都大量使用分析技能。AI 主要使用算法从数据中迭代学习以找到有见地的信息，这使得分析 AI 依赖规则来完成任务。如果规则保持不变，AI 会不断重复同样的错误而不知变通。在执行复杂、系统、一致和可预测的任务时，这种智能是必需的。例如，那些数据和信息密集型的任务。在这一例子中，它们的系统性使其适合基于来自顾客的大数据的大规模个性化，同时能实现协作的个性化。基于大数据，这种 AI 从独立的机器(例如服务机器人)转变为产生集体智能的联网机器。目前机器能够处理和合成大量数据并从中学习，这被认为是人工智能迄今为止服务的最深远的广泛变化。

(3) 直觉能力。直觉能力是创造性思维和有效调整以适应新情况的能力。它可以被认为是基于整体和经验的思考的智慧。直觉能力包括需要洞察力和创造性解决问题的思维敏捷的专业技能。例如，营销经理、管理顾问、律师、医生、销售经理和高级旅游顾问都大量使用直觉式智能。理解可以被认为是直觉性人工智能的关键特征，将其与分析性人工智能区分开来。直觉式人工智能不会轻易犯两次相同的错误，因为它从经验中学习。复杂、富有创意、混沌、整体、体验和有情境的任务需要直觉的智能。这些任务复杂但特殊的性质使他们能依靠直觉成功提供服务。例如，顾客关系可以帮助更好地了解顾客的特殊需求。复杂和个性化的旅行服务安排、豪华食品供应、娱乐和体育运动都是需要直觉提供更好服务的一些例子。

(4) 共情能力。共情能力是认识和理解别人情绪，适当情绪反应，以及影响他人情绪的能力。具体的技能包括沟通、建立关系、领导力、倡导和谈判、团队合作、接受文化多样性等。共情 AI 是一种能够感觉到或者至少表现得好像有感觉一样的机器。共情的 AI 是最先进的人工智能，目前的应用服务仍然很少。共情的任务是需要更高层次社会临场感的高接触服务。这些任务涉及社交、情感、交际、互动和关系。

人机协同在任务、流程和战略三个层面表现为不同的策略。在服务战略层面，文旅企业根据企业竞争战略、服务产品性质和市场定位等因素综合考虑人机协同战略。在服务流程层面，由于服务的综合性、异质性和对人情关怀的需要，人机协同以人类员工与机器员工相互补充和支持的模式表现为一个完整的系统。在任务层面，由于智能自动化已经能够在机械能力和分析能力方面保持相对优势，当智能自动化可以更好地完成某些任务以满足公司的战略目标（如利润）时，至少会接替部分人类员工的工作。

二、服务战略层面的人机协同

服务战略层面，文旅企业基于愿景和长远发展目标系统考虑人机协同问题。

（一）企业的战略重点

智能自动化可能首先出于成本原因而得以应用，那么采用成本领先战略的企业将使用更多的智能自动化替代人力，而采用质量领先战略的公司将使用更多的人力和更少的智能自动化。当智能自动化的发展水平高于人类智能，即使采用质量领先战略的企业也会采用智能自动化。

（二）服务性质

短期交易型服务（即关系利益是有限的）将从智能自动化替代受益更多。例如经济型酒店、连锁快餐和文创产品的销售，文旅消费者与企业的关系是简单低频的交易关系，讲求流程标准化与效率，适用于智能自动化主导的服务流程。而关系型服务中，消费者渴望从更多的人类员工服务获得更高的顾客终身价值，因此需要较强的人际互动或人际接触的服务，更难以被智能自动化取代。例如，文旅产业中的大多数体验型消费，如度假旅游产品、休闲娱乐产品和其他体验活动。

（三）市场定位

当智能自动化演进到一定水平，能够与人类员工的表现一致或者接近时，文旅企业则可以考虑通过市场定位来开展双重服务提供。具体来说，一些顾客可能想要 AI 服务，而有些人可能更喜欢被人类服务，在这种可能性中，人类和机器最终都提供服务，但各自服务于自己的目标细分市场。

三、服务流程层面的人机协同

在服务流程层面，高效的人机协同系统需要同时包含三个要素：共同目标、联合工作流和联合决策权。

（一）共同目标

共同目标是指无论一线员工和一线智能自动化是否真正一起工作，双方之间存在共同的目标。例如，在旅游交通领域，在航空货运调度员和虚拟代理之间设定重新安置航空货物的共同目标，可以提高调度员与虚拟代理合作的意愿。人机团队的共同目标将促使员工对智能自动化产生更加积极的态度，从而促进二者之间的协作。

（二）联合工作流

联合工作流是根据共同目标的需要按照并行或先后的顺序协调安排一线员工与一线智能自动化的工作流。并发工作流类型意味着一线员工和一线智能自动化同时处理不同的任务，而无须互动，并单独为团队的服务结果作出贡献。例如，一家创始于美国加州的西餐厅卡利堡（CaliBurger），与 AI 研发企业合作开发了一个名为 Flippy 的机械臂。Flippy 在汉堡制作流程中负责翻汉堡。同时，员工为汉堡准备沙拉酱。在这个例子中，虽然员工不需要等待 AI 完成任务流程，但仍然需要整合他们的工作结果来完成一个完整的汉堡。因此，即使他们单独工作，他们的工作依然是相互依存的。顺序工作流意味着单向工作流（流水线模式）。例如，沃尔玛部署货架扫描 AI，扫描过道中的物品，并将获得的数据发送给下订单的员工。员工的工作（下订单）需要在 AI 工作（扫描货架数据）的基础上完成。一线员工与 AI 的联合工作流可以通过减少员工的脑力劳动来提高员工的服务质量。

（三）联合决策权

联合决策权是使一线员工和一线智能自动化在工作中涉及的决策活动中分享相等的权力。从本质上讲，联合决策权表示一种分散的权力结构，其中一线员工和一线 AI 可以拥有大致相等的权力份额来做出与工作相关的决策。这种人机共享的平等决策权是有前提条件的。在某些独特的服务环境中，人类相对于智能自动化更有优势，在这种情况下，由一线员工作出所有关键决策可以带来服务质量的提高。例如医疗保健，人类掌握决策权可以保证安全，防止 AI 发生故障（例如在外科手术中）。但人类员工掌握决策权的代价是降低生产力和增加劳动力成本，一线员工需要负担更大的工作量。因此，企业在寻求平衡服务质量和生产力时正在采取一系列策略。一种可能的策略是赋予智能自动化更多权力来做出自己的决定。因此，可以预见的是，在不久的将来可以实现人与智能自动化之间的权力平衡分配。联合决策权可以使服务决策结果更为优化，从而实现服务提供商与文旅消费者的共赢。

四、服务任务层面的人机协同

在任务层面，文旅服务企业需要考虑任务的性质并优化人类员工与智能自动化之间的分工。

（1）低能力要求任务交给智能自动化，高能力要求任务交给人类员工。依据智能自动化演进难度划分，机械能力和分析能力属于低能力要求，而直觉能力和共情能力属于高能力要求。从降低企业的人力资源成本的意图出发，能够被智能自动化完成的任务越多，需要的人类员工就会越少。例如，越来越多的酒店使用智能前台代替传统一线员工完成顾客的入住登记和退房业务。这是因为这一业务属于标准化流程，任务边界清晰，几乎没有不确定性，主要依赖服务提供者的机械能力和分析能力。这两种能力都属于低层次服务能力，在目前的技术水平下，可以被智能自动化技术取代。

(2) 低附加值任务交给智能自动化，高附加值任务留给人类员工。文旅产业的核心价值是体验，能够创造或提升文旅消费者体验的任务属于高附加值任务，需要较高的创意能力和同理性，应交给人类员工完成，如文创产品的设计和营销方案制定、旅游项目策划、顾客关系管理等。除此以外的低价值任务，即对文旅消费者体验影响较小的非核心任务交给智能自动化，可以提高效率。

(3) 确定性高的任务交给 AI，确定性低的任务交给人类员工。目前智能自动化主要依赖算法规则执行任务。当规则明确时，智能自动化完成任务的效率和质量均高于人类员工。但一旦任务超出智能自动化规则之外，任务失败概率大幅增加。为此，文旅服务企业需要对任务进行确定性的区分。将情境复杂、不确定性程度高的任务交给人类员工，如服务失败的补救、复杂投诉处理等。

案例阅读

Ayla 智慧酒店 SaaS 全新升级，开启酒店精细化运营时代

本章小结

文旅服务本身不仅具有服务业的一般属性，也有自己的独有特征。这些特征对服务产品的营销、管理和质量控制形成了艰巨的挑战。数字技术介入文旅服务后有效缓解了文旅服务的瓶颈。

本章第一节介绍了文旅服务的特征，特别是由这些特征导致的对服务管理上的局限性。接下来解释数字技术对传统文旅服务缺陷的改善，从而使同学们理解数字技术如何赋能文旅服务。

第二节从旅游行程阶段的逻辑展开，介绍数字文旅服务的流程管理。数字文旅服务贯穿于旅游的整个流程之中。本节分别从文旅消费者和文旅服务提供商的视角介绍了数字服务需求与供给，帮助学生对旅游产业链的数字服务战略的重点产生直观理解。

文旅服务的特殊性使服务现场管理至关重要。第三节从服务接触系统理论切入，介绍了服务现场管理中的数字技术及文旅消费者体验。

本章最后一节着重强调智能服务情境下人机协同服务的模式以及各自角色，并引导学生理解未来文旅服务对人才的能力要求，使学生对未来职业要求有所准备。

练习与实践

1. 举例说明数字技术如何解决文旅服务的局限性。

2. 数字技术给文旅服务从业人员带来哪些机遇和挑战？

3. 以小组为单位，对不同文旅服务场景一线的数字技术应用情况进行调研，讨论并展示调研结果。

即测即评

第四篇　数字文旅营销

第八章　数字文旅市场及产品

学习目标

1. 掌握数字文旅消费者市场的概念。
2. 理解数字文旅消费者行为的影响因素。
3. 学习数字文旅产品的开发和管理过程。

1. 通过数字文旅市场与产品，传承中华优秀传统文化，使更多人了解、感知、认同和传承中国悠久的文化传统，增强国家文化软实力。

2. 数字化的文旅产品可以展现国家在科技、文化等领域的创新成就，加强人民对国家的自豪感和文化自信心，从而提高国家在国际社会的声誉和文化影响力。

3. 数字文旅市场和产品的繁荣，将带动相关产业和就业的发展，提升地方经济水平，为人民提供更多实实在在的利益，使人民生活更加幸福美好。

案例导入

科技 + 文旅融合创新，打造旅游“入画”体验

第一节 数字文旅市场

一、数字文旅市场的内涵

（一）市场的概念

市场是指一定区域和范围内，潜在买家和卖家之间进行商品和服务交换的场所。从营销的角度来看，市场是一个复杂而有机的整体，市场主要由人口、购买力和购买欲望这三个关键因素有机组成。这三者共同构成了市场的基本元素，形成了市场的概念。

1. 人口

人口是市场的基础，直接关系到潜在的消费群体规模。而人口的多样性直接影响市场的多样性。年龄、性别、文化背景、社会地位等多个方面的因素交织在一起，形成了千差万别的消费者群体。理解人口的多样性对于准确定位目标市场至关重要。年轻人可能更注重时尚、创新，更倾向于在线购物和社交媒体营销；而年长者可能更注重实用性和品质，更习惯于实体店购物。针对不同年龄层次的需求特点，企业可以调整产品设计和营销手段。在选择营销渠道时，也需要根据目标年龄群体的偏好进行调整。针对不同年龄层次、文化习惯的人群，企业可以制定差异化的产品推广策略，以更好地满足不同人群的需求。人们的社会地位往往决定了他们的购买习惯，这对企业而言也是重要的参考。一些社会地位较高的人可能更注重产品的象征意义，购买行为往往不仅仅是满足物质需求，更是展示自身社会地位的手段。

2. 购买力

购买力是市场容量大小的决定性因素。购买力表示消费者支付货币购买商品或服务的能力。市场规模和容量取决于人们能够支付货币购买商品或服务的能力。市场的规模直接受制于消费者的购买力水平。然而，购买力是由消费者的收入决定的。因此，一个市场的潜力不仅取决于人口数量，还取决于人口的收入水平。在市场中，高购买力的人群更容易推动市场的繁荣。企业需要根据市场的购买力水平制定差异化营销策略。高购买力的市场可能更适合高价值、高质量的产品，而购买力受限的市场则更适合价格亲民、性价比高的产品。

3. 购买欲望

购买欲望是市场需求的动力源泉。购买欲望是消费者购买商品的动机、愿望或要求，是激发购买行为的重要因素。即使人口众多且购买力强大，如果对某种商品没有购买动机，市场实际上也就不存在。购买欲望是人口和购买力转化为实际购买的桥梁，是市场容量的最权威的决定因素。企业需要通过巧妙的市场策略激发和满足消费者的购买欲望。强调产品独特卖点、品牌文化的打造以及与潮流相契合的市场定位都是有效的手段。

（二）数字文旅消费者市场的概念

数字文旅消费者市场是指在数字化时代，以数字技术为支撑，以文化和旅游为主题，为满足个人或家庭文化体验和旅游需求而进行商品和服务交换的场所。在这个市场中，人们通过数字化的手段，如虚拟现实、增强现实、移动应用等，获取并体验丰富多样的文旅产品。数字文旅消费者市场的形成与数字技术的普及和发展密切相关，为消费者提供了更为便捷、个性化、深度的文旅体验。

数字文旅消费者市场具有人口消费动机的多样性、购买力的多层次性、购买欲望的驱动、数字技术与文旅融合及文旅需求的驱动几个特点。

1. 人口消费动机的多样性

在数字文旅消费者市场，人口的多样性直接塑造了市场的多元性。这不仅仅包括了基本的年龄、性别、文化背景等方面，更关键的是数字生活方式的多样性。年轻一代更加注重数字体验的创新性和时尚感，他们可能更倾向于与数字艺术、虚拟博物馆等互动；而年长者一般更看重数字技术对于传统文化的传承和创新，他们可能更关心数字平台上的传统文学、戏曲等。企业需要深入了解不同人群的数字需求，巧妙地结合数字技术和文旅元素，满足不同人群的期望。数字文旅方面的个性化推荐和定制服务，可以更好地满足不同群体的需求，从而提升用户体验。

2. 购买力的多层次性

数字文旅产品的购买力受到个体收入水平和数字化生活习惯的影响。市场上存在着高价值数字文旅产品和平民化数字文旅产品，需要考虑不同层次的消费者。高购买力的消费者可能更愿意投资于高质量的数字文旅体验，而购买力有限的消费者则更关注性价比。因此，企业需要精准定位产品的价值，以满足不同购买力层次的消费者。差异化的价格策略、灵活的付费模式以及深度挖掘用户付费意愿是提高产品市场适应性的有效手段。

3. 购买欲望的驱动

购买欲望是数字文旅消费者市场需求的动力源泉。数字文旅产品的独特性、创新性以及与用户文化和旅游体验的契合程度直接影响购买欲望。企业需要通过精准的市场定位、个性化的产品设计和吸引人的营销策略激发和满足消费者的购买欲望。数字化的特性为创造引人注目的数字文旅产品提供了更多的可能性。在数字文旅市场中，企业可以通过数字平台上的创新设计、互动性强的体验、社交媒体的传播等手段，激发用户对于新奇体验的渴望，从而提升购买欲望。

4. 数字技术与文旅融合

数字文旅市场的特点在于数字技术与文旅的融合。数字化的体验手段，如虚拟现实、增强现实等技术，使得文旅体验更加丰富、个性化。数字技术为文旅产品注入了创新动力。例如通过虚拟现实技术重现历史场景，通过数字化展览呈现艺术品等。数字技术的应用将文化和旅游体验推向了一个新的高度，为市场提供了更多的可能性。企业需要不断关注数字技术的发展趋势，灵活运用新技术，创造出更具吸引力的数字文旅产品。数字技术的创新不仅仅是为了增加花样，更是为了提升消费者体验，使得文旅消费者在数字文旅产品中获得更深层次的满足感。

5. 文旅需求的驱动

数字文旅消费者市场的核心是对文化和旅游体验的需求。文旅消费者通常追求更深层次、更有意义的文化和旅游体验。数字化技术的应用使得这些体验更为便捷、个性化。文旅消费者希望通过数字文旅产品更好地理解和体验各种文化，也希望数字技术为他们的旅游带来更多的乐趣和便利。企业需要根据消费者的需求，深度挖掘文化和旅游的内在联系，提供更加深度、丰富、有深刻体验感的数字文旅产品。用户体验的提升和文化价值的传递是数字文旅市场长期发展的关键因素。

二、数字化时代的文旅消费变革

随着数字科技的迅猛发展，文旅产业正经历着一场深刻的变革。传统的旅游观念逐渐演化，消费者对于旅游的期望不再仅限于简单的观光，而是更加注重个性化、深度化和互动性的体验。在这个数字化的时代背景下，文旅产业正在积极响应，通过融合大数据、人工智能和互联网技术，重新定义和塑造文旅消费的模式和体验。

（一）新消费对象：数字时代的文旅新生代

在数字化时代，旅游不再是传统的观光活动，而是融入了更多数字元素的全新体验。以年轻人群等为代表的新消费人群已经成为市场消费的主体，这些新消费对象的涌现，主导着文旅产业的变革。与前几代相比，这一新生代消费者更追求在旅途中发现独特、高品质、具有个性的体验，更在意旅游内容的可体验、可参与程度和丰富度。这一群体更加倾向于通过数字平台进行自由行的规划，避免传统的团体游方式。在数字时代，互联网为他们提供了海量的信息和工具，使得他们能够更灵活地选择目的地、规划行程，甚至实时调整旅行计划。

社交媒体在文旅消费中扮演着重要的角色。文旅新生代通过分享照片、视频和心得，展示个性化的文旅消费体验。这种互动式的分享不仅加深了他们之间的联系，也为其他人提供了宝贵的参考。在数字时代，文旅消费不再是个体的行为，更是一种社交活动，通过社交媒体平台，文旅新生代可以与朋友、家人甚至陌生人分享彼此的文旅消费心得，形成了一个全球性的旅游社群。

数字科技为文旅新生代提供了更为便捷和高效的文旅消费体验。通过智能手机应用，文旅消费者可以轻松预订机票、酒店、租车等服务，实时了解交通、天气等信息。虚拟导游、语音助手等技术也为他们提供了更深度的文化解说和导览服务。数字技术的广泛应用，使得文旅新生代能够更好地享受文旅消费的过程，减少了诸多传统旅行中可能遇到的不便和困扰。

（二）新消费方式：数字化个性定制

数字化时代的浪潮正在深刻地改变着我们的消费方式，其中最为引人瞩目的之一就是数字化个性定制。这一新兴的消费方式不仅颠覆了传统的一刀切模式，更为文旅消费者提供了前所未有的个性化体验。

数字化个性定制是指通过数字科技手段，根据消费者的个体差异，为其提供定制化的产品或服务。这种消费模式是数字化时代技术与个性化需求的完美结合。传统上，许多产品和服务都是通用的，同一款产品面向所有人。而数字化个性定制则打破了这种传统的束缚，使得每个消费者都能够在购买产品或享受服务时感受到独特的个性化关怀。无论是通过智能化算法提供的个性推荐，还是数字平台上的虚拟导游服务，消费者能够在旅途中更加个性化地获取信息和体验。这种数字化个性定制使得文旅消费不再是单一的观光，而是更加注重与个人兴趣相契合的深度体验。通过数字化个性定制，文旅消费者可以更好地满足个性需求，获得更符合自己口味的旅行体验，从而提高整体的旅行满意度。相较于传统的旅游套餐，数字化个性定制则为文旅消费者提供了更多元的选择，拓展了消费体验的可能性，满足了文旅消费者的多样化需求。

（三）新消费制度与观点：可持续与文化尊重

数字化时代的文旅消费不仅仅关乎个体的体验，更聚焦于可持续发展和对当地文化的尊重。新的消费制度强调旅行对环境和社会的影响，推崇“绿色旅游”。

可持续发展是指在满足当前需求的前提下，不损害未来世代满足其需求的能力。在文旅产业，可持续发展的理念要求企业在经营中兼顾环境、社会和经济的平衡。这种理念推动文旅企业更加注重生态环保、社会责任和经济效益的统一。数字化时代为可持续发展提供了更多可能性。通过大数据分析，文旅企业可以更好地了解资源利用情况，进行合理规划。

数字化推动了绿色出行的概念，例如电子票务、在线导览，减少了纸张的使用，降低了对自然资源的依赖。

文化尊重是指在文旅消费过程中，尊重和保护当地文化传统，不对其造成负面影响。这种观点要求文旅消费者在享受文化体验的同时，保持尊重和谨慎，不侵犯当地的文化规范和传统。数字化时代的文旅产业通过引入虚拟导览、数字化展览等方式，使文旅消费者更加便利地了解目的地的文化特色。通过大数据分析，文旅企业可以更好地理解不同文化背景下文旅消费者的需求，为他们提供更为个性化和尊重当地文化的服务。

随着 80 后、90 后等年轻人群成为文旅市场消费的主体，文旅消费者的消费理念更偏向环保健康。消费者更倾向于选择那些在经营中注重环保、社区支持和文化传承的文旅企业。数字化手段被广泛应用于宣传这些可持续发展的理念，通过网络平台传递给更广泛的受众。此外，数字化还为文旅企业提供了更多与当地文化互动的方式，如在线文化体验、虚拟博物馆等，使得文旅消费者更深度地融入当地文化。

第二节　数字时代的文旅消费者

一、数字时代文旅消费者的特点

（一）数字素养高

数字时代成长起来的文旅消费者数字素养高，对数字技术运用更加熟练，理解也更为深刻。这一特点涵盖了信息获取、在线交互、数据安全、数字技术应用等各个层面。

1. 信息获取与筛选能力

数字时代的文旅消费者具有高超的信息获取与筛选能力。在旅游规划阶段，他们能够迅速通过互联网获取到海量的文旅信息，如目的地介绍、景点评价、交通信息等。通过对信息的敏感感知和筛选，文旅消费者能够准确找到符合个性化需求的旅游产品和服务。

2. 在线交互和社交能力

数字时代的文旅消费者善于利用在线平台进行交互和社交。他们熟练使用社交媒体、旅游论坛等工具，通过分享、评论、点赞等方式与他人互动，获取更多的建议和经验。这种在线社交的能力有助于形成更加真实、全面的文旅信息网络，也能够在社群中获取对不同文旅产品的实际评价。

3. 数据隐私保护意识

数字时代的文旅消费者具有对个人数据隐私的高度保护意识。他们了解数字技术可能带来的隐私风险，对于在线平台的隐私设置、个人信息的合理分享有着清晰的认识。在数字化时代，文旅消费者更注重数据的安全性，倾向选择那些提供安全保障的数字化服务平台。

4. 移动应用和在线支付熟练使用

数字时代的文旅消费者能够熟练使用各类移动应用和在线支付工具。在文旅消费过程中，他们能够通过手机轻松完成预订、支付、签到等操作，极大地提高了文旅消费的便捷性。高度的移动应用和在线支付使用熟练度也让文旅消费者更容易享受到数字化时代带来的便利服务。

5. 技术体验和创新接受能力

数字时代的文旅消费者对于新技术的体验和接受能力较强。他们更愿意尝试数字化旅游服务中的新功能、新体验，如虚拟现实导览、智能语音助手等。这种技术创新的接受能力使文旅消费者在消费过程中能够享受到更为丰富、前沿的体验。

6. 网络安全风险防范意识

数字时代的文旅消费者具备对网络安全风险的防范意识。他们了解网络欺诈、虚假广告等可能存在的风险，通过谨慎的在线行为和对交易安全的关注，降低了数字消费过程中的潜在风险。

7. 教育和培训参与

数字时代的文旅消费者更倾向于参与数字教育和培训。他们通过在线学习平台、数字化旅游培训课程等途径，提升对数字技术的理解和运用水平。这种高度的教育和培训参与度使得文旅消费者能够更好地应对数字化时代带来的新技术和新服务。

（二）个性化需求强烈

随着社会的发展和人们生活水平的提高，文旅消费者的需求日益多样化，个性化需求逐渐成为主导。这一趋势表明文旅消费者对于旅游体验的期待不再满足于传统的标准化服务，而是更加注重个性化、独特化的需求。

兴趣不同的人有不同的审美和旅游偏好，一些人可能热衷于自然风光，而另一些人可能更喜欢历史文化之旅。个性化需求要求文旅服务提供商能够深入了解每位消费者的个体差异，提供符合其独特偏好和兴趣的文旅产品。

1. 定制化的文旅体验

文旅消费者渴望能够在旅途中获得与众不同的、个性化的服务。一些消费者可能期望定制化的行程安排，包括独特的景点、非传统的活动等。个性化需求要求文旅服务商具备灵活性，能够根据消费者的个性提供差异化的服务。

2. 强烈的文化体验欲望。

文旅消费者在旅行中对于文化体验的欲望愈发强烈。他们不仅仅满足于表面的文旅场所参观，更渴望深入了解当地文化、风土人情。在这个背景下，文旅服务提供商需要提供更丰富、更有深度的文化体验项目，满足文旅消费者对于深度文化体验的个性化需求。

3. 不同层次的服务要求

个性化需求还表现在消费者对于服务层次的不同要求上。一些消费者可能追求奢华高端的服务，而另一些则更看重亲民实惠的文旅体验。个性化需求要求文旅服务提供商能够根据不同层次的需求，提供多样化的服务选择，满足不同层次文旅消费者的个性化要求。

4. 强烈的数字化体验期望

随着数字化时代的到来，文旅消费者对于数字化体验的期望日益强烈。他们希望通过数字技术获得更便捷、智能、个性化的旅游服务。包括在旅途中通过手机应用获得个性化推荐、定制化路线规划，以及通过虚拟现实等技术获得更丰富的数字化文旅体验。

（三）社交互动性

在数字化时代，文旅消费者呈现出明显的社交互动性特点。这不仅是一种文旅消费方式的改变，更是一种生活态度的体现。文旅消费者通过社交媒体、旅行社区等平台展示文旅消费心得，寻找志同道合的旅伴，对旅行产业提出了新的挑战和机遇。

1. 社交平台成为旅行日志的延伸

文旅消费者通过社交平台如小红书、抖音、快手、微博等，将旅行日志与照片分享给朋友、家人，甚至是陌生人。这种分享不仅仅是对自己旅行的记录，更是对旅行中所感所想的表达。社交媒体成为文旅消费者展示个性、分享心情的重要渠道，文旅消费不再只是一种行为，更成了一种自我表达的方式。

2. 通过社交平台获取旅行灵感

社交媒体不仅仅是文旅消费者分享的平台，也是获取灵感的重要途径。看到他人精彩的旅行照片、有趣的旅行故事，激发了更多人对于未知地域的好奇心。这种社交互动性促使文旅消费者更加愿意尝试新的旅行目的地和体验，从而推动文旅产业的多样化发展。

3. 寻找志同道合的旅伴

文旅消费者更注重在旅途中建立社交关系。通过旅行社区、专业旅行平台等途径，他们寻找志同道合的旅伴，一同分享旅行经历，共同探索未知。这种社交互动性不仅提高了文旅消费的趣味性，也增加了旅途中的安全感，形成了一种共同体验的消费文化。

4. 文旅服务的社交化体验

文旅消费者在选择旅游服务时更加倾向于拥有社交化体验的产品。例如，一些在线旅行社提供的社交化旅行团服务，使得不同背景的旅行者能够在旅途中更好地互动、分享。这种社交化体验不仅提高了旅行的趣味性，也成为文旅服务商吸引客户的有力武器。

5. 用户生成内容对品牌影响力的重要性

文旅消费者生成的大量用户内容成为文旅品牌建立和提升影响力的关键。一篇充满个性的旅行博客、一组精彩的旅行视频，能够在社交平台上迅速传播，为文旅品牌带来良好口碑。因此，文旅服务商要重视与文旅消费者的互动，鼓励和支持用户生成内容。

(四) 线上线下融合

文旅消费者通过数字平台在线上获取信息，线下体验服务，实现了文旅消费中的全方位互动。

1. 线上信息获取，线下实体体验

文旅消费者通过互联网平台获取旅行目的地、文旅场所、酒店、美食等相关信息，为旅行提前做好充分准备。然而，与传统的线上旅行社不同，文旅消费者更加注重线下实体体验。他们通过线上获取的信息，规划好旅行路线，但更愿意在实地感受当地的文化、风土人情，这种线上线下的融合使得旅行更具深度和广度。

2. 在线预订与线下体验相辅相成

文旅消费者善于利用在线预订服务，包括机票、酒店、门票等，提前规划行程，确保旅行顺利。然而，线下体验同样受到极大关注。文旅消费者期待感受当地的风土人情，品尝地道的美食，参与本土的文化活动，这种线上预订与线下体验相辅相成的方式，使得旅行更加丰富多彩。

3. 社交平台推动线上线下互动

社交媒体在文旅消费者的生活中扮演着重要角色，既是信息获取的平台，也是文旅消费体验的分享空间。文旅消费者通过社交平台获取其他文旅消费者的实时反馈，进而调整自己的旅行计划。这种在线上与他人分享和交流的行为，直接推动了线下旅行中的互动体验，使得旅行不再是孤立的个体行为，更是一个社交化的过程。

4. 电商平台促进线上线下消费

文旅消费者善于利用电商平台进行购物，寻找独特的纪念品、当地特色商品。这种购物的体验并不仅限于线上，文旅消费者更愿意将线上购物融入线下的旅行体验中，亲自前往当地商铺购买产品，感受当地的商业氛围，实现了线上线下的无缝衔接。

5. 评价和反馈构建线上线下信任

文旅消费者通过线上平台对酒店、餐厅、文旅场所等进行评价和反馈，这种信息的分享不仅为其他消费者提供了参考，也为文旅消费者在线下做出决策提供了依据。线上的评价和线下的实际体验相结合，为文旅消费者提供了更全面、真实的参考，帮助他们做出更明智的选择。

（五）追求文化深度

文旅消费者追求文化深度体验的特点在数字化时代得到了更为充分的发挥。通过深度体验、文化交流、文创产品的选择，他们将文旅消费不仅仅看作是一种娱乐方式，更是一次对文化的深度探索和认知。这一特点对文旅产业提出了更高的要求，要求提供更具文化深度的产品和服务，满足文旅消费者对深度体验的追求，推动文旅产业向文化更为丰富的方向发展。文旅消费者对文化深度有着强烈的追求。相较于传统旅游者，他们更关心当地文化、历史底蕴，追求深度体验而非浮于表面。

1. 对深度文化体验的需求

传统的旅游方式往往注重景点的数量和热门打卡地，而数字时代的文旅消费者更加注重文化深度体验。他们渴望了解当地的历史、传统、艺术等方面的文化内涵，通过参与文化活动、亲身体验当地生活方式来深刻感受目的地的独特魅力。

2. 对文化交流的追求

文旅消费者更倾向于与当地文化产生深度的互动，而不仅仅是过客式的参观。他们愿意参与当地的文化活动、与当地居民交流，寻找共鸣点，增进对目的地文化的理解。这种文化交流的追求不仅拓宽了文旅消费的层面，也促进了文化多元性的传播。

3. 对文创产品的追捧

文旅消费者热衷于购买和收藏与目的地文化相关的文创产品。这不仅是一种纪念，更是对当地文化的认同和追捧。他们通过购买手工艺品、特色商品等方式将文化体验融入旅行的方方面面，实现了对文化的深层次参与。

4. 对深度文化的学习体验

文旅消费者在追求文化深度的过程中，往往主动获取文化知识。他们对当地历史、文学、艺术等方面的了解不再停留于表面，而是通过导游讲解、博物馆参观等方式进行深入学习。这种自主获取文化知识的过程，使得旅行不仅仅是一种休闲活动，更是一场文化深度的学习体验。

5. 文化深度与可持续发展的结合

追求文化深度的文旅消费者往往更加关注当地的可持续发展问题。他们支持保护历史建筑、传承传统工艺、推动当地文化产业发展，将旅游与文化的深度体验与可持续发展有机结合。这种结合不仅推动了目的地的可持续发展，也使得文旅消费者的文旅消费更具有社会责任感。

6. 传统文化的保护与传承

文旅消费者在追求文化深度的过程中，也扮演着传统文化的守护者和传承者的角色。他们通过参与当地的传统文化活动、学习传统手艺，推动了传统文化的保护和传承。这种积极的参与，使得文旅消费者成为传统文化的活跃推动者。

（六）重视感官体验

与传统旅游者相比，数字时代的文旅消费者更注重旅游过程中的感官体验。文旅消费者具有重视感官体验的特点，不仅体现在旅游目的地的选择上，还表现在对服务、文化、美食等多个方面的追求。

1. 目的地选择与感官体验

文旅消费者在选择旅游目的地时，更加注重目的地所能提供的感官体验。不仅关注文旅场所的视觉愉悦，还在乎当地的氛围、人文特色、自然环境等因素，追求一种能够触动多重感官的文旅消费体验。例如，一座古城的历史文化、一片宁静的自然风光、一个美味的特色小吃，都能够满足文旅消费者对丰富感官体验的期待。

2. 文化体验与感官融合

文旅消费者在追求文化体验时，强调感官的融合。不仅通过参观博物馆、历史遗迹等传统文化场所获取知识，还更加注重通过文化活动、传统表演等方式进行感官的体验。这种文化与感官的融合，使得文旅消费体验不再仅仅是对视觉的刺激，更是多重感官的愉悦。

3. 高品质服务与感官享受

文旅消费者对高品质服务的追求，包括酒店住宿、交通工具、导游服务等方面，都体现了对感官享受的重视。精心设计的酒店空间、舒适的交通工具、富有情感的导游讲解，都能够刺激文旅消费者的感官，提升其整体旅行体验。

4. 美食文化的品位体验

文旅消费者对美食的关注已经超越了简单的口腹之欲，更强调品味的体验。他们愿意品尝当地的特色美食，探寻食物背后的文化故事，通过味觉来感知目的地的独特魅力。美食不再只是填饱肚子的工具，更是一场对味蕾和感官的享受之旅。

5. 艺术与创意的感官启迪

文旅消费者在旅行中对艺术和创意的追求，使得感官的启迪成为旅行不可或缺的一部分。参观艺术展览、欣赏街头艺术、参与手工艺制作等活动，都是在感官层面上进行艺术享受和创意体验的方式。

（七）关注可持续发展

在当前全球关注可持续发展的浪潮中，文旅消费者显现出对环保、社会责任和文化传承等方面的关切。他们在选择旅行目的地时不仅仅考虑美景和美食，更注重所到之地的社会、文化和环境影响。

1. 环保意识与低碳出行

文旅消费者关注环保问题，追求低碳、绿色的旅行方式。他们更倾向于选择使用公共交通工具、自行车或步行，以减少对环境的影响。在住宿方面，注重环保和可持续发展的酒店成为他们的首选，这些酒店通常采取了一系列的环保措施，如节水、节能、垃圾分类等。

2. 社会责任感与支持当地社区

文旅消费者在旅行中关注当地社区的状况，倾向于选择能够支持当地社区和经济的服务。他们喜欢购买当地手工艺品、品尝当地食物，通过消费来支持当地的小商贩和手工艺人，希望旅行的过程能够为当地社区带来正面的影响。

3. 文化传承与尊重当地文化

文旅消费者注重对当地文化的尊重和理解，他们更倾向于参与能够促进文化传承的活动。参观博物馆与历史遗迹、参与传统文化体验成为他们的选择。这样的旅行方式有助于当地文化的传承，同时也满足了文旅消费者对深度体验的需求。

4. 拒绝过度开发与保护自然环境

关注可持续发展的文旅消费者反对对目的地的过度开发，更愿意选择自然风光原始、环境保护较好的目的地。他们支持并倡导文旅产业在发展过程中要保护自然环境，避免对生态系统造成破坏。

5. 数字科技与信息透明

文旅消费者通过数字科技获取关于目的地可持续发展情况的信息。他们在选择目的地和服务时更加注重相关信息的透明度，关心当地文旅产业是否遵循可持续发展的原则，是否有相关认证，这有助于他们做出更加符合可持续发展理念的选择。

二、数字文旅消费行为的影响因素

（一）文化因素

1. 代际的消费者差异

文旅消费者的行为在很大程度上受到文化因素的影响，其中，代际之间的差异尤为显著。

20世纪50年代和60年代出生的人，其成长经历跨越了从传统到现代的重大变革。这一代人在很大程度上亲历了科技的崛起和互联网的初期发展。对于他们而言，数字化世界并非是他们青少年时期的主导力量。因此，他们更倾向于传统的旅行方式，对于互联网和数字文旅的接受程度较低。他们更注重实实在在的体验，更愿意通过面对面的交流来建立信任关系。对于数字支付和在线预订等新概念，他们可能保持相对谨慎的态度，更倾向于使用他们熟悉的传统支付方式。他们文旅消费的目的是真切地感受文化和风土人情，更注重旅途中的人际交往。

70年代出生的人处于数字技术逐渐渗透的时期。尽管他们在青年时代已经接触到了互联网，但相对于后来的世代而言，他们在数字化体验上仍显得保守。这一代人可能更倾向于结合传统和数字化的文旅消费方式。虽然对于数字支付有一定的接受度，但相比较而言，他们可能更信任传统的支付方式。在选择文旅消费服务时，他们更注重品质和服务体验，而非仅仅关注价格。相较于50后和60后，他们更愿意尝试新的数字化体验，但仍保持着对传统价值的一份留恋。

80年代出生的一代人是数字化过渡时期的见证者和参与者。他们成年的过程恰逢互联网蓬勃发展时期。因此，相较于前两代人，他们更容易接受新兴科技和数字化的文旅消费体验。他们喜欢在线社交和分享，对于朋友圈和社交媒体上的推荐更为信任。这一代人更愿意使用数字平台进行旅行规划、预订和支付，并追求个性化和定制化的文旅消费体验。数字技术对他们而言并非陌生，而是生活的一部分，这在他们的文旅消费选择中得以体现。

90年代出生的一代人成长于数字化时代的全盛时期。相较于前几代人，他们对数字技术更为熟悉，习惯于通过各类移动设备进行各种活动。他们更倾向于通过社交媒体获取旅行灵感，强调与朋友分享和参与。对于数字支付、虚拟现实等新技术有着更高的接受度，追求个性化和独特的文旅消费体验。他们可以更加灵活地运用数字工具，通过在线社交平台分享旅行见闻，进而影响和启发其他同龄人。

作为进入21世纪初的一代人，00后是数字原生一代，对于虚拟现实、增强现实等新技术更为熟悉，注重在线社交和虚拟体验。他们更喜欢数字文旅体验，如虚拟旅游和数字艺术展览。对于个性化、定制化的数字化体验有更高期望，善于使用各种数字工具规划旅行。随着科技的不断发展，他们将塑造数字文旅的新潮流。

2. 亚文化

亚文化是指在一个更大的文化体系中，由于一些共同的特征、兴趣、价值观或生活方式等因素而形成的相对独立的次文化群体。这群人可能因为共同的经历、兴趣或身份认同而形成一种相对封闭的文化群体。亚文化并不是与主流文化完全对立的，而是在主流文化的基础上，通过个性化的特征和表达形式，形成了相对独立、有别于主流的文化现象。

(1) 亚文化数字文旅消费者特征。数字文旅的亚文化消费者具有独特性、同质性和排他性等特征，这些特点在数字文旅消费行为中起到重要的影响作用。

① 独特性。数字文旅亚文化消费者的独特性表现为对数字文旅体验的独特追求和对独特文化元素的喜好。数字文旅亚文化消费者在数字平台上追求个性化、独特的文旅体验，更倾向于参与数字文旅项目，这些项目能够为他们提供独特的感知和体验。这一群体被数字文旅产品中独有的文化元素吸引，例如数字化的本土传统文化、独特的文创产品等。数字文旅企业需要通过挖掘独特文化元素来吸引这一群体的关注和参与。

② 同质性。同质性是指数字文旅亚文化消费者内部具有较高的相似性，其消费行为在亚文化内部呈现出一定的一致性。数字文旅亚文化消费者内部共享一定的文化价值观，这使得他们在数字文旅消费行为中表现出相似的偏好和选择。由于同质性的存在，这一亚文化内的消费者更容易被相似的数字文旅产品吸引，形成共同的参与和体验。

③ 排他性。数字文旅亚文化消费者的排他性体现在对外界文化的拒斥和对亚文化内部规范的坚持。数字文旅亚文化消费者可能对传统文化或主流文化产生排斥，更愿意寻找和追求独立于主流文化的数字文旅体验。由于排他性，这一亚文化内的消费者更加坚守自身文化的规范和价值观，数字文旅产品需要符合他们特定的文化标准，才能够引起他们的认同。

(2) 亚文化文旅消费群体的分类。在当今数字化快速发展的时代，文旅消费者呈现出多元化和多样性的特点，其中亚文化群体的影响尤为显著。不同的年龄、性别、民族、地理、宗教和种族背景塑造了独特的消费行为模式。

① 年龄亚文化群体。

a. 生活阶段和兴趣偏好不同。青少年对于数字文旅产品，更注重新奇刺激和娱乐性质，可能对虚拟现实游戏、数字艺术展览等感兴趣。中年群体更关注休闲度假和文化体验，可能更喜欢数字导览、在线文学展览等。老年人注重传统文化和历史回顾，数字文旅产品可以通过数字档案馆、历史展示等满足其需求。

b. 数字素养和接受程度不同。年轻群体更具数字素养，对数字技术接受度高，更容易接受和参与数字文旅活动。年长群体数字素养参差不齐，需提供简单易懂、操作便利的数字文旅产品。

② 性别亚文化群体。

a. 兴趣和需求的差异。男性更偏向于数字体育、科技创新等领域的文旅产品；女性更注重文化艺术、手工艺等。数字文旅产品可提供在线美术馆、手工艺教学等服务。

b. 社交和参与方式的差异。男性偏好多人游戏、数字社交平台等形式。女性更倾向于数字文学社群、线上手工艺班等以小团体为主的社交方式。

③ 民族亚文化群体。

a. 文化传承和认同差异。少数民族可能更关注数字文旅产品中体现其传统文化和特色的内容。主体民族更容易接受与主流文化相融合的数字文旅产品。

b. 文化礼仪和价值观。不同民族对数字文旅产品的评判可能受到各自文化背景、礼仪和价值观的影响。

④ 地理亚文化群体。

a. 自然环境和地域特色差异。山区地区可能倾向于登山、户外冒险等体验。海滨地区更可能对沙滩旅游、水上体验感兴趣。

b. 地域文化传承。各地域消费者，会更关注与自己家乡有关的数字文旅内容。例如，北方更关注数字文旅产品中反映北方传统文化的内容；南方偏好数字文旅产品中展现南方特色的元素。

（二）社会因素

社会因素是塑造个体价值观和消费行为的关键因素之一，在文旅消费者行为中具有至关重要的地位。

1. 社交因素

社交媒体作为文旅消费者行为的重要推动者，不仅改变了信息传递的途径，也深刻影响了消费者的购买决策和体验期望。数字文旅企业需要在产品设计和营销策略中充分考虑社交因素，通过积极参与社交媒体互动，提升产品口碑，吸引更多消费者的关注和信任。

(1) 社交媒体的崛起。

① 信息获取方式的转变。随着社交媒体的普及，人们获取信息和分享经验的方式发生了根本性的转变。数字时代文旅消费者不再依赖传统的广告或官方宣传，而更倾向于通过社交媒体平台获取实际文旅消费者的真实反馈和推荐。

② 他人推荐与评价的影响。社交媒体上他人对文旅产品的推荐和评价直接影响到消费者的选择。好评和推荐往往被视为可信赖的信息来源，数字时代文旅消费者更倾向于选择在社交媒体平台上备受好评的文旅产品，以提高文旅消费体验的可预期性。

(2) 虚拟社交体验。

① 虚拟互动性的提升。社交媒体的发展带来了虚拟互动性的提升，数字时代文旅消费者更加注重能够提供独特虚拟体验的产品，包括虚拟旅游、虚拟导览、在线文化体验等。消费者通过社交媒体分享这些虚拟体验，形成一种新型的社交互动。

② 展示独特旅行记忆。数字时代文旅消费者在社交网络上展示独特的旅行记忆成为一种社交行为。购买能够提供独特体验的文旅产品，通过社交媒体分享，不仅是对个人经历的展示，也是在社交圈中树立个性化品位和旅行态度的方式。

2. 经济因素

(1) 内在经济因素对文旅消费者行为的影响。

① 消费者自身的经济状况。消费者个体的整体经济状况涵盖了其家庭收入、资产和负债等方面。这直接决定了个体在一定时间内可支配的消费资金总量。经济状况较好的消费者可能更愿意选择高端、豪华的数字文旅产品，而经济拮据的消费者可能更注重价格敏感型的文旅产品。

② 一定时期内的收入。个体在短期内实际拥有的资金，即收入水平，会直接影响其购买力。收入较高的个体可能更容易选择奢华的数字文旅产品，而收入较低的个体可能更关注文旅产品的性价比。

③ 储蓄所占比重。消费者的储蓄行为反映了其对未来的经济预期。储蓄比重高的个体可能更谨慎，更注重长期投资价值的数字文旅产品，而储蓄比重低的个体可能更倾向于即时享受的选择。

④ 能否取得消费信贷。对于那些需要依赖信贷来实现某些消费目标的个体，能否轻松取得消费信贷是一个重要的内在经济因素。能够轻松获取信贷的个体可能更愿意尝试高消费水平的数字文旅产品，而缺乏信贷支持的个体可能更谨慎选择。

(2) 外在经济因素对文旅消费者行为的影响。

① 经济发展水平与文旅消费者行为。商品供应量的充足程度直接影响到文旅消费者的选择和体验。当商品供应量充足时，消费者有更多的选择余地，可以根据个性化需求和偏好进行更为灵活的选择。相反，供应量不足时，消费者的选择范围受到限制，可能难以找到符合自身期望的产品。充足的商品供应量有助于满足文旅消费者的个性化需求。不同人群对数字文旅产品有不同的喜好和期望，而供应量的增加可以提供更多样化、个性化的产品选择，使消费者更容易找到符合其独特需求的产品。商品供应量的影响还延伸到消费者的满意度和忠诚度。当消费者能够找到符合期望的产品时，其对购物体验的满意度会提高，从而增加对品牌或平台的忠诚度。相反，若供应量不足，消费者可能因无法满足需求而降低对品牌或平台的忠诚度。供应量充足时，消费者有更多选择，购买决策可能更为谨慎，更符合个人需求。供应量不足时，购买决策可能受到时间和选择的压力，导致消费者做出不够理性的决策。

经济周期对文旅消费者行为具有显著的影响，主要表现在繁荣期和衰退期的不同反应。在经济繁荣期，消费者通常享有较高的可支配收入，拥有更多的旅行预算。这时，他们更愿意尝试新颖的数字文旅产品和服务，追求更为奢华和独特的体验。此时，数字文旅企业可以通过推陈出新、提升服务质量等方式吸引更多的高端消费者。而在经济衰退期，消费者可能面临财务上的压力，因此更加注重性价比和实用性。数字文旅企业在这一时期可以调整产品策略，提供更具性价比的产品，如特价促销、度假套餐等，以满足消费者对经济实惠旅行的需求。同时，注重品牌忠诚度的建设，通过保持高质量的服务，吸引消费者在经济好转时依然选择他们的产品。

② 社会生产关系与文旅消费者行为。文旅消费者对商品的需求在很大程度上受到商品特性的影响。如果数字文旅产品具有独特的文化体验，能够提供深度参与感，那么对于追求文化深度体验的消费者来说，这类商品会更具吸引力。相反，如果数字文旅产品更注重便捷性和娱乐性，适合快节奏的旅行方式，那么更注重便利和娱乐性的消费者可能更倾向于选择这类商品。这种关系在文旅消费者中尤为显著，因为数字文旅通常涉及文化、艺术、历史等方面的体验，而这些特性会直接影响到消费者对于数字文旅商品的兴趣和期待。因此，数字文旅企业需要深入了解目标受众的需求和喜好，通过挖掘商品特性，精准满足不同消费者群体的需求，提高商品吸引力。

我国的经济体制在文旅消费者行为中发挥着重要的作用。市场经济体制的自由度为消费者提供了更多选择和更好的体验，而政府引导下的计划经济体制也通过政策手段对数字文旅市场进行引导和规划。在数字文旅企业经营中，深刻理解这两种体制的特点，可以更好地把握市场机会，提供符合消费者需求的产品和服务。

3. 社会责任和可持续发展

(1) 环保意识的崛起。随着全球环保意识的逐渐增强，文旅消费者对环保和可持续旅行方式的需求也在提高。消费者越来越关心他们的旅行对环境的影响，因此更倾向于选择那些注重减少碳足迹、推崇环保理念的数字文旅产品。例如，选择能源高效、使用环保材料的住宿、交通工具等。

(2) 社会责任旅行的兴起。越来越多的文旅消费者希望他们的旅行不仅能够满足个人需求，还能够对目的地社区和文化产生积极影响。因此，数字文旅企业在产品设计和宣传中强调社会责任和可持续发展的理念，通过支持当地社区、保护文化遗产等方式来吸引这一类消费者。

(3) 可持续文旅消费体验的追求。消费者在数字文旅产业中追求的不仅是独特而个性化的体验，还包括对可持续性的关注。他们更愿意选择那些提供符合可持续发展标准的数字文旅产品，例如，支持本地社区经济、采用绿色能源、推崇零浪费理念的产品。

(4) 透明度和道德标准。消费者对数字文旅企业的道德标准和透明度要求更高。企业需要清晰地展示他们的社会责任计划，包括可持续经营、社区参与、员工福利等方面。对于不符合社会责任标准的企业，消费者可能选择回避其产品。

(5) 教育和启发。社会责任和可持续发展的理念在数字文旅产业中也起到了教育和启发的作用。数字文旅企业通过宣传和教育活动，增加消费者对可持续发展的了解，进而引导他们在文旅消费过程中做出更为负责任的选择。

在这一背景下，数字文旅企业需要积极响应社会责任和可持续发展的趋势，通过创新和可持续性实践来满足日益增长的消费者期望。这也为企业提供了机会，通过提供符合社会价值观的产品和服务，赢得更多消费者的青睐。

(三) 个人因素

1. 心理特征和行为习惯

(1) 冒险精神和好奇心。对文旅消费者而言，心理特征和行为习惯中的冒险精神和好奇心扮演着至关重要的角色。这一类消费者通常表现出更强烈的愿望尝试新的、创新的线上文旅消费体验，他们对于未知的探索充满热情。这种心理特征推动了数字文旅产业不断创新，提供更多独特而引人入胜的数字化文旅消费内容。

具有探索精神的消费者可能更倾向于参与虚拟文化活动，参加数字体验项目，如虚拟博物馆、在线历史考察等。他们寻求在数字平台上找到能够满足其探索欲望和好奇心的体验，追求独特的、前所未有的数字文旅消费活动。这为数字文旅企业提供了巨大的市场机遇，推动了产业的技术进步和不断涌现的创新产品。

(2) 对新事物的接受程度。个体对新事物的接受程度包括对新技术、新平台的接受程度，以及对于创新文旅产品的态度。这些看法和观念，会直接影响文旅消费者的数字文旅消费行为。更愿意接受新事物的消费者可能更容易尝试数字文旅的新产品，包括虚拟现实旅游、增强现实文化体验等。此类消费者倾向于成为数字文旅产业的先行者，更容易成为新产品、新体验的早期采用者。这种消费者行为对数字文旅产业的发展产生积极的推动作用，鼓励企业勇于创新，满足市场对于新鲜体验的需求。

2. 个体兴趣、爱好及文化倾向

(1) 个人兴趣和爱好。个体的文化兴趣和爱好在很大程度上决定了他们选择何种数字文旅产品。那些对特定文化、历史、艺术产生浓厚兴趣的消费者，更倾向于在数字文旅中专注于相关的体验。例如，喜欢中国古代历史的消费者可能更愿意参与数字化的历史虚拟旅行、探索古老文明的数字展览，或者参与数字文旅活动中的古代文化体验。这一群体的存在推动了数字文旅企业提供更加专业和有深度的文化体验项目。数字博物馆、历史虚拟旅行等数字文旅产品更容易吸引并满足这一类消费者的需求。

数字文旅企业在设计产品时需要更加注重消费者的个性化需求，通过深入了解不同消费者的爱好和特殊兴趣，提供更符合其口味的数字文旅消费体验。这也意味着在数字文旅产业，个性化定制服务将越来越成为竞争的关键点。

(2) 文化倾向。文化倾向直接影响了文旅消费者在选择旅行主题和目的地时的方向。一些文化倾向强烈的消费者在数字文旅中追求更为深度和丰富的文化体验。他们希望通过数字平台了解背后的历史、传统和艺术，而非仅仅停留在表面的娱乐层面。这种文化倾向推动了数字文旅企业提供更为深入的内容，如虚拟博物馆导览、文化讲座、与历史学家的在线互动等。

具有文化倾向的文旅消费者通常寻求旅行过程中的教育性和启发性体验。他们期望通过数字文旅了解新知识、拓宽视野，并在娱乐中获得启示。数字文旅企业可以通过提供有深度的解说、交互式学习工具等方式，满足这一类消费者对于知识和启示的渴望。

文化倾向较强的个体通常更愿意参与文化活动，与其他对相似文化感兴趣的人建立社群。在数字文旅中，这可能表现为在线讨论、虚拟活动的参与、与专家的互动等。数字文旅企业可以通过建立社交平台、在线文化社群等方式，促进消费者之间的互动和分享，形成具有文化价值的数字文旅体验社区。

文化倾向强烈的消费者对于文化的敏感度较高，更注重文化的真实性和尊重。数字文旅企业在呈现文化内容时需要注意尊重当地文化、历史和传统，避免刻意夸张或歪曲。提供真实、贴近当地文化的数字文旅消费体验将更有吸引力。

文化倾向对文旅消费者行为的影响是多维度的，企业需要巧妙把握这些影响因素，提供既符合文化倾向的深度文旅体验，又具备教育性和娱乐性的数字文旅产品。

3. 价值观和生活观

(1) 文旅活动的社会责任感。个体的价值观和生活观将影响其对数字文旅企业的社会责任感的看法。注重社会责任的个体可能更关注数字文旅企业的可持续发展、生态友好等方面的做法。对这类消费者而言，他们倾向于选择支持具有此类价值的数字文旅产品，形成一种可持续的数字文旅消费行为。

(2) 文旅产品的道德考量。价值观和生活观在塑造对数字文旅产品的道德考量方面发挥关键作用。一些注重伦理和道德的消费者可能更关注数字文旅产品是否符合其道德准则，是否存在文化侵犯、歧视等问题。数字文旅企业需要在产品设计和推广中充分考虑到这些道德因素，以满足不同价值观的个体需求。

(3) 文化认同感和身份认同。价值观和生活观将影响个体在数字文旅体验中的文化认同感和身份认同。注重个体身份认同的个体更注重数字文旅提供的个性化、符合其价值观的文化体验。数字文旅企业可以通过深刻的文化定位和内容创造，满足不同价值观群体的文化需求，增强个体的文化认同感。

(4) 参与度与深度体验。个体的价值观和生活观将决定其在数字文旅中的参与度和深度体验。注重深度体验的消费者可能更愿意参与虚拟博物馆、文化讲座等更具学术性和历史深度的数字文旅活动。与之相反，注重轻松娱乐的消费者可能更倾向于选择趣味性较强、交互性较强的数字文旅产品，追求更为轻松和娱乐性的体验。

4. 经济状况和财务可承受能力

(1) 文旅消费预算与选择。个体的财务状况通常会决定其在数字文旅中的消费预算。相对较高的财务可承受能力可能使得消费者更愿意投资于高端文旅产品或服务，如豪华酒店、高品质文化体验等。这类消费者可能更倾向于选择与其财务水平相匹配的数字文旅产品，追求更为独特、奢华的体验。

(2) 消费频率和时间分配。财务状况良好的个体更容易进行高频次的文旅消费，因为他们有更多的可支配收入用于文旅消费。相对而言，财务状况一般的消费者可能更谨慎地选择文旅消费的时间和频率，更注重投入与收益的平衡。

(3) 体验与消费满意度。经济状况对于数字文旅的满意度也有直接影响。在同一体验下，财务状况较好的消费者可能更容易感受到文旅产品的价值，对于体验的质量和深度更有期望。而相对而言，财务状况较一般的消费者可能更注重价格的实惠和性价比，对于较为简单但有趣的体验更为满意。

(4) 投资与长期参与。对于财务状况较好的消费者来说，数字文旅可能成为一种长期的投资和参与。他们可能更愿意参与高成本的数字文旅项目，包括购买虚拟现实设备、参与高级文化体验等。相对而言，财务状况一般的个体可能更倾向于短期、低成本的数字文旅体验。

三、大数据与文旅消费者画像

用户画像是企业对目标用户进行分析，绘制出的用户形象描述，涵盖了用户的各个方面信息，如性别、年龄、职业、收入等。精准营销的核心在于建立准确、全面的用户画像，通过对目标用户进行深入分析，了解其需求、痛点、兴趣和行为习惯，从而实现更有效的市场营销。这种画像是企业制定个性化营销策略的基础，帮助企业更好地了解目标用户，满足其需求，提高营销效果。随着大数据技术的发展，企业在文旅消费者行为的分析和预测方面获得了更多的机会。通过大数据，可以更全面地了解文旅消费者的需求、喜好和行为，进而绘制更为精准的用户画像。

大数据在文旅消费者画像中的应用，有以下方面：

(1) 行为分析。大数据技术可以追踪文旅消费者在线上和线下的行为，包括浏览历史、消费习惯、旅行轨迹等。通过分析这些行为数据，企业可以更准确地了解消费者的兴趣点和行为模式。

(2) 个性化推荐。利用大数据分析，企业可以为文旅消费者提供个性化的推荐服务。比如，通过分析用户的旅行历史和偏好，推荐符合其口味的目的地、文旅场所和活动，提高用户的满意度。

(3) 实时反馈。大数据使得企业能够实时获取用户反馈和评论。通过监测社交媒体和在线评论，企业可以及时了解消费者的意见和体验，及时调整营销策略和服务质量。

(4) 社交分析。大数据分析还可以揭示文旅消费者的社交网络关系，了解其在社交媒体上的影响力和关注点。这有助于企业通过社交平台更精准地进行推广和营销。

精准构建文旅消费者画像，具体步骤如表 8-1 所示。

表 8-1　文旅消费者画像构建步骤

步骤	具体内容
数据采集	利用大数据技术，收集文旅消费者的各类数据，包括在线搜索记录、消费记录、社交媒体行为等
分析挖掘	对采集到的数据进行深入分析，挖掘出文旅消费者的偏好、习惯和特征，形成详细的用户画像
标签综合	基于分析结果，为文旅消费者添加标签，包括旅行偏好、文化喜好、社交活跃度等，构建全面的用户画像
个性化服务	利用得出的用户画像，为文旅消费者提供个性化服务，包括定制旅行方案、推荐特色活动等，提高用户体验

构建文旅消费者画像后，企业可以实现精准化的运营和服务，提升用户体验。通过深入了解用户的需求、兴趣、偏好和行为习惯，企业可以制定更加个性化的营销策略。

第三节　数字文旅产品的开发和管理

一、数字文旅产品的概念和分类

（一）数字文旅产品概念

数字文旅产品是指在数字化技术的支持下，融合了文化与旅游元素的产品。这类产品通过运用数字技术和互联网平台，为文旅消费者提供丰富的文化体验和旅游服务。数字文旅产品旨在将传统文化、历史、艺术等文化要素与旅游目的地的自然景观、人文风情相结合，以数字化的形式呈现给文旅消费者，打造独特的旅游体验。

数字文旅产品具有以下特点。

1. 融合文化与科技

数字文旅产品的最显著特点之一是将文化与科技融合在一起，通过数字化技术和互联网平台将传统的文化和旅游内容呈现出全新的形式。传统的文旅体验往往以实地观赏和实物展示为主，而数字化技术为文化和旅游带来了全新的展示方式和体验方式。

通过虚拟现实和增强现实技术，用户可以身临其境地参观历史古迹、艺术展览和文化场景，仿佛置身其中。例如，文旅消费者可以通过 VR 技术参观埃及金字塔、故宫博物院，或者欣赏梵高的名画，感受到真实的历史和文化氛围。这种数字化的身临其境体验让文旅体验更加生动和有趣，吸引了更多消费者的关注和参与。

同时，数字化技术还提供了与文化内容互动的机会。消费者可以通过移动设备和互联网平台，参与到文化创意、艺术表演等活动中来，体验更加个性化和多样化的文化体验。例如，文旅消费者可以参加在线文学沙龙、艺术家的线上直播演出，与文化创意产业进行互动和交流。这种数字化的互动体验让文化旅游更具有参与性和创新性，吸引了更多年轻一代的消费者。融合文化与科技使得数字文旅产品更加丰富多样，打破了时间和空间的限制，让消费者可以随时随地体验不同文化的魅力，推动了文化旅游产业的创新和发展。

2. 提供丰富多样的文化体验

传统的文旅体验往往局限于线下实地观赏，而数字化技术打破了这种限制，使得消费者可以通过互联网平台获得丰富多样的文化体验。

数字化技术为文旅体验带来了更多的选择。文旅消费者可以根据自己的兴趣和喜好，选择参观不同的文化景点、参加不同类型的文化活动。例如，消费者可以选择参观历史遗址、艺术展览、传统节庆活动等，或者参与文化体验活动、艺术工作坊等。这种多样化的文化体验使得文旅产品更加贴近消费者的需求，满足了不同消费者群体的文化兴趣。

此外，数字化技术还为文化和旅游提供了更加灵活的体验方式。文旅消费者可以根据自己的时间和地点选择参与文化体验，不再受限于旅游团的行程安排。例如，文旅消费者可以通过在线音乐平台欣赏不同地区的传统音乐演奏，或者在家中参加线上文化活动。这种灵活的文化体验方式增加了消费者的便利性和满足感，提高了文旅产品的吸引力。提供丰富多样的文化体验使得数字文旅产品成为各类文旅消费者的选择，满足了不同消费者群体的文化需求，推动了文旅产业的多元化和全球化。

3. 个性化定制和互动体验

通过大数据分析和人工智能技术，文旅企业可以了解文旅消费者的兴趣和偏好，为消费者提供个性化的文化推荐和旅游定制服务。个性化定制让消费者在文旅体验中有更多的选择权和决策权。消费者可以根据自己的兴趣和需求，选择参观的景点、参加的活动，以及体验的内容。例如，通过数字化平台，文旅消费者可以预订特定时间段的门票、导游服务，或者参加特色定制的文化体验活动。这种个性化定制增加了消费者的满意度和参与感，提高了消费者对文旅产品的好评和推荐。互动体验是数字文旅产品的另一个亮点。通过社交媒体平台和在线互动工具，文旅企业鼓励消费者参与互动、与其他文旅消费者交流和分享体验。例如，文旅消费者可以在社交媒体上分享旅行经历、参与文化讨论，与文旅企业进行互动和反馈。这种互动体验增强了消费者对文旅产品的参与感和归属感，形成了消费者和企业之间的良好互动关系。个性化定制和互动体验使得数字文旅产品更加贴近消费者的需求和心理，提高了消费者的满意度和忠诚度，推动了文旅产业的持续发展和创新。

4. 拓展传统文化的传播途径

传统的文化传播往往受限于时间和空间的限制，而数字化技术打破了这些限制，使得传统文化可以通过互联网和移动设备传播到世界各地。数字化技术为文化传播提供了更广阔的平台。通过互联网和社交媒体，文化内容可以迅速传播到全球各地，让更多人了解和认识不同的文化。例如，一个传统民族音乐表演可以通过在线音乐平台被全球听众收听，一部古代文学作品可以通过电子书平台被读者阅读，一幅传统绘画作品可以通过社交媒体平台被观众欣赏。这种数字化的传播途径将传统文化推向了全球，让文化传承和传播不再受到地域和时空的限制。数字化技术还为传统文化的传播提供了更多的形式。传统的文化传播往往以文字、图片和音频为主，而数字化技术使得传统文化可以以视频、动画、虚拟现实等多种形式呈现。例如，通过虚拟现实技术，文旅消费者可以身临其境地参观历史遗址和名胜古迹，感受真实的历史场景；通过视频平台，消费者可以欣赏到不同地区的传统艺术表演，了解不同文化的魅力。这种多样化的传播形式使得传统文化更具有吸引力和创新性，吸引了更多用户的关注和参与。

（二）数字文旅产品分类

数字文旅产品的多元化和创新性为文旅消费者带来了全新的体验。在数字化时代，随着技术的飞速发展，各种数字文旅产品应运而生，为消费者提供了更加丰富、多样化的文化和旅游体验。根据不同的特点和内容，数字文旅产品可以分为三个类别，每个分类都代表着数字文旅产品的一种形式和特色。常见的数字文旅产品分类，如图 8-1 所示。

虚拟体验类产品	互动体验类产品	文化创意类产品
· 虚拟文旅产品 · 数字文化展览产品	· 互动体验产品 · 个性化定制产品 · 数字导览产品	· 数字文创产品 · 在线文旅教育产品 · 数字文旅营销产品

图 8-1　数字文旅产品分类

1. 虚拟体验类产品

虚拟体验类产品为数字文旅消费者提供了一种新颖的参与方式，通过数字技术的应用，打破了时空限制，使文旅消费者能够在不出门的情况下享受到旅游的乐趣。虚拟体验类产品包括虚拟文旅产品和数字文化展览产品。虚拟文旅产品使用 VR 和 AR 技术，使用者仿佛置身于实际文旅体验中，能够实时欣赏名胜古迹和美丽风景，这种沉浸式的体验让用户更加深入地了解和体验文化景点。数字文化展览产品则为文旅消费者提供了在线学习的机会,通过数字技术展示博物馆、艺术馆和文化遗址的展品,使消费者能够在家中欣赏艺术品、历史文物和文化遗址,实现了文化的远程参与。

2. 互动体验类产品

互动体验类产品包含活动参与类产品、个性化定制产品和数字导览产品。活动参与类产品的设计理念注重消费者的互动和参与,通过数字技术的创新,创造出更加丰富的互动体验。数字化手绘墙、虚拟互动展览等产品为消费者提供了与数字世界互动的机会,让消费者不再是被动地接收信息,而是能够与数字产品进行交流。个性化定制产品充分考虑了消费者的兴趣和需求,通过数字技术提供个性化的文旅服务,满足消费者对于个性化、定制化的需求。数字导览产品利用手机 App 等工具,为消费者提供全方位的导览服务,使消费者能够更深入地了解目的地的文化背景,实现了导览的数字化。

3. 文化创意类产品

文化创意类产品有数字文创产品、在线文旅教育产品和数字文旅营销产品。文化创意类产品将数字技术与文化创意相融合,呈现出独特的文化产品,为数字文旅提供了更多的创意和可能性。数字文创产品包括数字艺术品、数字文化衍生品等,通过数字技术为消费者提供独特的文化体验,打破了传统文创的制约,让文化更富有创造性。在线文旅教育产品为消费者提供了在线学习和体验文化的机会,消费者可以通过在线文化课程、文化体验活动等更全面地了解和感受文化。数字文旅营销产品为文旅企业和目的地提供数字化营销服务,通过数字广告平台、社交媒体营销工具等拓展数字文旅的市场影响力,促进文化的传播。

二、数字文旅产品的开发过程

数字文旅产品的开发是一个复杂而系统的过程,它需要结合文化、旅游和数字化技术的要素,经过多个阶段逐步完善和实现。下面介绍数字文旅产品开发的典型过程(如图 8-2 所示)。

(一) 前期准备和规划

在数字文旅产品的开发过程中,前期准备和规划阶段是确保项目成功的基石。该阶段涵盖了市场调研和需求分析、概念设计和规划两个关键方面。

在开发数字文旅产品之前,团队首先进行深入的市场调研和需求分析。这一步骤的目标是全面了解市场环境、潜在用户群体以及竞争对手的情况。通过收集和分析市场数据,团队能够确定产品的市场定位,把握文旅消费者的真实需求。这有助于在后续的开发过程中制定有针对性的策略,提高产品的市场竞争力。

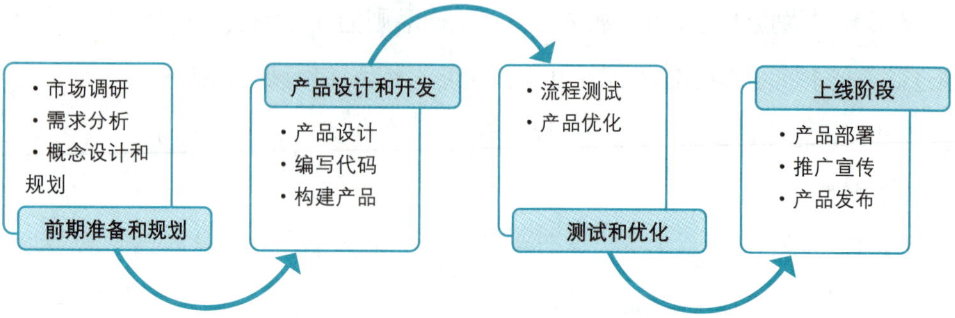

图 8–2　数字文旅产品开发流程

基于市场调研的结果，团队进行概念设计和规划，明确产品的愿景、目标以及基本特点。这一过程包括确定产品的核心功能、消费者体验设计、技术框架等关键要素。通过与潜在消费者的沟通和反馈，团队确保产品的设计符合消费者期望。同时，在这个阶段，制定详细的项目计划，包括开发周期、人员分工、预算等，以确保整个开发过程有序推进。

通过前期准备和规划，团队能够明晰项目方向，准确把握市场需求，为后续的开发和推广工作奠定了坚实基础。这个阶段的投入和努力对于确保数字文旅产品的成功至关重要。

（二）产品设计和开发

在数字文旅产品的开发阶段，详细设计和实际开发是实现概念转化的关键步骤。这个阶段涉及将概念性的计划转换为具体的产品设计，并着手编写代码，建立产品的框架。

产品设计是整个开发流程中的蓝图，团队将在这一阶段制定详细的计划，明确产品的结构、功能和特性，包括了用户界面的设计、系统架构的搭建、各个模块的功能规划等。设计人员与开发人员紧密合作，确保设计方案既能够满足消费者需求，又能够高效实现。

基于产品设计，开发团队开始编写代码，实际构建数字文旅产品。这个阶段是整个开发过程的实质性部分，开发人员将按照设计方案逐步实现产品的各个功能。在虚拟文旅产品中，这可能涉及虚拟现实和增强现实技术的应用、用户交互的实现，以及与后端系统的数据交互等。硬件相关产品还需要进行设备的制造和调试。

（三）测试和优化

一旦开发完成，产品将经过一系列的测试流程。单元测试将验证各个模块的功能是否正常；集成测试将确保各个模块能够协同工作；系统测试将全面评估整个系统的性能和稳定性。这个阶段也包括了用户验收测试，确保产品符合用户期望。

在测试过程中，可能会发现一些潜在问题或性能瓶颈。开发团队将对这些问题进行分析和解决，对产品进行优化。这可能包括代码的优化、系统的调整，以及用户体验的改进。

通过不断地优化，确保产品在质量和性能上达到最佳状态。通过详细设计和开发以及测试和优化两个关键阶段，数字文旅产品逐渐由抽象的计划变为具体可用的产品，为后续的推广和上线奠定坚实基础。

（四）上线阶段

数字文旅产品进入上线阶段，就是产品正式向文旅消费者提供服务的阶段。在上线之前，需要进行产品的部署和发布，包括将产品部署到相应的服务器或云平台上，确保系统能够正常运行。发布过程也需要谨慎进行，以避免对用户造成不必要的影响。一旦产品上线，推广和宣传就成为至关重要的环节。数字文旅产品需要通过各种渠道向目标用户传递信息，包括社交媒体、数字广告、合作推广等。吸引用户关注和提高产品知名度对于产品的长期成功至关重要。

综合而言，在数字文旅产品的运营阶段，团队需要通过精心设计的用户支持系统、深度数据分析、持续的产品更新改进以及与相关行业的合作拓展，全方位地提升产品质量和消费者体验，实现数字文旅产品在市场上的持续成功。

数字文旅产品开发过程的每个阶段都需要团队成员的密切合作和协调，以确保数字文旅产品顺利开发和成功上线。数字化技术的应用为文旅产品开发带来了前所未有的创新机遇，通过合理的规划和策略，数字文旅产品必将为用户带来更加丰富和深刻的文化和旅游体验。

三、数字文旅产品的管理和运营

数字文旅产品的管理和运营是确保产品持续稳定运行，并取得商业成功的重要环节。产品上线以后就需要有效的管理和运营策略。如图 8-3 所示，就是数字文旅产品的典型管理和运营流程。

用户体验管理	数据分析与业务优化	市场推广与业务拓展
· 用户服务与支持 · 社交媒体互动 · 用户培训与教育	· 用户行为分析 · 性能监控与质量管理 · 市场调研与竞争分析	· 数字营销策略 · 合作与拓展 · 用户反馈与产品改进

图 8-3　数字文旅产品的管理和运营流程

（一）用户体验管理

数字文旅产品的成功与否在很大程度上取决于用户（文旅消费者）体验的质量。在这一层面，用户体验管理涉及用户服务与支持、社交媒体互动以及用户培训与教育。

1. 用户服务与支持

用户服务与支持是用户体验的直接表现。在数字文旅产品运营中，建立健全的用户服务体系至关重要。团队需要设立专业的客服团队，负责解答用户疑问、处理投诉，以及提供必要的技术支持。通过建立全面的用户服务系统，企业能够及时回应用户的疑问、解决用户的问题，提高用户满意度。如建立在线客服系统、提供客服热线、设立客户服务邮箱等，使用户在使用产品过程中能够得到及时的支持。及时高效的客户服务，可以增强用户对产品的信任感，提升用户满意度，从而促使用户更积极地使用产品。

2. 社交媒体互动

维护社交媒体平台是数字文旅产品进行品牌传播和用户互动的重要手段。在数字时代，社交媒体是用户获取信息和表达意见的主要渠道之一。定期更新社交媒体内容、回应用户反馈，产品团队能够与用户建立更紧密的联系。这不仅有助于传播产品的核心价值和特色，还可以通过社交互动收集用户意见，了解市场动态，从而更好地满足用户需求，提高产品的竞争力。通过维护社交媒体平台，与用户建立互动，企业可以实时了解用户的反馈，及时回应用户的关切，传播品牌价值，提升用户对产品的认知和信任度。这也有助于形成一个活跃的用户社群，增强用户的参与感和归属感。

3. 用户培训与教育

为了确保用户能够充分理解和善用数字文旅产品，产品团队需要提供相关培训资源，包括视频教程、在线文档、常见问题解答等。通过这些培训措施，用户可以更轻松地上手使用产品，提高使用体验，降低用户的学习曲线。通过提供相关培训资源，可以确保用户能够充分理解和使用数字文旅产品。用户在使用过程中遇到问题时，能够方便地获取帮助，提高产品的易用性，增加用户的黏性。通过教育，用户还能更好地理解产品的特色和文化内涵，使他们更深度地融入数字文旅的体验之中。

（二）数据分析与业务优化

数字文旅产品的管理与运营流程中，数据分析与业务优化是关键任务。

1. 用户行为分析

用户行为分析是通过追踪用户在产品中的操作，收集用户数据，进行深度分析，洞察用户需求和行为习惯。这有助于了解用户对产品的偏好，发现潜在的痛点和问题，为产品改进和优化提供有力的数据支持。通过分析用户的浏览习惯、点击行为、停留时间等数据，企业可以更好地理解用户需求，为产品功能的升级和改良提供方向。

2. 性能监控与质量管理

数据分析与业务优化的另一个关键环节是性能监控与质量管理。在实际运行中，数字文旅产品需要保持良好的性能以及高质量的运行状态。通过实时监控产品的性能，企业可以迅速发现并解决潜在问题，确保用户体验不受干扰。同时，质量管理的重要性也不可忽视。通过定期的功能测试、用户体验测试以及用户反馈的收集，企业可以不断提高产品的质量水平。这有助于确保数字文旅产品长期稳定运行，减少因质量问题引起的用户流失。

3. 市场调研与竞争分析

在数字文旅产品的管理和运营中，市场调研与竞争分析是企业制定战略决策的基石。通过定期进行市场调研，企业可以深入了解用户的趋势、需求变化以及整个文旅市场的动态。这为企业提供了制定灵活战略的基础，使其能够更好地适应市场变化。同时，竞争分析通过对竞争对手的产品特点、市场份额以及用户评价的了解，帮助企业找到自身的差异化竞争策略。这样的分析为企业提供了战略决策的依据，使其能够更好地把握市场机遇，提高竞争力。

（三）市场推广与业务拓展

1. 数字营销策略

数字文旅产品的成功运营离不开精准的市场推广与业务拓展。数字营销策略是至关重要的一环。通过制定并执行数字化的市场推广计划，企业可以通过多种渠道提高产品的曝光度。广告、社交媒体等数字化手段成为拓宽受众群体、提高品牌知名度的有效途径。通过有针对性的数字广告投放，企业能够更精准地触达目标用户，提高用户的认知度和使用率。

2. 合作与拓展

与其他行业的合作与拓展是数字文旅产品实现多元化业务的关键。通过寻求与旅游机构、文化机构等行业的合作，企业可以拓展服务范围，实现业务多元化。例如，与旅游机构合作可以提供更全面的线上线下一体化服务，为用户提供更便捷、全面的数字文旅体验。与文化机构合作可以丰富数字文旅产品的内容，提供更多元化、更有深度的文化体验。通过不同行业的合作，数字文旅产品可以更好地满足用户多样化的需求。

3. 用户反馈与产品改进

用户反馈与产品改进环节是数字文旅产品运营中的关键步骤。企业需要建立有效的反馈机制，通过用户的评价、建议等渠道收集用户反馈。这些反馈不仅可以帮助企业了解用户对产品的满意度和不满意点，还能及时发现问题并进行改进。以用户为中心，不断改进产品是数字文旅产品保持竞争力的关键。通过分析用户反馈，企业可以及时调整产品的功能、体验，提升用户满意度，同时根据用户需求推出新的功能或服务，保持产品的创新性和吸引力。

案例阅读

芳草地——用户画像引领乡村度假新潮流

本章小结

本章节主要介绍了数字文旅市场和产品。市场是指一定区域和范围内，潜在买家和卖家之间进行商品和服务交换的场所。市场主要由人口、购买力和购买欲望三个关键因素有机组成。数字文旅消费者市场是指在数字化时代，以数字化技术为支撑，以文化和旅游为主题，为满足个人或家庭文化体验和旅游需求而进行商品和服务交换的场所。数字文旅消费者市场具有人口的多样性、购买力的多层次性、购买欲望的驱动、数字技术与文旅融合及文化和旅游需求的驱动几个特点。随着数字科技的迅猛发展，文旅产业正经历着一场深刻的变革。以 80 后、90 后和中产阶级为代表的新消费人群已经成为市场消费的主体，他们更加注重体验和个性化。

数字时代的文旅消费者是在数字化、信息化的时代背景下，积极参与和体验文化旅游服务的群体。他们具有数字素养高、个性化需求强烈、社交互动性、线上线下融合、追求文化深度、重视感官体验、关注可持续发展几个特点。消费者的这些特点塑造了一个更加多元、丰富的文旅市场，数字文旅企业需要紧跟时代潮流，通过创新和提升服务水平来满足这一群体的需求。不同代际的消费者观念不同，对数字文旅的态度也不同。数字文旅的亚文化消费者具有独特性、同质性和排他性等特征。不同的年龄、性别、民族、地理、宗教和种族背景塑造了文旅消费者独特的消费行为模式。社会因素是塑造个体价值观和消费行为的关键因素之一，社交因素、经济因素、社会责任和可持续发展会影响文旅消费者的行为。个人的心理特征和行为习惯、个体兴趣爱好及文化倾向、价值观和生活观、经济状况和财务可承受能力都会影响文旅消费者行为。大数据可以让人们更全面地了解文旅消费者的需求、喜好和行为，进而绘制更为精准的用户画像。

数字文旅产品是指在数字化技术的支持下，融合了文旅元素的产品。数字文旅产品具有融合文化与科技、提供丰富多样的文化体验、个性化定制和互动体验、拓展传统文化的传播途径的特点。数字文旅产品分为虚拟体验类产品、互动体验类产品和文化创意类产品。数字文旅产品的开发是一个复杂而系统的过程，需要经过前期准备和规划、产品设计和开发、测试和优化、产品上线 4 个阶段。数字文旅产品的管理和运营是确保产品持续稳定运行，并取得商业成功的重要环节，包括用户体验管理、数据分析与业务优化、市场推广与业务拓展三个部分。

练习与实践

1. 数字文旅消费者市场是什么？有哪些特点？
2. 哪些因素影响数字时代文旅消费者行为？
3. 数字文旅产品的开发和管理需要考虑哪些因素？

即测即评

第九章 数字营销

学习目标

1. 理解数字营销相关基本概念和理论。
2. 学习并理解数字营销战略与实施系统。
3. 掌握数字营销的策略与渠道。
4. 能够应用所学的基本概念和原理分析现实案例。

1. 数字营销是助推和深化文旅消费方式变革、提高消费质量和生活质量、满足消费者需求的现实需要。

2. 数字营销是持续增强产业结构的质量和活力、促进企业恢复转型的重要路径。

3. 利用数字技术进行文旅营销，是符合现代生活方式、满足人们对美好生活需求的重要方式。

案例导入

抖音捧红旅游城市

第一节　数字营销概述

一、数字营销的概念

全球化和互联网使用量的增加使得传统营销方式向数字营销方式转变,数字营销被广泛用于通过数字渠道推广产品或服务并接触消费者。互联网数字化时代,数字营销成为各个行业直面数字化尝试的最有力推手。相较于传统的营销方式,数字营销方式具有更好的传播精度与传播深度,从而推动了企业的业务升级和营销数字化转型。互联网数字化时代,企业品牌宣传引流的主战场已经从传统营销转化为数字营销。那么,数字营销(Digital Marketing)是什么呢?

数字营销是通过满足客户需求来协助营销活动和提高客户知识的数字技术的使用。数字营销协会将数字营销定义为"利用数字技术创造一个整合的、有针对性的和可衡量的沟通桥梁,帮助获得和留住客户,同时与他们建立更深层次的关系"。

美国市场营销协会将数字营销定义为"利用数字或社交渠道来推广品牌或接触消费者。这种营销可以在社交媒体、搜索引擎、互联网、移动设备和其他渠道中进行。它需要以全新的方式去接触消费者,并理解他们的行为的影响"。

一些研究者也对数字营销进行了定义。例如,王永贵等(2023)认为数字营销是一种基于数字相关技术展开的营销活动、过程或机制,在数字技术赋能中通过产生并传递价值来创造、维持并发展关系。Kannan 和 Li(2017)认为数字营销是企业利用数字技术获取客户、建立客户偏好、推广品牌、留住客户以增加销售的过程,是一种企业为利益相关者创造、交付和维持价值的适应性技术赋能过程。Mulhern(2009)认为数字营销是指为了获得、保留和建立与客户的关系的一系列实践,包括使用网站、搜索引擎、数字广告、社交媒体、电子邮件和移动电话等数字通信渠道进行营销。

由此可见,数字营销可以被定义为,应用数据、信息通信技术(如人工智能)、平台(如社交网络)、媒体和设备,在物理和虚拟空间内扩展营销范围,目的是通过赋予消费者权力、提供信息、影响和吸引消费者来改善客户关系。

与数字营销相关的其他概念包括互联网/在线营销(Internet/Online Marketing)和电子营销(E-marketing)。虽然这些概念经常被用作数字营销的同义词,但也存在一些区别。"互联网/在线营销"仅指一种技术(即互联网),而数字营销包括一系列其他技术,如短消息、多媒体短消息、社交媒体、电子邮件、搜索引擎、网站、移动应用程序、电子广告牌和社交网络等。这些技术可以在没有互联网连接的情况下使用。数字营销利用包括人工智能(AI)和物联网(IoT)在内的各种形式的技术,以实现消费者对消费者和企业对消费者环境中的营销目标。电子营销与数字营销是类似的概念,但它与电子通信联系更密切。数字营销的主要优势是可以以一种具有成本效益和可衡量的方式接触到目标受众。

二、数字营销的特点

(一) 集成性

数字营销的集成性,体现在两个方面。第一,企业的前台和后台通过数字技术进行紧密集成。前台指企业的业务层,后台包括企业的管理层、信息层和资源层。数字营销的集成性是快速响应消费者需求的基础。文旅企业在业务层面的所有需求,都需要后台系统的支撑,数字技术将业务端口与信息资源、技术进行关联后,就可以实现服务产品信息至收款、售后服务一体化。第二,文旅企业利用互联网络对不同渠道的营销活动进行统一设计规划和协调实施,从而避免不同渠道营销信息冲突造成消极影响。

数字营销的集成性特点有利于提升营销效率。通过数据分析工具,企业可以准确地追踪和评估数字营销活动的效果,包括点击率、转化率、销售额等指标。这使得企业能够更好地了解市场反应,及时调整策略,提高营销效果。

(二) 个性化

相比传统的营销手段,数字营销能够实现更大范围、更精准的受众定位。通过大数据技术,企业可以识别潜在消费者的所在地区、所处社会阶层甚至偏好和购买习惯,根据不同群体的需求进行个性化的推广和沟通。

(三) 交互性

通过数字媒体,企业可以与消费者进行实时的互动和沟通,了解他们的反馈和意见,及时调整产品或服务,提高顾客满意度。消费者也可以方便地通过互联网查找文旅品牌,了解文旅产品和价格,咨询文旅相关问题,甚至定制个性化服务等。这种互动性使得企业能够更好地建立品牌形象和客户关系,并且能够更好地传递企业的价值观和理念。

(四) 丰富性

通过数字平台,企业可以运用各种形式进行营销,如运用文字、图片、音频、视频,以及社交媒体、搜索引擎、电子邮件等多种渠道营销,满足不同受众的需求和喜好。这为企业创造了更多的营销机会，提升了品牌曝光度和影响力。同时，数字营销将不受货架和库存的限制，提供巨大的产品展示和销售的舞台，为消费者提供无限的选择空间。

（五）低成本

数字营销的低成本特征体现在三方面。第一，数字营销可以基于历史数据和模型实现精确的投入产出比分析，帮助企业更好地掌握营销预算，降低营销成本。第二，数字营销通过互联网建设直销渠道或利用主流营销平台，能够缩短分销环节，从而降低成本，使产品具有价格竞争力。第三，数字营销相对于传统营销，消费者掌握更多主动权，因此前来访问的大多是对此类产品感兴趣的消费者，受众准确，避免了许多无用信息的传递，也可节省费用。

三、数字时代的旅游营销

随着数字技术的不断发展与变革，人们的生活方式和商业模式不断被改变，文旅消费者的消费习惯同样也被数字技术深刻地影响着，文旅消费的方式和选择越发多元化，以文旅消费者为导向的创新营销方式备受欢迎。

（一）明确市场目标，实现精准定位

互联网时代的文旅消费者广泛利用网络进行文旅信息的收集与决策，由此积淀大量文旅消费数据。对消费数据进行挖掘、分析与处理，能够依据不同客源地、不同年龄结构、不同职业文旅消费者的偏好、规律性变化和兴趣点，开展有针对性的文旅营销活动，策划设计不同层次的旅游线路。企业根据自己的优势，结合大数据的分析结果，实现精准定位，明确自己的市场目标，为文旅消费者提供更加精准化的文旅产品与服务。

（二）创造个性化产品，实现定制服务

在精准市场分析的基础上，能够帮助文旅消费者快速决策，满足文旅消费者的个性化需求。例如，途牛网、穷游网、携程等平台利用大数据为文旅消费者提供定制场景服务，为文旅消费者设计、提供单身、冒险、亲子、情侣等主题旅行。

（三）与文旅消费者建立良好的客户关系，实现双赢

通过建立文旅企业的互联网社交群落，与文旅消费者建立良好的客户关系，获得文旅消费者的忠诚度，将一次性消费者转化为长期消费者，从而使产品获得更好的销售，提高产品的市场竞争力。

第二节　数字营销战略与实施

一、数字营销战略

学界和业界已经对营销的概念进行了较为深入和广泛的讨论，并形成了基本共识。然而近些年来，随着互联网＋、社交媒体、大数据、社群、VR等概念、理论、科技的不断应用，当前的世界进入了一个新的发展阶段。从基础设施的更新到社会心智的变革，表明当前世界进入了一个"数字化社会"。身处数字化大背景下，唯有紧跟变化，及时调整营销战略，做出相应对策，企业才不会丧失竞争优势。

（一）营销战略的本质

根据美国著名学者Ron Miller的定义，营销战略是以消费者需求为中心的企业行为模式选择，它是企业为适应外部环境变化而做出的选择，也是在一定时期内为实现企业目标而在分析内外因素的基础上制定的具有重大影响的各种政策和管理措施的有机结合体。它的本质包含了三项核心任务。① 管理需求。市场需求具有不确定性，而企业的产能受资源限制缺乏弹性。因此市场上存在未被满足的需求，以及不同需求之间的不平衡。这为企业提供了营销的机会和可能性。营销战略的首要任务就是刺激、创造、适应以及影响消费者需求。② 建立差异化价值。文旅产业所处的市场是一个接近完全竞争的市场。企业想要生存并在市场上占据一席之地，就必须为消费者提供不同于其他企业的价值。③ 建立持续交易的基础。有效的营销战略不仅仅停留在一次交易的成功，而在于维系与消费者之间的持续关系。能否吸引消费者持续关注并重复消费是营销管理有效性的重要衡量标准。

（二）营销战略数字化

判断营销战略是否真正实现了"数字化"，从以下五点评价：

1. 连接

互联网的未来正是连接一切。在移动互联网时代，连接变得更加复杂，超越了单纯的人与人、人与服务之间的连接，融合进了人与线下、线上与线下等连接因素。

2. 消费者数据化

消费者行为数据是重要的信息来源，对企业进行数字营销战略具有启发性的参考意义。企业需要制定计划有效获取消费者行为数据，追踪数据变化，理解消费行为变化趋势。

3. 数据说话

数字营销的核心之一就是数据的诞生、采集与应用。数据是在真实的互动行为中产生的，这些数据包括基于消费者的数据和基于企业的数据。基于消费者的数据包括消费者属性数据、消费者浏览数据、消费者点击数据、消费者交互数据等；基于企业的数据包括企业的广告投放数据、行为监测数据、效果反馈数据等。

4. 参与

让消费者参与到企业营销战略中。他们所反映的数据是企业制定战略目标过程中不可或缺的一环。

5. 动态改进

由于现在消费者数据更新频率非常快，企业在自身战略调整的时候也需要快速迭代、动态改进，以万变应万变，保证当下的数字营销策略与当前的消费者行为时刻吻合。

综上所述，数字营销战略，即在坚持不改变营销战略需求管理、建立差异化价值、建立持续交易的基础的本质条件下，使用数字工具，在连接、消费者数据化、数据说话、参与、动态改进五个方面真正实现数字化，实现企业一定目标的战略计划。

二、数字营销实施系统

数字营销实施系统包含大数据营销平台、数字营销的内容策略、数字营销的组织平台、数字营销的绩效管理与测量四个方面。

（一）大数据营销平台

大数据的产生一方面是累积而来的，另一方面是人们开始愿意并且能够收集、存储和处理它们。运用互联网进行沟通、学习、游戏或者互动交流，都会留下相应的数字信息，它是生活轨迹与行为的“比特化”。将各个网站、App、内部私有网络的数据统合起来，就会形成大数据。大数据通过在用户行为分析、用户画像、品牌定位、KOL（关键意见领袖）管理、品牌内容营销、舆情监控与口碑探测、社群发现与搜索、广告精准投放、重点客户营销、机器人智能客服、市场或内部知识管理等方面的商业应用，来提升营销效果。大数据营销是基于海量数据以及大量运算的一个技术实现过程。它通过获取多种维度的数据来源，更精确地描绘消费者的个体用户画像，从而实现精准营销。基于大数据，营销获得了大量的数据资源，CMO（首席营销官）可以和 CIO（首席信息官）并肩作战，建立基于营销的大数据库，收集包括个人空间日志、论坛帖子、社交网站内容、电子商务等数据。然后将这些大数据源放入营销模型中，用算法库的方法归类，进行数据计算，并在数据计算的基础上进行决策分析。

（二）数字营销的内容策略

内容营销针对界定清晰的目标受众，创造和发布相关并且有价值的内容，从而吸引受众，并刺激其产生购买行为，最终转化为企业营利。内容营销不是一次性的市场活动，而是由一系列相关活动衔接组成。内容营销具有以下特征：

1. 活动系列性

内容营销是组合拳，除了纯粹的顾客内容，还会配合推广性广告、公关宣传活动，它们相互补充共同为营销目标服务。

2. 内容相关性

内容营销的内容设计是针对特定目标群的需求和兴趣定制。针对不同类型消费者，设计的内容系列也可能不同，前期消费者画像是内容营销设计的重要参考。

3. 目的商业性

内容营销的目的指向促进消费者的购买行为。需要在内容创作中有机地将品牌和产品融入内容中，在保持提供内容的价值性、友好性与趣味性的同时，实现品牌传播的目的。

4. 媒体自主性

内容营销有必要打造经营自有媒体资产。内容营销的内容特性和持续性要求决定了其发布渠道需要满足低成本和独立掌控的前提。这不仅大幅降低了营销成本，而且通过了解客户线上对内容的评论和反馈可以更及时、精准地了解客户对内容的反应，并及时通过互动强化企业与客户的关系，增加客户黏性。

（三）数字营销的组织平台

营销已经从手工、低速、直觉、碎片化时代进入自动化、实时、全样本、个体化的数据驱动的营销时代。在这样的营销环境下，营销组织的设计应当遵循以下三大原则：

1. 组织的敏捷灵活性：敏捷性组织（集中和授权兼具的分布式结构）

首先，集中营销内容的制作。因为涉及跨多个部门的内容获取（产品、研发、品牌、设计等）、内容策划、多种媒体形态、内容制作等，集中资源和统一协调才能实现高质高效。其次，数字媒体发行渠道决策分布在各地采购部。数字渠道在各地是多样化的和本土化的不适合集中购买。因此需要建立“总部—事业单元—业务公司”贯穿式的营销组织。这个组织必须具备对营销资源的集中管理以保持其效率和规模优势，兼顾差异化的区域和客户需求，把客户界面营销功能下放到最前线，同时保证事业单元共享品牌、渠道、服务、客户资源。

2. 组织的流程最优性：流程性组织（从关注职能到关注流程）

营销组织需要重点关注三大关键营销流程：消费者洞察流程；消费者沉浸流程；关键消费者管理流程。这三大关键营销流程不再是传统的营销部门可以单独完成的。这些流程贯穿了企业的价值创造全过程，需要很多非营销部门（比如客户服务、研发、维修、物流）进行协同。因此，设计新营销组织时，需要注意以下几点：① 明确营销总监的战略定位和管理边界，即不再是职能型领导，而需要对企业业绩负责。② 建立新的协同领导组织，如流程委员会。③ 设定新的汇报体系，确定直接和间接对营销总监汇报的部门。④ 确定新的绩效考核指标：总体消费者满意度和销售增长。

3. 组织的成绩最优性：绩效型组织（营销流程和数据链的紧密整合）

企业营销活动过去是成本中心，现在必须成为利润中心。研发、营销、销售、服务将被打通，以营销为核心带动企业的销售收入和利润增长。其中，关于消费者和商机的信息流是关键，而获得更多优质消费者，提升消费者钱包份额，提升消费者终身价值是实现业绩增长的具体手段。我们把这个架构按逻辑顺序简化为一个平台，即数字营销基础设施平台，包含了营销自动化系统和消费者数据仓库。这个平台的核心价值在于帮助企业实现“穿透式消费者身份管理”和“大规模定制化营销”。穿透式消费者身份管理是指企业可以通过整合来自各个方面和线上线下的数据把消费者的真实身份与其各种文旅消费相关行为进行精准匹配，从而直接管理针对单个消费者的营销。

（四）数字营销的绩效管理与测量

数字营销可以进行精确化的营销分析与管理，它的绩效管理与测量主要从四个方面来讲：

1. 基于社交媒体连接的测量

在移动互联网的效应下，消费者由独立的个体转变为聚合的群体，因而消费行为也由传统的 B2C 形式演变为 G2G 形式（Group to Group），而社群内部的连接所产生的群体效应对消费者的成长路径产生了巨大的影响。

【知识链接：消费者成长路径】

社群内部的消费者成长路径可以总结为 5A 法则（认知、吸引、询问、购买、拥护），并且 5A 法则衍生了一些指标。

(a) 购买行动比（PAR）= 购买人数 / 认知人数。

(b) 品牌拥护比（BAR）= 拥护人数 / 认知人数。

(c) 吸引指数 = 吸引人数 / 认知人数。

(d) 好奇指数 = 询问人数 / 吸引人数。

(e) 认同指数 = 购买人数 / 询问人数。

(f) 亲密指数 = 拥护人数 / 购买人数。

在社交媒体时代，理想的消费者成长路径形状应当是认知—吸引—询问—购买—拥护，会经历一个人数下降再回升的过程。

2. 基于消费者购买行为的数字营销绩效测量

数字时代，品牌与消费者在社交网络、移动互联网、LBS位置服务等新型平台上通过分布式、多触点建立动态感知网络，双方对话不受时间、地点限制。因此在数字时代的消费者行为模式中，应更加关注从消费者对商品产生兴趣开始的信息收集，到完成购买后的体验分享以及整个消费过程中的互动；同时，数字时代消费者与品牌之间关系演进的核心驱动是基于连接的对话，并非过去一对多、广播式的营销推广。

3. 运用4R模型测量数字市场营销

4R是一个整体性的数字营销模型，衡量的角度是从数字化画像与识别、传播触及受众、维护老客户并保持客户增长、销售转化四个方面展开的。当我们将其实际应用在数字营销评测中时，又会从总评测的四个维度（指标追踪、业绩驱动、客户为本的KPL、商业价值的KPL）去分别确定评测目标。

4. 投资反馈

投资反馈一直被视为一项挑战，人们尚未发现合理的被证明有效的衡量标准，只能通过是否达到实际的要求目标来衡量过程的有效性和资本投资的成果。可以从以下步骤实践：明确的目标、初次点击的归因理论分析、购买点定位、UGC地图、测量通道KPI的有效性、循环中每个目标阶段的情况。

三、数字营销渠道

（一）社交媒体营销

社交媒体营销（Social Media Marketing）是一种使用数字营销方式，在社交网络或平台推广产品或服务的营销方式。企业借助微信、微博、脸谱网、X等社交平台，通过让人们在网上参与讨论来推动流量传播度和品牌知名度。这把公域流量变为私域流量的方式，对于了解受众群体是非常有效的，可以反复自由利用，又能随时直接接触目标群体。

社交媒体营销可以分为免费和付费两大类。免费社交媒体营销，指企业免费参与的社交媒体平台的宣传活动。因为企业品牌或产品的“粉丝”花费了大量的时间活跃在各大社交媒体平台上，那么，让企业的品牌或产品最大化地曝光在这些平台上，让更多的用户能看到，是非常重要的营销活动。一般会在这些社交媒体上创建官方号，并在这个平台上发文分享。另外，通过与用户在消息传递平台（如微信、QQ、企业微信、钉钉等）上建立业务联系，让用户及时获得个性化的答疑和服务也很关键，业内通常称为“社群营销”或“社群运营”。付费社交媒体营销，又称社交媒体广告，指的是通过社交媒体平台生产并传播广告信息，以促进企业的品牌或产品传播。这种广告的形式可能是软文、短视频或图文消息，取决于社交媒体平台的广告形式。免费和付费社交媒体营销双管齐下，打造正向的、健康的社交媒体品牌/产品形象，在现代营销学中至关重要。付费营销往往用来进行营销转化（如通过打折或者有吸引力的“噱头”，吸引用户点击广告，并进一步转化）；而免费营销通常用来与用户保持线上传播及互动。社交媒体营销在现代营销学的地位越来越重要，营销人员应该与时俱进，重视正确的营销策略，在社交媒体渠道构建业务的推广及转化。

（二）短视频营销

短视频营销是指企业或营销人员将各种视频剪辑放到互联网上以推广企业及自己的个人品牌、产品和服务的营销方法。在线视频广告的形式类似于电视视频短片。它具有电视短片的各种特征，如吸引力强、形式和内容多样、创造力强、生动等特点。它还具有互联网营销的优势，如交互性和主动沟通性。可以说，短视频营销是结合电视广告和互联网营销优势的一种方式。在数字化时代，移动通信技术的发展大幅提升了数字视频信息的传播效率，短视频营销作为新的媒介形式在数字营销实践中的应用也日益凸显。短视频营销的价值主要体现在信息传播的高效率、个性化需求的满足、品牌传播的卓越效果和分享欲望的满足四个方面。

在如今这个时代，人们的时间观念越来越强，对碎片化时间的利用要求越来越高。这主要是因为人们的工作、生活等压力越来越大，需要越来越多的时间去处理各项事务。在整体时间有限的情况下，碎片化时间成为人们关注的重要内容。为了适应这种潮流，满足消费者对快节奏消费的需求，短视频应运而生。随着人们对短视频关注度的提升，短视频营销也随之发展起来。在如今这个快节奏的时代，利用短视频开展营销活动，显然是一个十分明智的选择。实际上，短视频营销并不是一个新概念，只是在当前的环境下，它很好地迎合了消费者的需求，切中了消费者的痛点，因此迅速火爆起来。短视频营销，其实是视频营销的一个重要部分。只是短视频的时长相对比较短，能够在比较短的时间内将信息传递给消费者，对受众产生某种影响。

（三）直播营销

直播营销是指对营销事件进行实时播放的方式。它以直播平台为载体，以获得品牌的提升和销量的增长为目的。直播的核心价值，就在于其聚集注意力的能力。直播作为一种新兴的娱乐风潮，它本身就具有很大的粉丝量。直播能够快速地抓住消费者的眼球，获得流量，极大程度地满足消费者群体的猎奇心理。直播营销具有互动性。直播营销与电视广告不同，注重与消费者互动，消费者可以在直播的时候提出自己的问题，让商家做出详细回答。在直播营销过程中，一个直播主如若想让自己的商品卖得出去，就需要将商品完全展现给消费者，让消费者清晰地了解商品的款式、形状、功能、颜色等基本信息，从而决定购买与否。这样一来，消费者就能从被动接受转变为主动出击，对商家的产品及服务进行挑选及提出意见。现如今粉丝文化盛行，直播作为一个可以和消费者面对面的平台，拉近了与消费者之间的距离，提高了消费者自身的参与感，增强了消费者对于企业品牌的黏性。同时，直播营销运用群众的从众心理，让用户参与到品牌的整个建设过程之中，增加消费者对品牌的认同感和忠诚度。

（四）游戏化营销

游戏化营销是指将游戏设计元素应用于营销活动，使目标顾客产生类游戏体验，提高顾客服务价值并实现价值共创。品牌希望通过游戏化营销形成一种激励机制，不同游戏设计元素可以吸引和激励消费者自愿参与，让消费者感知关于产品和服务的同时获得多重体验，让消费者像玩游戏般专注、持久地参与品牌的价值共创过程。简单来讲，游戏化就是让其他事情变得像游戏一样好玩，或者像游戏一样能吸引别人。在游戏化营销的过程中，需要注意以下几点：

1. 拥有一个品牌/产品故事

与实打实的销售不同，营销需要为产品的特定受众讲述一个足以引起共鸣的故事。游戏化营销应该将这一点考虑在内，可以直接表明对产品或品牌故事的认同感，也可以创造一个有利于强化产品、品牌认同感的游戏故事。

2. 注重游戏的趣味体验

趣味性与吸引力是游戏设计中经常谈到的两个要素，它们同样适用于品牌游戏。营销人员可以借此机会虚构一个幻想世界或故事，并吸引玩家对这个世界产生认同感。耐克的REACTLAND就是这么做的。这是一个单局时长仅有三分钟的游戏，其灵感来源于顾客利用耐克商店内的跑步机测试鞋子性能的行为。在正式开始游戏之前，消费者可以拍照创建属于自己的虚拟形象，随后在虚拟世界中开启自己的奔跑之旅。消费者可以在云层中跳跃，可以欣赏到憨态可掬的大熊猫，最后还能收到10秒游戏片段录像。消费者愿意将其分享到社交媒体，从而提高品牌曝光度。

3. 寻求游戏沉浸性的要点

为了让游戏化策略得以持续发展，必须挖掘出游戏吸引玩家回头的亮点，这也是游戏设计的主要目标。具体来说，提供一定的奖励与设置排行榜在某种层面上能够满足消费者需求，并为游戏带来更多的投资。此种方法运用得最为娴熟的是星巴克，它为用户提供了大量的奖励措施，通过积分、星星，甚至是赠品与数字商品来刺激消费。

4. 建立品牌生态系统

与标准营销活动不同的是，成功的游戏化营销应该有一个渐进性的流程设计。就像时下热门的手游一样，比如新的奖励、技能、关卡还有动力，保持玩家的参与度，建立起一个良好的品牌生态系统，同时减少营销渠道成本。

随着技术、市场的不断成熟与消费意识的提高，游戏与营销活动之间的界限将变得越来越模糊。在以数据论英雄的市场里，突显人文关怀更有助于获得成功。消费者并不是一堆冷冰冰的数据，他们同样渴望在体验过程中能享受乐趣，这也是人们玩游戏的重要原因。

【同步案例：拼多多游戏营销进化论】

凭借微信社交关系链的“砍一刀”，拼多多突袭淘宝、京东，仅用不到 6 年的时间，就超越了阿里巴巴、亚马逊等，平台年活跃买家数高速增长至 7.88 亿，成为全球用户规模最大的电商平台。在其飞速成长的过程中，砍一刀、多多果园、多多精灵、多多斗地主等一系列的小游戏在拉新、裂变、促活上发挥了重要作用。甚至出现了拼多多式社交：是朋友，就来帮我“砍一刀”！

“砍一刀”的玩法，使公众意识到了下沉市场潜藏的巨大发展空间，也逐渐被各大平台、商家模仿，在已经受到微信限制的情况下，多多果园横空出世，成为拼多多的又一大杀器。鉴于其玩法简单、奖励丰厚、对用户打扰少等优势，各种关于免费获得一箱水果的玩法、攻略层出不穷。(1) 拉新 / 裂变：查看手机通讯录好友、邀请好友种树得水滴、偷好友水滴、组队获水滴在获取用户上，“老带新”的效率更高，效果更好。多多果园的老用户可以通过邀请好友参与游戏获得水滴。同时，为了提高拉新的效率，只要共同拼单购买过商品，就可以一键添加为好友，好友之间可以通过组队共同获得水滴，只要有队员浇水，队长就可以获得水滴。(2) 留存 / 活跃：连续签到领水滴、每日三餐开福袋除了日常签到，提升用户留存外，为了提升用户的活跃频率，多多果园还提供了一日三次打开多多果园获得水滴的机会，培养用户行为惯性。(3) 转化：浏览商品、拼单得水滴、限时特惠水滴专场、浏览本地热销好货 10 秒、三单有礼。拼多多作为电商平台，促进用户下单、转化、复购才是最终目的。浏览商品、拼单购物、限时特惠……都是为了吸引用户浏览商品，提升购买的概率。(4) 引流：免费体验拼小圈送水滴、观看多多视频一分钟、观看直播1分钟拼小圈、多多视频、观看直播、多多斗地主……这些都可以通过“多多果园”的渠道直接引流，进而提升用户在拼多多上的长久留存。

资料来源：根据网络资料整理。

第三节　数字公共关系

一、数字化与媒介关系管理

（一）媒介关系的内涵

媒介关系是指社会组织与大众传播媒介机构，以及与编辑、记者、节目主持人等媒介人士之间的关系。公共关系的基本方法是信息传播。信息传播会涉及新闻界，也会涉及与新闻媒介的关系。媒介公众是公共关系工作对象中最敏感、最重要的一部分。这种关系具有明显的两重性：一方面新闻媒介是组织与广大公众沟通的重要中介；另一方面新闻界人士又是需要特别争取的公众对象。

（二）媒介的数字化变迁

数字化媒介是媒介信息的电子化表现形式，相比于传统媒介，数字化媒介不仅能等效地传播文字、声音、图像信息，在信息的管理、搜索和阅读方面也更加便捷，并且在传播效率的安全保护方面显示出巨大的优越性。

数字化媒介表现出以下特点：

(1) 参与者多样化。数字方式打破了传统模拟方式因频道稀缺导致的垄断。大众都可以参与传播，成为信息的发布者、接收者和传播者，信息传播方式发生了巨大变革。

(2) 传播内容与形式丰富化。数字化媒介以字节为信息传播单位，使可传播的信息量以级数的规模增加。同时，信息呈现方式多样化，既可以传统的文字和图片形式处理加工，也可以动画或影音形式出现，使信息传播更为生动形象。

(3) 传播方式精确化。平台的多样化使信息由大众传播转向分众传播。通过点对点的交互式传播方式，使用者能够主动检索信息。同时利用数据反馈，能够对受众的收视行为和效果进行更精准的跟踪和分析，极大地提高了传播效率。

二、数字化与文旅品牌形象管理

（一）文旅品牌形象管理的意义

文旅产业是典型的服务产业，其生产的产品——服务和体验具有无形性的特征，难于展示和沟通。这对于消费者的产品选择和购买造成决策困难，对于企业形成营销挑战。为应对这一挑战，文旅企业需要强化品牌形象管理，通过品牌背书实现企业产品和服务的竞争力。

（二）文旅品牌数字化

在文旅产业中，数字 IP 指的是在文化和旅游领域利用数字技术和互联网手段打造的独特的品牌形象和数字化内容。这些内容可以是文化创意产品、虚拟体验、数字展览、文化遗产数字化再现等，旨在丰富文旅消费者的体验，拓展文化和旅游市场，促进文化传承与推广。通过数字化的手段，文旅数字 IP 可以更好地满足当代文旅消费者的需求，塑造文旅品牌形象，提高文旅产业的竞争力和影响力。

1. 品牌形象塑造

数字 IP 可以作为文旅品牌形象的基础和核心元素。以数字化的方式展现品牌的独特形象和特色，可以创造出新颖、引人注目的品牌形象表达。数字化的创意和科技有利于品牌打破传统限制，以更多元、创新的方式呈现，吸引更多的目光和关注。数字 IP 也可以承载品牌的核心价值观、故事和特点，通过在各种媒体平台上呈现数字内容创作和展示，塑造品牌的独特形象。

2. 品牌故事讲述

数字 IP 可以用来讲述文旅品牌的故事。通过数字 IP 的角色、场景和故事情节，品牌可以创造一个引人入胜的故事世界，吸引人们对品牌的关注和兴趣。数字 IP 可通过动画、漫画、游戏等形式来呈现，增加故事的吸引力和互动性。同时数字 IP 能够以互动、个性化的方式与受众互动，这种参与感有助于提高故事的共鸣。受众在与数字 IP 互动的过程中，能更深入地理解和体验品牌故事中所传递的情感和价值观。

（三）品牌推广与传播

数字 IP 可以成为文旅品牌推广和传播的有效工具。数字 IP 的形象和故事可以应用于广告、宣传片、社交媒体等多种渠道，以增加品牌的曝光度和知名度。数字 IP 还可以与其他品牌或合作伙伴进行联合推广，以扩大品牌的影响力和受众群体。如通过 IP 联名设计——根据历史人文品牌识别形象物或游戏角色、非遗、创意、演艺、文史类作品等元素，使用数字技术和近场感应技术等制作二次创作类作品，包括卡通形象、潮玩手办、文化创意衍生品、虚拟数字人等。利用本身IP自带的流量粉丝吸引更多消费群体，增加曝光率。

【同步案例：故宫博物院数字营销成功经验】

近几年，故宫博物院借助新媒体数字营销的方式，实现了营业额的大幅增长。以前故宫的收入来源基本都是以门票收入，纪念品收入非常微弱。2012年、2013年，故宫先后开设了淘宝、微博账号，但效果不佳，淘宝、微博所发内容只有两位数的评价或成交量，这与当时火爆的网购和微博的热度形成鲜明对比。2014年开始，故宫博物院通过不断反思及考察学习，明确了“把故宫文化带回家”的发展理念。在努力打造结合故宫藏品元素的文创产品的同时，努力实现接地气的新媒体营销效果。他们专门成立了资料信息部，负责将专家的研究和网络流行元素相结合，进行口语化、形象化加工，使产品更加时尚和被年轻人所接受。

故宫博物院与数字营销举措包括以下几个方面：

1. 推出相关App

目前，故宫已经发布了9个App，包括胤禛美人图、紫禁城祥瑞、皇帝的一天、韩熙载夜宴图、每日故宫、故宫陶瓷馆、清代皇帝服饰、故宫展览、故宫社区。这些App取得了平均下载量上百万的成绩，吸引了众多用户的关注，促进了故宫文化的传播。

故宫博物院采用App营销的模式，具有成本低、持续性强、效果好、信息全的优点。App中，形象鲜明的人物、生动有趣的故事再配以优美的文案，将故宫的IP价值很好地融入各个环节中，不仅推广了App本身，也推广了文物，科普了历史知识，更是推广了故宫自己。广大受众可以近距离地接触、欣赏和学习到故宫文化，这不仅提供给观众新鲜、时尚的媒体交互体验，提升了品牌实力和影响力，而且增加了用户黏性，一定程度上增加了故宫文创产品和业务的营销能力。

此外，精美的故宫日历、近距离了解故宫景象、近距离了解文物的历史和造型、文物展览等信息等都能在这些App上获取，这都代表着故宫文化正在以更年轻化的形式传承。

2. 创建微信公众号

故宫博物院的官方微信公众号是“微故宫”，以展览介绍和旅游者服务为主，基本每周会有更新。而故宫淘宝微信公众号则紧跟社会潮流，延续搞笑风趣的风格，以一个段子手的形象面向大众。

2014年8月1日，故宫淘宝微信公众号刊登了《雍正：感觉自己萌萌哒》，通过数字技术，故宫让《雍正行乐图》“活”了起来，古代与现代相互交融。此文一出，迅速让平均阅读量四位数的故宫有了第一次的10万+，成为故宫淘宝公众号第一篇“10万+”爆文。2015年5月，故宫淘宝微信公众号推出《她是怎么一步步剪掉长头发的》一文，在最后出其不意地推出了针线盒和香皂盒两样产品的广告。2016年7月，故宫博物院和腾讯联合出品了H5——《穿越故宫来看你》，明成祖朱棣从画像中跳出，用威严的皇族集体卖萌形成的反差感来诠释故宫厚重历史。2017年8月，微信公众号上刊登《朕是怎么把天聊死的》一文，文章也是从历史入手并穿插网络语言、表情等中间植入书签产品。2017年中秋节，故宫食品“朕的心意”推出了中秋月饼系列，随之推出的故宫月饼H5——《朕收到了一条来自你妈的微信》再一次让故宫刷了屏。凭着皇族的月饼，故宫博物院又迎来了火爆的订单狂潮。2018年在第42个国际博物馆日上，故宫推出了一个名为“见大臣”AI智能聊天机器人，通过同名的微信小程序，用户可以随时与它谈心聊天。2018年5月18日，由腾讯地图和故宫博物院携手打造的“玩转故宫”小程序正式上线，以轻应用玩转“大故宫”，以“新方法”连接“新公众”。

故宫博物院通过微信这一新媒体平台，不断进行文创产品的创新和升级，让博物馆这个听起来历史感厚重、严肃的地方，也能很好地和年轻人交流并且被年轻人喜爱。同时，也向年轻人传递了经典的文化、艺术，使传统文化得以传承。

3. 打造IP形象

故宫这个逾600年的IP为何如此成功呢？

首先，造反差。故宫借助真实历史创造出的一系列“虚拟形象”，如雍正帝、朱棣等，很接地气、很萌，打破了人们对于历史人物的固有思维，这样的反差萌形象让故宫和年轻人之间有了交流。这一点也成为故宫营销的一大特点——制造反差。

其次，找平衡。故宫的形象升级很好地在厚重历史感与轻松有趣之间找到了一个平衡点，让故宫的营销虽然看起来很接地气、很萌，但并没有把对历史严谨的研究态度、厚重的历史感全部抛弃，而是给故宫一种新的展现形式，让更多人可以了解到中国的历史和文化。

最后，重文创。故宫产品本身的创意非常重要。故宫的周边产品不像平常人们去景点看到的那些千篇一律的纪念品，而是将故宫的元素和文化底蕴有创意地融合在了产品之中，让产品本身兼具了创意性和功能性。故宫作为最正宗、最浓厚的“中国风”代表，可以挖掘的中国元素不计其数。故宫博物院充分运用故宫藏品丰富的特点，设计了许多富有创意和特色的周边产品，并在细节之处独具匠心，把故宫传统文化元素植入时尚的当代工艺品之中，不仅新潮可爱、讨人喜欢，更赋予了其故宫藏品所蕴含的文化价值。

4. 跨界合作

故宫的跨界宣传，成功圈粉的同时进一步扩大了自己的影响力，逐步形成了“故宫出品，必属精品”的良好口碑。故宫借着文创的风潮将其百年的历史文化与现代人的生活紧密连接在一起，进行年轻化革新，借年轻化品牌的“粉丝之力”，打造具备年轻群体吸引力的跨界产品或玩法，建立了和年轻受众群的情感勾连。故宫成功地实现了品牌年轻化，让肃穆厚重的文化和历史在创新运营和传播中得到了更具可视化的传承和扩散。

资料来源：作者根据资料整理

三、数字化与事件管理

（一）突发事件的影响

突发事件对目的地文旅产业存在多方面的动态影响，这种影响包括负面影响和正面影响两种。负面影响是突发事件带来的主要影响，包括导致文旅消费者死伤、带来文旅消费者和文旅企业的财产损失、降低文旅消费者对目的地的形象评价、影响文旅消费者的消费决策等；突发事件带来的正面影响较少，主要包括目的地可能因此成为媒体的聚焦点而带来知名度的提升，促使目的地政府、企业、公众，以及文旅消费者自身强化安全意识，提升产业素质等。因此，对突发事件的影响应持科学的态度，并采用正确的策略、措施进行处置。

（二）文旅产业中事件管理数字化

事件管理是一种系统性的方法，用于规划、组织、实施和控制各种类型的事件。它是一种综合性的管理体系，涉及多个领域，包括项目管理、风险管理、质量管理、安全管理等。在现代社会中，事件管理已经成为各种组织和企业必不可少的一部分。

伴随着以人工智能、大数据、区块链、5G 等现代信息技术为核心的新技术革命的来临，人工智能、大数据、区域链等新型现代信息技术的发展将世界纳入数字化范围，有利于推动高级技术在事件管理中的应用。

(1) 发挥大数据的规模性优势，增强数字化分析能力，提升研判的精准性。文旅部门应准确识变、科学应变、主动求变，充分利用新型技术整合来自各部门、各平台的数据，从纷杂的信息碎片中找到可能引发文旅生产事故的内容，及时做出预警预防，防患于未然。

(2) 发挥大数据的高速性优势，增强数字化调度能力，提升负面舆情、突发事件处理的时效性。自媒体时代，文旅消费者随时随地都可以将消费中遇到的问题、不满、投诉公之于众。各级文旅管理部门应充分认识信息传播“快”的风险，发挥大数据“快”的优势，及时感知文旅消费者的需求和痛点，制定科学调度处理的应急预案，及时解决文旅消费者诉求，化解矛盾“堵点”。

(3) 发挥大数据的多样性优势，增强数字化调配能力，提升配套设施使用效率。大众旅游时代，各级文旅管理部门需进一步整合政府、企业、媒体等不同渠道的数据，突出运用其中的结构化数据，分析数据间因果关系，对存量设施进行合理调配，提升配套设施的平均使用率和单体使用效率，进而大幅增强文旅设备的供给能力和供给质量。

(4) 发挥大数据的价值性优势，增强数字化调节能力，提升文旅市场治理的针对性。在线旅游平台（OTA）出现后，推动文旅产品价格透明化，在一定程度上能够帮助文旅消费者作出更加合理的消费选择。但当各大平台逐渐做大做强，开始存在垄断风险，发现时大数据杀熟、竞价排名搜索、高额佣金等问题给文旅市场带来了新的困扰。各级文旅主管部门在不断加大引导、教育、查处的同时，也应多措并举，通过大数据动态监测实现对文旅市场的精准监管，通过数据共享帮助企业开展精准营销，通过推出具有公共服务性质的区域文旅电商平台引导合理定价、有序竞争。

案例阅读

数字文旅新产品新营销，看云南如何打造“朋友圈”

本章小结

数字化和智能化技术的应用促进了文旅产业的创新和转型升级，也为文旅产业营销带来新的机遇。数字化时代，文旅产业营销不仅在于推广，更在于生产，旅游者的旅行足迹和偏好等数字化记录为产品创新提供了全新可能，消费者成为生产灵感和质量优化的参与者。本章主要通过对数字营销基本概念和理论、数字营销战略与实施渠道、数字公共关系的阐述，强调数字营销在文旅产业营销中的重要性，以及对文旅产业发展的重要作用，引导学生理解文旅数字化对未来文旅产业营销人才的要求，使学生重视数字技术在营销中的运用，从而加强自身数字技术能力的培养。

练习与实践

1. 请简述数字营销的基本概念及特点。
2. 简述数字营销战略分为哪几种及数字营销有哪几种渠道。
3. 如何利用数字化打造文旅品牌形象？
4. 以小组为单位为你所在的城市策划一个旅游营销短视频。

即测即评

参考文献